亀田メディカルセンターが実践している

スポーツ医学的に正しいエクササイズがわかる本

大内 洋
亀田メディカルセンター スポーツ医学科主任部長

大澤 有美子
亀田メディカルセンター スポーツ医科学センター主任

宮本 瑠美
亀田メディカルセンター スポーツ医科学センター副主任

法研

はじめに

２０１９年に発生した新型コロナウイルス感染症（ＣＯＶＩＤ－19）は一気に感染拡大することになりましたが、それに伴う外出自粛傾向のために、若年者から高齢者まで広く身体活動量の低下を認める社会現象が起きました。また、外出自粛のみならず、在宅ワークや学生のオンライン講義が浸透し、長時間椅子に腰をかけた状態で過ごす国民が増え、それが様々な健康上の問題を引き起こす原因となりました。

まず何よりも問題なのが下肢の静脈に血栓ができてしまう「深部静脈血栓症」、そしてその血栓が飛んでしまい、心臓の右心房、右心室を通過して肺に血液を送っている肺動脈に達してそこに詰まってしまう「肺塞栓症」、通称「エコノミークラス症候群」です。

前者の深部静脈血栓症のみであれば、何となく足がだるい、むくみっぽいという症状のみですみますが、後者のエコノミークラス症候群を引き起こすと、せっかく空気から肺に酸素を取り込んでも、肺の血流が途絶えているため、取り込んだ酸素を血液が効率的に受けとれなくなってしまい、命にかかわることもあります。これらの症状を予防するために足関節、膝関節、股関節をよく動かして血流がよどまないように注意する必要があります。

また、完全にお休みしていた運動を急に再開したことで、学生や社会人、そしてプロのスポーツ選手の多くがスポーツ障害に悩まされました。特に学生などで多かったのが筋の柔軟性が低下した状態で急に強い筋収縮を繰り返したことによる筋腱炎、腱付着部症というような疾患でした。そのほか、外出せず室内で過ごす時間が多くなると日光による体内でのビタミンD_3生成、活性化が行われず、これにより骨強度の低下や様々な筋機能低下の要因となることが近年の研究でわかっております。

このように活動量が低下することによって外傷や障害が減少するかというと、決してそのようなことはなく、むしろ様々な問題を引き起こすことが明らかになりました。このため、仮に感染リスクが高い状況に置かれても、リスクを減らしながら賢く運動することが非常に大切なことが改めてわかりました。

この本は、そうした適切な運動を自分で行うために必要な知識と、具体的なエクササイズを詰め込んでいます。みなさんの健康づくりに、お役立ていただければ幸いです。

亀田メディカルセンター　大内　洋

目次

第4章 運動前後に行っておきたいポイント 119

第１章

運動は
正しく行うことが大切です

「家でも運動したい」「体を動かしたい」と思うのは素晴らしいことです。ただ、運動は正しく行わないと、思わぬ結果を招くこともあります。ポイントをおさえて正しく効果的に行いましょう。

正しい知識を持って取り組もう

エクササイズに取り組むにあたっては、専門家の指導を受けるなどして、正しい知識を持つことを心掛けましょう。「運動をするのになぜ専門家の指導が必要なのか?」「なぜ本やネットを見て自己流で運動をするのは良くないのか?」――そう思う人もいるでしょう。しかし、効率良く、きちんと効果を出すためには正しい知識を持つことが大切です。

◆情報を賢く選択しないと落とし穴がある

もちろん今日ではいろいろなメディアに情報があふれていますので、そういったものを参考にしながら自分で運動することを、必ずしも悪いとは言いません。そもそも運動を一切やらないよりは、体を動かした方が健康に良いですし、それだけでなく運動することで精神も健やかになります。

しかし、書物やネットの情報を賢く選択しないと、いろいろな落とし穴もあることは確かです。

例えば、誤った運動方法が掲載されていたり、運動した結果、逆に体を壊してしまう原因になったり、目指している効果を得るのに非常に効率の悪い運動方法であったり、といろいろです。
具体的な例を見てみましょう。

例1

正しい知識を持たずに、自己流で行っていたストレッチの影響で体を痛めてしまった患者さん

例2

自己流で行っていたスクワットの影響で体を痛めてしまった患者さん

【例1】股関節前方の硬さを改善するつもりが……

例えば、次のような例をよく耳にします。「もも前、股関節前方の硬さを改善したいから」と自分で調べて、大腿四頭筋《だいたいしとうきん》のストレッチを行うことにした人が、ストレッチを始めてから「腰が痛くなってきた」というのです。よくよく聞いてみると、もも前のストレッチをするためにネットに載っていた「片方の膝を曲げて仰向けになって寝るストレッチ」をやっていたのです。

このストレッチは確かに大腿四頭筋の柔軟性が得られます。しかし難点として、大腿四頭筋を含めた股関節前方が本当に硬い人がこのストレッチをすると股関節前面の硬い筋に引っ張られて骨盤が前傾してしまい、結果的に腰椎が反って（前弯して）しまうのです。その結果、股関節を伸ばそうとして毎日ストレッチを続けていたはずが、最終的には腰痛になってしまい、ＭＲＩで調べたら腰椎分離症（腰の疲労骨折の一種）を起こしてしまっていました。このような結果になってしまったのは「片方の股関節を伸展するとそれにつられて骨盤が前傾してしまって、結果的に腰が反ってしまう」という知識が不足していたことが原因で、プロの健康運動指導士やアスレティックトレーナーなどから指導を受けていれば、おそらく反対側の股関節をしっかり屈曲して骨盤が前傾しないようにしながら股関節前面を伸ばすストレッチを教われていたと思うのです。

股関節前方の硬さを改善したいときのストレッチ

○

反対側の股関節をしっかり屈曲させて
股関節前面を伸ばせば大丈夫

×

股関節前方が硬い人がこのストレッチ
をすると結果的に腰椎が反ってしまう

【例2】下半身を強化するつもりのスクワットが……

「下半身の強化をしたいからスクワットをする」という人も多いですよね。このまえ経験した患者さんは、繰り返しスクワットをしていたら膝の前面のお皿の周りが痛くなってきたと言っていました。目の前でスクワットをやって見せてくれたのですが、それを見て納得しました。極端に膝が前に出て、重心もすごく後方重心だったのです。それはもちろん「膝の前面に過剰な負担がかかってしまう！」とすぐに訂正させていただきました。

基本的にスクワットをする際は曲げた膝が両足のつま先を大きく越えないことが望ましく、またしっかり股関節を曲げて「お尻を後ろに突き出す」感じで行わないと股関節周りの筋が使えず、膝周りの筋ばかりに頼ったスクワットになってしまうのです。こういったことは専門家からすると非常に基本的な知識ですが、自己流でやっていると誤りやすく、またそもそも誤った方法で行っていることに気が付かないで体を痛めてしまいかねません。

下半身を強化したいときの正しいスクワット

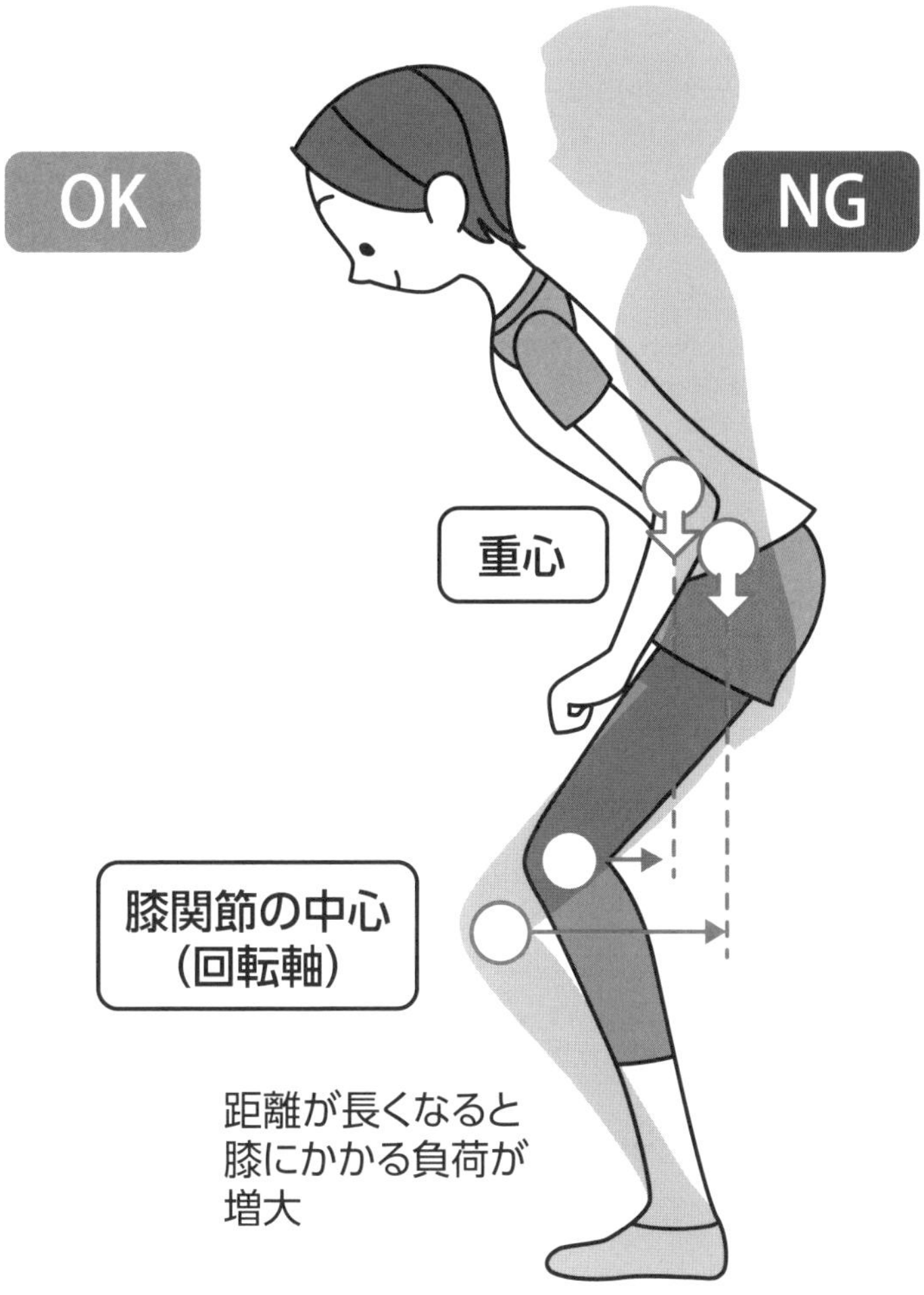

メディカルフィットネス施設活用のすすめ

正しい知識がないまま運動を行うと、体を痛めてしまうこともあることがおわかりいただけたと思います。それでは、正しい知識を得るためにはどうすればいいでしょうか？　その有効な手段のひとつが、メディカルフィットネス施設の活用です。

◆疾病予防のために医学的エビデンスに基づいた運動を行う施設

みなさんはメディカルフィットネス施設をご存じですか？　メディカルフィットネス施設とは「疾病予防運動施設（医療法42条施設）」や「指定運動療法施設」などを示します。その中でも「疾病予防運動施設（医療法42条施設）」は、生活習慣病をはじめとした疾病予防のために医療機関が医学的エビデンスに基づいた運動を行う施設であり、診療所に併設され、職員や設備、運営方法などが基準に適合するもの（医療法42条第5号）のことを指します。

つまり、スポーツ医科学的な根拠に基づき、効果的で安全な運動指導を提供する施設であり、健康運動指導士を中心とした運動指導の専門家が勤務している施設です。一人ひとりにあった運動内容や運動量を考えて運動のプランを立ててくれ、その運動メニューひとつひとつはきちんとした医学的研究がなされて、様々なエビデンスが報告されているようなものになりますので、効率良く、そしてきちんと効果を出したい、という場合にはこういった施設を利用するのがおすすめです。

このメディカルフィットネス施設として認められるためには、次の条件を満たすことが必要となります。

1．健康運動指導士その他これに準ずる能力を有する者を配置

2．設備として有酸素運動機器（トレッドミル、自転車エルゴメーターなど）、筋力トレーニング機器、体力測定機器（背筋力計、肺活量測定機器）、最大酸素摂取量測定機器、応急手当設備を有する

このような施設が設置されるようになった経緯は、国が疾病予防や健康づくりの重要性を認めるようになったためでした。１９９２年に医療法改正を経て、国が病院に対し運動施設などの付帯事業を許可したことで、全国に設置されることになりました。

メディカルフィットネス施設の利用者からすると、医療機関の主治医が診察や検査結果を踏ま

えて、施設の健康運動指導士などと協議してトレーニングメニューを検討してもらえるという点で安心感があります。現病歴、既往歴を踏まえて医学的に安全で無理のないトレーニングはもちろん、最新の医学的エビデンスに基づいた、効果を出すのに最も効率的なメニューを考えてもらえるという点で目的のはっきりしている利用者に人気があります。

◆リハビリテーションを受けた後に果たす役割も大きい

メディカルフィットネス施設のメインの取り組みは疾病予防ですが、病気やケガをして病院でリハビリテーションを受けた後に果たす役割も大きいです。一般的に病気やケガの後のリハビリテーションは入院・外来に関わらず実施できる期限が設けられており、運動器リハビリテーションに関しては１５０日が期限となります。このため１５０日の中で関節可動域が改善し、筋力が戻り、さらに再発予防のために必要な体の動かし方や体づくりまで指導を受けられればベストなのは言うまでもありませんが、現実的にはなかなかそのようにいかないことも多いです。そのようにメディカルリハビリテーションの１５０日が切れた後に、今後の疾病予防を目的としたトレーニングを受けるために利用される人もいます。

このようにメディカルフィットネス施設は、超高齢社会を迎えた日本において、健康寿命を延ばすためにも、また国の医療費削減のためにもきわめて重要な役割を果たしている施設です。

COLUMN

トータルなサポートを実現する亀田スポーツ医科学センター

亀田メディカルセンターの亀田クリニック5階にある亀田スポーツ医科学センターは、先にご紹介したメディカルフィットネス施設（医療法42条施設）です。健康運動指導士、アスレティックトレーナー、ストレングス＆コンディショニングコーチ、などスポーツ医科学を大学や大学院で専門的に学んだ運動指導専門のスタッフが、スポーツ医科学的根拠に基づき効果的で安全な運動を提供しています。

亀田スポーツ医科学センターは、一般的な医療法42条施設と少し違い、当センターならではの特徴があります。それは、同フロアにスポーツ医学科、外来リハビリテーション室などがあり、スポーツ整形の専門医であるスポーツドクターのもと、疾病や傷害の有無にかかわらず安心・安全の運動を行うことができることです。また、院内の各科医師や看護師、理学療法士や作業療法士、言語聴覚士などのリハビリスタッフや管理栄養士とも連携をとり、よりトータルなサポートを実現しています。

◆目指す〝健幸〟

我々は、ただ何も考えずに運動をするのではなく、自分自身の体に耳を傾け、気づき、整え、そして鍛える運動をしていただきたいと考えています。年齢・性別・生活背景・活動レベルによって、一人ひとりに必要な運動は異なります。それぞれの体の状態や目的に応じて行う運動を〝コンディショニング〟と呼び、皆さんの楽しみやチャレンジを応援していきたいと願っています。そして、コンディショニングを通じて、〝健幸〟を作っていきたいと考えています。

◆一人ひとりの目的に応じたコンディショニングを提案

亀田スポーツ医科学センターでは、子供から高齢者まで、一人ひとりの目的に応じたコンディショニングを提案しています。トップアスリートがコンディショニングをしているフロアで、術前・術後に入院している人や転倒予防・介護予防が目的の人、糖尿病教育入院中の運動療法が目的の人、スポーツ復帰を目的とした学生さん、動きづくりを目的とした小学生など、いろいろな人がご自身に必要なコンディショニングを行っています。亀田スポーツ医科学センターは、このように様々なコンディショニングを行うことができる日本では数少ない施設です。

一般的な施設

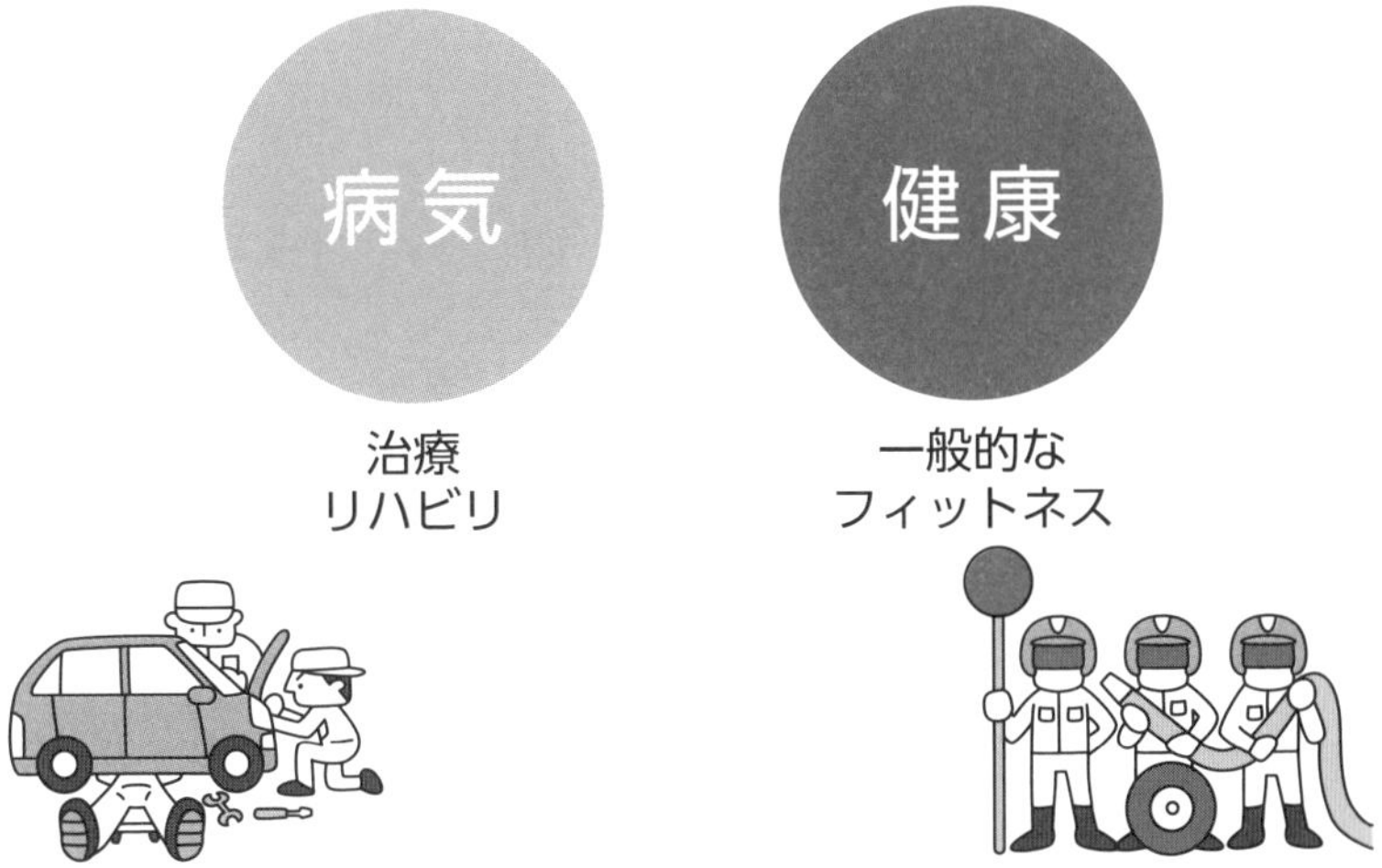

亀田スポーツ医科学センターは

ここが一味違います！

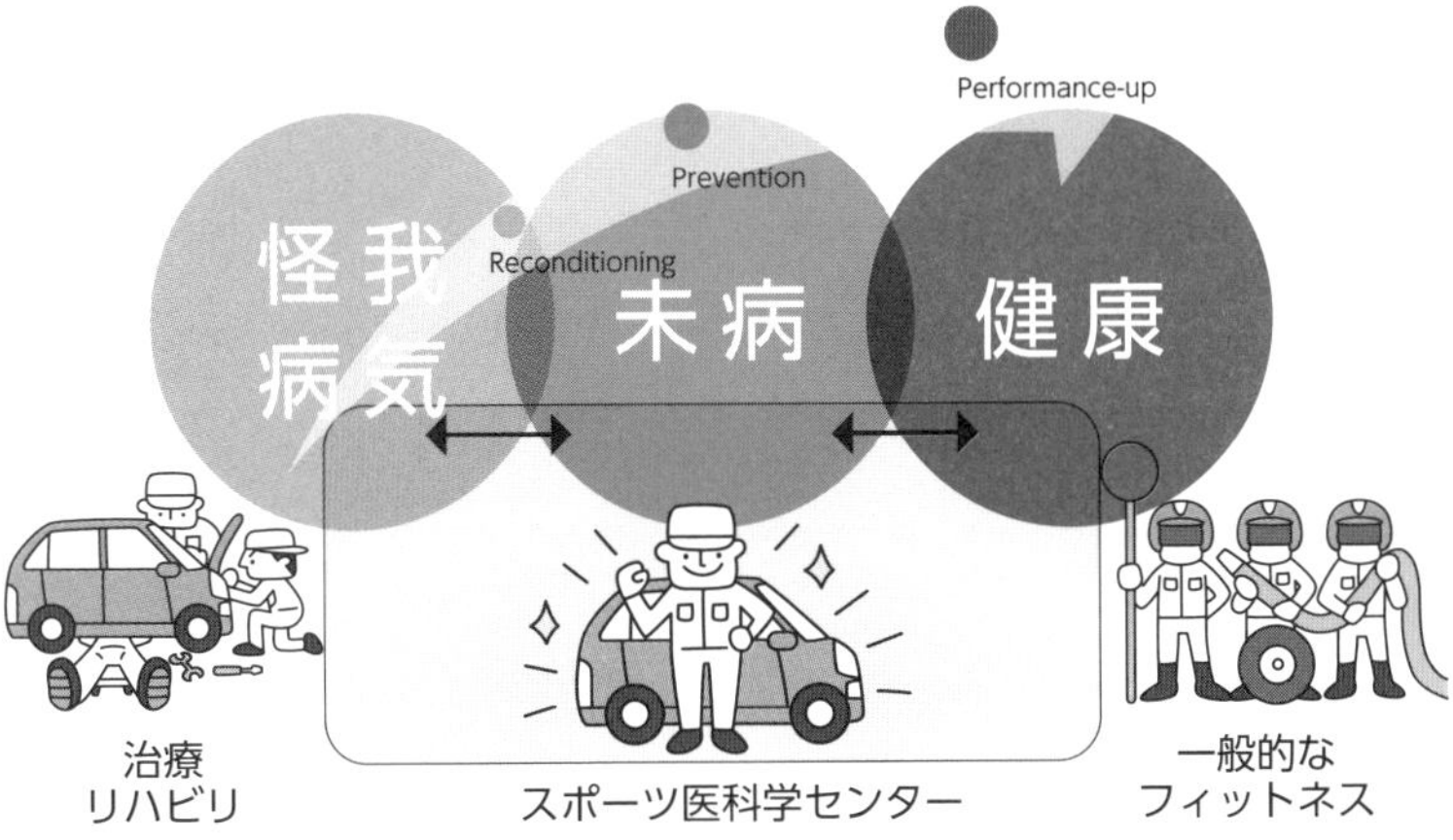

COLUMN

この本ではスポーツ医学科とスポーツ医科学センターが行っている、アスレティックトレーニングから競技パフォーマンス向上トレーニング、生活習慣病の運動療法などのコンディショニング方法の一部をご紹介いたします。ご自宅でも気軽に実施することができますので、安心して取り組んでみてください。

「年だからしょうがない……」「今は膝が痛いから……」「運動は苦手だから……」

本当にそのままでいいですか?

「肩がこるからマッサージしてもらおう……」「運動をしているけど腰がイテテ……」「なんとなく運動をして汗を流して気持ちいい……」

これらがダメな訳ではありませんが、この本を通じて、ご自身に必要なコンディショニングを理解して、ぜひご自身の人生の〝健幸〟のために取り入れてみていただけたら、こんなにうれしいことはありません。

さあ、あなたの暮らしにコンディショニングを取り入れてみませんか?

第２章

運動を始める前に知っておきたい基礎知識

運動は正しく行うことで、体を痛めることを防ぎ、きちんと効果をあげることにつながるとお話してきました。ここからは、スポーツ医学的に正しい知識についてお伝えしていきたいと思います。

まずは基本的な知識として、「運動の適量」「運動の環境」「長年運動習慣がない場合の注意点」についてお話していきますので、しっかり身に付けるようにしましょう。

運動の適量について

〝運動〟は素晴らしい良薬であり、人々の疾病予防や健康増進に素晴らしい効果を発揮します。しかし、それにはポイントがあります。ポイントを押さえて適切に行わないと良薬は毒にもなります。運動のポイントを押さえて適切に実施し、運動の効果を最大限に享受しましょう！

◆座りすぎを減らすとともに、プラス10分から始めよう

座って作業をする時間が長いと、メタボリックシンドローム発生リスクが増大することが指摘されています。日々十分な量の運動を行っていても、座っている時間が長ければ長いほど健康状態、そして最終的には寿命にも悪影響を及ぼしてしまうかもしれません。オフィスや自宅で座っている時間を少しでも減らし、場合によっては立ったまま作業するなどの工夫もいいですね。近年では机の高さを変えることができるスタンディングデスクも普及しています。

時間をとるのがなかなか難しい……そんな人もいると思います。しかし、短い時間の積み重ね

でも健康への良い影響が得られることがわかっています。例えば30分連続して歩く時間がとれなくても、5分歩く時間がとれるようであれば、それを1日に何回か行うという方法も非常に効果的です。大切なことは体を動かす習慣を身に付けることで、それが結果的に体、そして心の健康につながります。まずは今よりプラス10分多く体を動かすことを心掛けてみてください。

◆運動の効果を最大限に引き出すには少なくとも30分の中等度の運動がポイント!

プラス10分から始めて運動に慣れてきたら、運動による身体、精神へのメリットを最大限に享受するために、もっと運動時間を増やしていくことが望まれます。個人の努力が必要なのはもちろん、自分自身、そして友人に対して、さらに職場などでも運動しようという働きかけが必要です。

それでは、どの程度運動するのが一般的に良いのでしょうか?

アメリカ合衆国保健福祉省によると以下のように推奨されています。

●有酸素運動

少し息が上がるが会話ができる程度の運動のことを「中等度の運動」と言いますが、１週間に中等度の有酸素運動を１５０分程度、また高強度の有酸素運動を75分程度、あるいは中等度の有酸素運動と高強度の有酸素運動を組み合わせることが良いとされています。また、1日に偏るよりは毎日なるべく少しずつ行うことが良いとされます。
運動量は多いほど、健康上のメリットが大きいですが、運動量が少なくても有効です。日中複数回にわけて短時間の運動を行うことも、効果としては非常に大きなものになります。

●筋力トレーニング

広く様々な筋肉群に対して週2回程度は筋力トレーニングを行うと良いとされています。体の各部位に対して1セットずつは行うように意識すると良いでしょう。約10〜15回を1セットとし、これで筋に十分な疲労感が得られるように負荷量を調整すると良いです。

まずは毎日少なくとも30分の中等度の運動を行うようにすると良いでしょう。その上で、「体重を減らす」「体重を維持する」「ある特定の動きができるようになる」といった個々の目標があると思いますので、それに見合った運動量を設定すると良いでしょう。もっと高みを目指す人は、週に３００分以上運動できると非常に有益な効果が得られると報告されています。

●中等度の有酸素運動の例

ウォーキング、水泳、庭仕事といったような活動

●高強度の有酸素運動の例

ランニングやダンスなど

●筋力トレーニングの例

ウェイトを使う、自重で行う、チューブを使う、水中でパドルを使うなど

運動の環境について

運動が体にいいことや運動の適量についてわかっても、なかなか運動が続けられないとお悩みの方は多いのではないでしょうか？

いざ、「運動を始めるぞ！」「今日から通勤は徒歩にしよう！」「エレベーターを使わないで階段にしよう！」と一念発起してみても、「今日は疲れたから……」「今週は仕事が忙しくて……」と気づいたら元の生活に戻ってしまって3日坊主ということがあるかもしれません。そして、「やっぱり運動はつらい」「疲れちゃって無理」「自分はダメな奴だ……」と思ってしまう方もいるのでは？

でも、安心してください。人は環境に左右されるので、あなたが「ダメ」だからではありません。よほど強い意志や運動が大好きな人でない限り、継続するのは難しいものです。

つまり、運動を継続するポイントは、まずは環境整備をすることが大切です。

◆目標のハードルを下げてみる

運動を始める際に陥りがちなピットフォール（落とし穴）は2つあります。1つ目は、目標設定が高すぎるというピットフォール、2つ目は、目標そのものが漠然としているというピットフォールです。

●目標設定が高すぎる

まず1つ目の「目標設定が高すぎるピットフォール」の例としては、いきなり「3か月でマイナス10kg」「1か月でマイナス5kg」「フルマラソン完走」というような目標があげられます。これらの目標は、すばらしい最終ゴールではありますが、そこに行きつくための短期目標がないのでモチベーションを保ちづらく、どこに向かっているのか自分自身の現在地がわからなくなり、迷子になって、運動の継続が難しくなりやすいのです。

●目標設定が漠然としている

2つ目の「目標設定が漠然としているピットフォール」の例としては、「メタボ予防！」「若々しくなる！」「姿勢改善！」というような目標があげられます。これらの目標も、それぞれとても素晴らしいのですが、具体的に何をもって「メタボ予防」なのか、「若々しくなる」のかが見えにくいため、登山でいうと「出発したはいいけど、どの方向に向かって進んでいいかわからず、闇雲に歩き回って疲れてしまう」パターンです。

「大きな目標」「こうなりたいという感覚的な漠然とした目標」はそれぞれ重要なので、それらは大切にしつつ、測定可能な短期目標を設定することが継続のポイントです。自分の現在地や小さな変化を知ることで、迷子にならずに、疲れたらいつでも休め、変化の楽しみを味わうことができます。少しずつハードルを高くして、小さな成功体験を積み重ねることで自己効力感を上げていきましょう！

■短期目標の設定例

目 標

毎日運動しよう

→週２回は運動してみよう

目 標

30 分運動しよう

→10 分から始めてみよう

目 標

通勤を徒歩にしよう

→ １駅分だけに徒歩にしてみよう
（自動車通勤なら
駐車場は遠くを選ぶ）

目 標

エレベーターを使わないようにしよう

→ ２階までは階段を使ってみよう

◆周囲の人を巻き込む

一人ではくじけてしまいそうな方におすすめなのは、「周囲の人を巻き込む」環境整備です。例えば、次のような方法があります。ご自身にとってどんな方法があるか、ぜひ考えてみましょう！もちろん、一人で黙々と続けたり、一人で取り組むことが好きな方は、自分のペースで進めるとベストです。自分がどんなやり方で運動を継続する環境を作るか、左の記入欄に書いてみましょう。

●周囲の人を巻き込む例

・家族や友人に宣言をして後押ししてもらう。
・宣言をしたからにはやらないといけない環境をつくる。
・運動仲間をつくる。

記入欄

運動を継続するためのあなたの方法を記入してみましょう！

◆運動スペースを確保しよう

亀田スポーツ医科学センターでは、それぞれの方の状態や目的に応じたプログラムを提供しています。しかし、遠方でなかなか定期的に通えない方やコロナ等の感染症対策で外出を控えている方もいらっしゃいます。そのような方々がご自宅でも気軽に運動を実施できるように、我々がおすすめしている自宅エクササイズの3つのポイントを紹介していきます。

【ポイント1】スペース――継続しやすい環境をつくる

まずは、安全に気持ちよく運動をするためのスペースづくりが重要です。とはいっても、トレーニングルームを1部屋用意する必要はありません。畳2畳分（縦横約１８０㎝程度）のスペースがあれば十分です。大の字に寝転がることができるスペースを目安にしてみてください。

畳2畳分の広さがあると、全身のストレッチや様々な動きの筋トレ、その場足踏みといった有酸素運動などを行うことができます。また、畳2畳分をいつでも運動ができるような環境にしておくと習慣になりやすいです。難しい場合は、すぐに物を移動できるようにしておくといいですね。花瓶や不安定なもの、ぶつかると危険なものなどは、あらかじめ片づけておきましょう。

広い家にお住まいで部屋やスペースにゆとりがある人は、もちろんトレーニングルームを用意してＯＫです。いずれにしても、運動スペースを作ってしまうと、継続しやすい環境になります。

【ポイント2】服装——伸縮性と通気性のある動きやすい服装で

伸縮性と通気性のある動きやすい服装がベストです。ストレッチを行う際には、体が冷えないように上着やブランケットなどを用意しておくと良いでしょう。有酸素運動や筋トレを行う際は、通気性のある素材をおすすめします。

初めは、手軽な服で良いですが、徐々にハーフパンツやタイツなどを着用すると良いですね。体のラインが見えることで、フォームをチェックしやすくなります。また、運動したくなる（気分が上がる）デザインやカラー、リラックスできる着心地の良い素材のものを用意するのもおすすめです。

【ポイント3】便利グッズ——レベルに応じて用意するのがおすすめ

あると便利なグッズを用意することもポイントです。

用意の仕方にもひと工夫する余地がありますので、「これまで運動習慣がない人」「運動を2～3週間程度継続している人」「1か月続けられるようになった人」の3つのレベルに合わせて、それぞれおすすめのグッズをご紹介します。

【レベルⅠ】これまで運動習慣がない人向け

おすすめ ▼▼▼ マット ／ 鏡 ／ タオル

最初に用意したいおすすめグッズベスト3は、マット・鏡・タオルです。

●マット

マットを敷くことで、安全に運動ができることはもちろん、「これから運動をするぞ！」というスイッチが入ります。

●鏡

また、全身が映る〝鏡〟があると便利です。せっかく運動していても、不適切なフォームで行っていては、効果がでないばかりでなく、ケガにもつながります。それゆえ、色々と高価な道具をそろえる前に、真っ先に用意すべきは全身が映る〝鏡〟がベストアイテムといえるでしょう。鏡でご自身のフォームをチェックして適切なフォームを身に付けていきます。

●タオル

さらに、タオル（フェイスタオルやベルトでもＯＫ）を使用することで、ストレッチなどの補助やレベル調整を行うことができます。

マット

6mm程度の厚さが使いやすい

鏡

全身が映るサイズがおすすめ

タオル

いろいろな使い方ができる

【レベルⅡ】2〜3週間続けられるようになった人向け

おすすめ ▼▼▼ ミニボール ／ 運動靴

次に、運動を2〜3週間続けられるようになった方におすすめのグッズは、ミニボールと運動靴です。

●ミニボール

2〜3週間かけて、体が運動に慣れてきたら、ミニボールを使ってストレッチや筋トレをレベルアップさせていきましょう。使用するミニボールは100円均一で売っているエクササイズボールやゴムまりのようなものでOKです。

●運動靴

また、ウォーキングシューズを一足用意して玄関に置きましょう。軽い散歩であっても、足に合わない靴やサンダル、スニーカーでのウォーキングはおすすめできません。ちょっとした散歩であっても、たかが靴とあなどることなかれ。足は体の土台になる部分です。いつでも履けるように玄関に置いておくなどの工夫をしましょう。足にフィットしていることはもちろん大切ですが、そのシューズを見たら、散歩に行きたくなるような一足を用意すると良いですね。

ミニボール

ストレッチや筋力トレーニングが
レベルアップ

運動靴

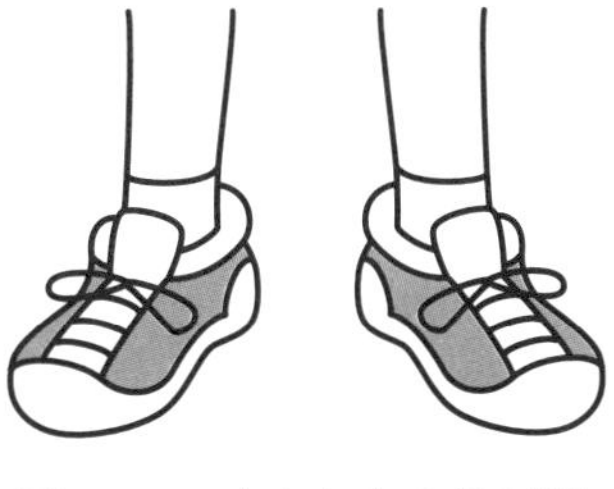

足にフィットしたものを玄関に

◆あえて2〜3週間後に取り入れるのがポイント

ここでのポイントは、運動開始時に用意するのではなく2〜3週間後に、新たなグッズを取り入れることです。2〜3週間後に用意することで、継続できたことやレベルアップを実感することができ、モチベーションの維持につながります。また、2〜3週間経つと、飽きも生じてくる頃ですので、新たな刺激を入れることができます。3週間続けられると習慣化してきますが3週間だと飽きてしまいそうな方は、2週間でステップアップするなど、ご自身の性格等に合わせて適宜調整してみましょう。もし2週間続けられなかったとしても、落ち込む必要はありません。そこから仕切り直して、もう一度始めようと切り替える機会にもなります。

【レベルⅢ】1か月続けられるようになった人向け

おすすめ ▼▼▼ ステップ台／ミニバンド

最後に、運動を始めて1か月経過してさらにレベルアップしたい方におすすめなのは、ステップ台とミニバンドです。この2つのグッズを使うことで動きへの負荷や筋への抵抗の負荷を用いて、動きと筋肉のトレーニングを行うことができます。両方とも場所をとらないので、これまでのスペースで行うことができます。

ステップ台

さらに負荷がアップ

ミニバンド

何よりも下半身が鍛えられる

【おまけのおすすめグッズ】

エクササイズで直接使うわけではありませんが、日々の体調や生活リズムをチェックし、コンディションを整えるためにおすすめのグッズとして、身体組成計、歩数計もしくはウエアラブルがあります。

身体組成計は、体重計でも構いませんが、体脂肪率やＢＭＩを表示してくれるタイプがおすすめです。ただし、体脂肪率は、メーカーや測定時間（体の水分量）によって異なりますので、毎日決まった時間に測定すると前日と比較することができます。起床後お手洗いに行った後が測定条件を統一できるためおすすめです。

また、運動量や生活活動量を把握する便利グッズが、歩数計です。最近は、ウエアラブルと呼ばれる、腕時計タイプのアップルウォッチやＦｉｔｂｉｔ、ガーミンなどもあり、心拍数や睡眠などもチェックしてくれるので便利です。

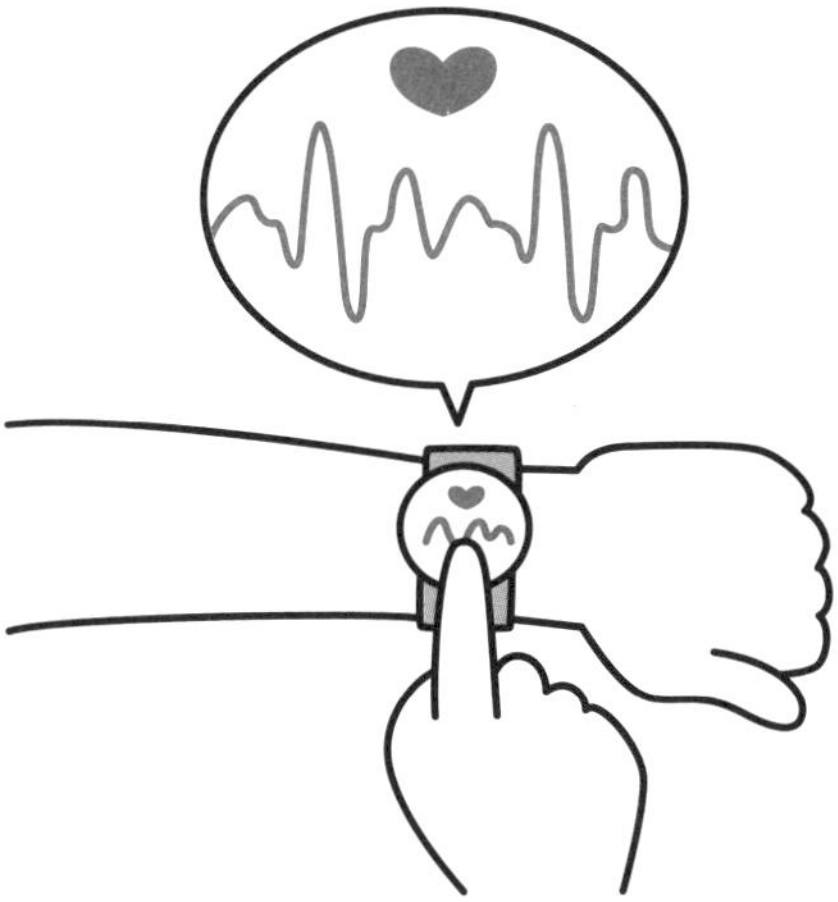

おすすめグッズ一覧

レベルⅠ	これまで運動習慣がない人向け	・マット ・鏡 ・タオル
レベルⅡ	２～３週間続けられるようになった人向け	・ミニボール ・運動靴
レベルⅢ	１か月続けられるようになった人向け	・ステップ台 ・ミニバンド
おまけ	日頃のコンディションチェック	・身体組成計 ・歩数計 ・ウェアラブル

長年運動習慣がない場合の注意点

適度な運動が心身の健康に良いことは明らかになっていますが、長年運動習慣がない中高年者が運動を始める場合には、配慮が必要です。特に、学生時代に積極的にスポーツを行っていた人が、いきなりランニングや腕立て、腹筋など突然強度の強い運動を始めて、思わぬケガや事故につながっては元も子もありません。

◆運動前に医師のメディカルチェックを

突然の運動による弊害として多いのは、膝や腰をはじめとする痛みの発生です。また、高血圧や糖尿病などの動脈硬化性疾患がある人だと突然死につながることもあります。運動は、素晴らしい良薬ですが、使い方を間違えると毒にもなります。

「運動不足を解消するために運動を始めようと思った」「生活習慣病の改善のために運動を始めようと思った」「マラソン大会出場など目標を決めて一念発起した」など、どんなレベルであれ、運動開始前に医師のメディカルチェックを受けることをおすすめします。メディカルチェックを受けることで、運動が禁忌となるような疾患がないかといったことや（運動を行って良いか）、運動によって改善すべき身体の状態が明らかになり、どのような運動内容（頻度・強度・持続時間・種類・注意点など）が良いかわかるようになるので、安心して運動に取り組むことができます。

◆最初は物足りないくらいが、無理なく習慣化できるコツ

メディカルチェック後に、長年運動習慣がなかった人が運動を始める際におすすめなのは、ストレッチや軽い体操です。いきなりウォーキングやジョギング、腕立てやスクワットなどを行わずに、まずは、硬くなった筋肉をマイルドに動かして関節がきちんと動くように体を整えていきましょう（60頁・ストレッチの項参照）。筋肉が硬く、関節が適切に動かない状態での有酸素運動や筋力トレーニングは思わぬケガにつながりやすくなります。ストレッチや軽い体操で2～3週間かけて、長年動かしていなかった体を慣らしていきます。

気合を入れて行いたい人には、少々物足りないかもしれませんが、物足りないくらいが「無理なく習慣化できる」コツです。そして、徐々にウォーキングなどの有酸素運動や簡単な筋力トレーニングを取り入れていきます。有酸素運動は、メンタルヘルスや生活習慣病の予防・改善に効果があることが明らかになっており、自転車やウォーキングなどから開始すると良いでしょう。

さらに、筋力トレーニングを取り入れていきます。近年、筋力トレーニングも有酸素運動とな

らび、重要性が明らかになっています。有酸素運動と筋力トレーニングともに中等度（ややきつい）くらいの強度がおすすめですが、ご自身の脚力や体力レベルに応じて選ぶことが大切です。次の第3章で紹介をする「しなやかさや動きの癖のチェック」と「脚力年齢の測定」を行い、ご自身に適したストレッチや有酸素運動、筋力トレーニングを選択しましょう。

近年の研究では、40歳頃から筋肉量の減少が始まることが明らかになっています。[*1] 何もしないとドンドン筋肉をはじめとした身体機能は衰えていきます。反対に筋肉をはじめ、適切に使うと90歳になっても機能は向上します。「人生で一番若いのは今日！」——今日から始めてみてはいかがでしょうか？

参考文献

＊1 Yamada M, Moriguch Y, Mitani T, Aoyama T, Arai H. Age-dependent changes in skeletal muscle mass and visceral fat area in Japanese adults from 40 to 79 years-of-age. Geriatr Gerontol Int.2014;14 (Suppl 1):8-14.

＊2 日本体育協会指導者育成専門委員会スポーツドクター部門監修．スポーツ医学研修ハンドブック 第2版：文光堂 ;2013

特にメディカルチェックを受けた方が良い人

- □ 喫煙習慣がある
- □ 血糖値が高い
- □ 血圧が高い
- □ コレステロール値が高い
- □ 肥満がある
- □ 骨粗しょう症がある
- □ 階段や坂道を上ると息切れや胸の痛みがある
- □ 膝や腰に痛みがある

＊１つでもあてはまれば、医師のチェックを受けてから運動を開始しましょう。

メディカルチェックの目的

- □ 運動が禁忌となる疾患を保有していないか
- □ 突然死のリスクがある疾患を保有していないか
- □ スポーツ障害を起こしやすい状態がないか
- □ 運動をする際に気をつけるべきことなど

＊参考文献２を基に著者一部改変

運動を実施する前の
セルフチェック

□ 頭痛、めまい、吐き気はないか？

□ ひどいだるさや疲労はないか？

□ 胸痛や動悸はないか？

□ 発熱はないか？

□ 睡眠不足ではないか？

□ 血圧に問題がないか？
（180/100 以上は運動中止）

□ 食欲はあるか？

□ 下痢をしていないか？

＊参考文献 2 を基に著者一部改変

COLUMN

息切れについて

運動をしていて、息があがり、苦しくなったことは誰でも経験があると思いますが、そのために「運動をしていれば、息切れがしても当たり前」と思うかもしれません。しかし、息切れが危険な兆候を示していることもあります。そこで、息切れがするというのはどういうことかお話していきますので、きちんと理解しておきましょう。

◆息切れを引き起こす原因は様々

息切れや息苦しさ、呼吸困難はいずれも同じ意味として医療現場ではとらえていて、いずれも呼吸運動に伴う不快な自覚症状のことです。そして息切れは痛みと同様、他の人には感じることができないものです。息切れを引き起こす原因は、単純に体力の問題から致死的な心肺系の疾患までいろいろなことがあります。このため医師はこのような症状の患者を診察する際には、詳しく病歴を聴取し、詳細な検査を行うことで初めて正確な原因の解明が可能となる場合がほとんどです。

重篤な心臓疾患や肺の疾患などがなくて、一見健常な人が運動に伴って息切れを起こすような場合、原因として喘息の発作や運動誘発性気管支攣縮《れんしゅく》、運動誘発性喉頭閉塞症が多いです。その他、気道の問題以外では、例えば鉄欠乏や貧血、感染症、そして筋骨格系の問題などが原因となり得ます。それぞれ、詳しく見ていきましょう。

息切れを引き起こす原因の例

▼

- 運動誘発性気管支攣縮
- 運動誘発性喉頭閉塞症
- 貧血
- 感染症
- 胸郭への外傷

など

【運動誘発性気管支攣縮】

喘息は慢性に気道炎症を生じ、可逆性の気管支収縮を起こす疾患で、運動やアレルゲン吸入（花粉やペットなど）、気道刺激物質の吸入（排気ガスやたばこの煙など）、環境因子（空気の乾燥など）、感染症、心因性など様々な原因で発症します。この中でも運動直後に生じる気管支の攣縮は運動誘発性気管支攣縮と呼ばれます。運動誘発性気管支攣縮は喘息の既往がある人によく起きますが、逆に喘息の既往がない人でも運動誘発性気管支攣縮は起こすことがあります。

喘息や運動誘発性気管支攣縮を正確に診断するためには細かい診断基準を満たす必要があり、このため、実はこれらの疾患ではないにも関わらず、誤ってこれらの疾患として治療がなされていることが非常に多いのが現状です。正確な診断のためにも呼吸器系の専門医の受診が勧められます。

通常、運動誘発性気管支攣縮の患者には即効性のある気管支拡張薬などが用いられます。また気道の炎症が明らかな場合に吸入ステロイドなども使われることがあります。余談ですが、これら治療薬の中にはドーピング規則違反になるものも多く存在するので、レベルの高い大会に出場するようなアスリートは、きちんとスポーツドクターにより処方してもらうか、スポーツファーマシストという専門の知識をもった薬剤師に相談することがおすすめです。我々の病院にも3名のスポーツファーマシストがおり、私自身選手への処方について迷った際は相談させてもらっています。

軽い症状の場合は、吸入以外にもスプリントインターバルトレーニングによるウォーミングアップも有効です。約30秒程度の全力運動を5回程度繰り返す中で、初期には気管支が攣縮するものの、時間経過とともに症状が落ち着き、呼吸がしやすくなります。

【運動誘発性喉頭閉塞症】

運動誘発性喉頭閉塞症（以前は声帯機能不全と呼ばれていました）は喘息や運動誘発性気管支攣縮と誤られることが非常に多い疾患です。違いとして、本疾患では気管支の収縮や気管支の炎症が息苦しさの原因になっていないことがあげられ、特に吸気時に声門上、もしくは声門レベルで喉頭が異常に閉塞してしまい、息切れを自覚します。この閉塞も安静時には生じず、運動をはじめとした様々なトリガーがあって初めて生じます。

症状としては息切れ以外にのどの閉塞感や声の変化などが見られることもあります。実際に診断するためには喉頭鏡による検査が必要になり、治療方法としては横隔膜による腹式呼吸の練習や喉頭へのリハビリアプローチなどがあります。

【貧血】

気道に関係しない息切れの原因としては貧血も考えられます。貧血とは血液中の単位容積あたりのヘモグロビン量の減少のことを言いますが、この原因としては「赤血球産生の低下（鉄が欠乏すると起こります）」「赤血球の破壊が何らかの原因で起こる」「出血に伴って赤血球を失ってしまう」などがあります。トレーニングをすると赤血球も血液中の水分である血漿も増えますが、割合としては血漿の方が増えるために結果的にヘモグロビンの濃度は減少します。

ほかにはランニングで繰り返し足部を地面につくことで足の血管内で赤血球をつぶしてしまって溶血を起こしてしまう場合も、溶血によりヘモグロビンが分解されてしまいます。また、痛み止めの内服などによって消化管潰瘍から出血が起きていたりすることや、腹部や腰部への外傷による血尿、さらには女性アスリートであれば月経に伴った出血も貧血の原因になります。

これらの原因による貧血が息切れの原因になっていないか、検討する必要があります。このような原因がある場合は食事内容の改善、鉄剤の内服、運動メニューや環境の変更、月経コントロールなどで対応します。

COLUMN

【感染症】

感染症に罹患していても息苦しさは生じます。どのような感染症でもCOVID－19のように肺炎を発症すれば息苦しさを生じますが、ここではこのような感染症の中でも一見健康な若者が息苦しさを訴えた場合に考えなければいけない伝染性単核球症というものに触れておきます。

これはEBウイルスというものに感染すると発症するとされ、日本では成人の90％がすでに感染しているとされます。一般に唾液を介して感染するため、親が子供に熱い食べ物を与える際にフーフーしたり、口に含んで冷ましたりする習慣がある日本では、3歳までに80％の乳幼児が初感染を受けているとされてきましたが、近年ではそのような機会も減っているためか、キスを介して初めて感染する若者なども増えています。（このため別名kissing diseaseとも呼ばれます）

伝染性単核球症になると発熱以外に咽頭炎やリンパ節腫脹《しゅちょう》、発疹が出る人が多く、発熱による疲労から息切れを生じる以外に、咽頭炎そのものによっても息切れを訴えることがあります。

COLUMN

【胸郭への外傷】

最後に肋骨骨折といったような胸郭への外傷によっても、当然息のしづらさは生じます。骨折なら明らかなエピソードがあるので原因がはっきりしやすいのですが、ゴルフやボートのように脇をしめて腕を振る競技では、「知らず知らずのうちに肋骨の疲労骨折を起こしている」ということもあります。骨折や疲労骨折がなくても身体に痛みがあるとおのずと呼吸は浅くなり、そういったことから息苦しさを生じることもあります。

【その他】

このほか、原因のはっきりしない心因性の息切れも報告されています。このように息切れの原因には様々なものがあり、単純に体力がないからとか、運動メニューがハードだからという問題でないことが多いです。最初に記載したように心臓や肺の重篤な疾患（狭心症、心筋梗塞、肺塞栓、気胸など）が原因であることも当然考えられるので、息切れ症状が強い場合や症状が継続している場合は医療機関を受診することが勧められます。

第3章

まずは土台を整えましょう

運動を無理なく効果的に行うためには、自分の運動レベルに合わせて行うことが大切です。身体的な能力を超えた運動を行うと、かえって体を痛めることになりかねません。まずは土台を整えることから始めましょう。

この章では、しなやかさのチェック、動きの癖のチェックをはじめ、脚力を知る方法について解説するとともに、改善のためストレッチについてご紹介していきます。

体力をつける前に――土台づくりをしよう

「体力が落ちた」、「あの人は体力がある」など、よく使う言葉ですが、そもそも体力とは何を示しているのでしょうか？

◆体力には身体的要素と精神的要素があり、それぞれ行動体力と防衛体力に分類される

体力には、「身体的要素」と「精神的要素」があり、それぞれは、「行動体力」と「防衛体力」に分類されます。そして、行動体力は「柔軟性」「筋力」「敏捷性」「瞬発力」「平衡性」「筋持久力」「全身持久力」などから構成されます。

これらの要素は、対象者の年齢や活動レベル、スポーツ種目やスポーツレベルによって必要な要素のバランスやレベルが異なります。また一般的に、日常生活の場面における会話の中で、「体力がある」というと、筋持久力や全身持久力を示していることが少なくありません。日常生活を気持ちよく過ごすためにも、それぞれの要素を適切に維持・向上させることが大切といえるでしょう。

◆体力をつける前に関節の動く範囲を整えよう

関節にはそれぞれ本来動く範囲（可動域）というものがあります。本来動く範囲で動かなければ、他の関節でその動きを補う代償動作というものが生じてきます。例えば、足首が硬くて（足関節の可動域が狭くて）スムーズに前に曲げることができなければ、土踏まずをつぶすようにして足首を動かします。また、肩や肩甲骨周囲が硬くて（肩関節・胸郭の可動域が狭くて）動かしづらければ、肩が動かない代わりに、腰を反るように動かすようになります。どこかの関節が動かしづらいと、代わりのどこかの関節が過剰に動いて動作を代償するため、過剰に動く関節には常に負担がかかり、痛みなどにつながってしまいます。

　この可動域の制限に影響を及ぼすものには、骨の変性など様々なものがありますが、体力要素の1つである柔軟性が大きな影響を及ぼします。いくら筋力や全身持久力などの要素が高くても、柔軟性が低下し、関節の動く範囲が狭く、関節に負担のかかるような動きの癖があったら、車で例えるなら軽自動車のボディにスポーツカーのエンジンを搭載しているようなものです。土台となるボディがエンジンの能力と釣り合ってこそ、その能力を遺憾なく発揮できます。筋力や全身持久力を遺憾なく発揮するには、関節の動く範囲がきちんと整えられているかが大切なのです。そこで、関節を制限なくスムーズに動かすしなやかさ（柔軟性）を次頁を参考にチェックし、課題があった場合は、ストレッチの項を参考に改善ストレッチに取り組んでみましょう。

しなやかさのチェックと改善ストレッチをやってみよう

これからご紹介する6つのテストは、体の関節がスムーズに動くかをチェックするものです。主要な関節に絞って、ご自宅で簡単にチェックできる方法をご紹介いたしますので、ご自身の関節がスムーズに動くのかを確認してみましょう。ここで、課題が見つかった方は、74頁を参考に改善するためのストレッチに取り組んでみてください。なお、骨自体に変性がある場合は、整形外科医の指示に従いましょう。

6つのテストでしなやかさをチェック

1

足関節の曲げ・膝関節の曲げ・股関節の曲げ

（62頁）

2
膝関節の曲げ
（64頁）

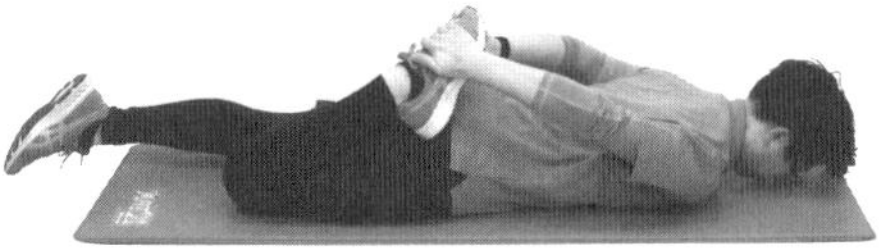

3
膝関節の伸び
（66頁）

4
股関節の曲げと伸び
（68頁）

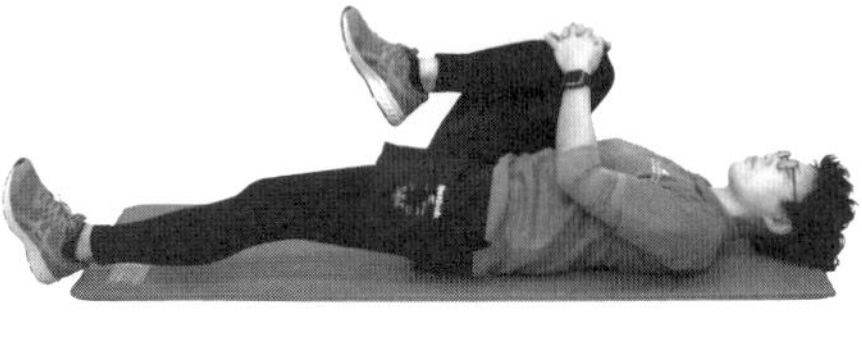

5
脊柱の曲げ・股関節の曲げ・膝関節の伸び
（70頁）

6
肩関節と肩甲骨周囲の動き
（72頁）

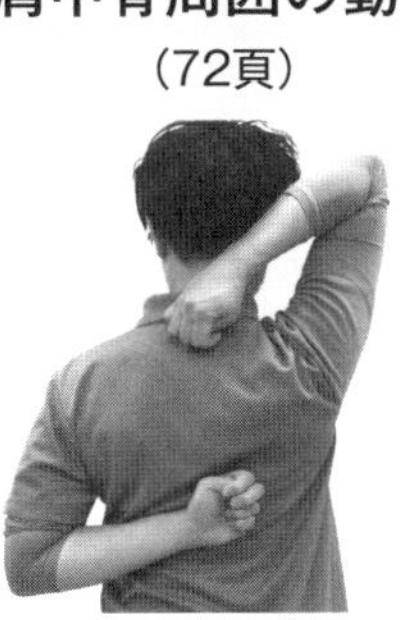

しなやかさチェック 1

足関節の曲げ・膝関節の曲げ・股関節の曲げ

足関節、膝関節、股関節を
しなやかに曲げて動かせるかをチェックします。

▸やり方

❶足幅を拳一個分に開きます。
❷がに股・内股にならないように足を平行にします。
❸手を背中で組み、踵を浮かせずにしゃがみます。

OK
評価ポイント

・足のポジションを変えることなく、踵を浮かせずにしゃがめる。

NG

評価ポイント

・がに股、内股になる。
・しゃがめない。しゃがむと尻もちをついてしまう。

注意点

和式トイレでしゃがみ込むのがきつい人は、関節や筋肉が硬くなっている可能性があります。また、膝に痛みがある人は、注意して行いましょう。

なお、膝を曲げると筋肉ではなく膝関節が痛い場合は、整形外科を受診しましょう。

しなやかさチェック 2

膝関節の曲げ

膝関節をしなやかに曲げられるかをチェックします。

▶やり方

❶両脚を開かずに揃えてうつ伏せになります。
❷足首を持ち、踵をお尻に引き寄せます。

OK
評価ポイント

・片膝を曲げて足先をつかみ、踵がお尻につけば OK。

NG

評価ポイント

・踵がお尻につかない。
・股関節が曲がり、お尻が上がってしまう。
・膝関節に痛みを感じる。

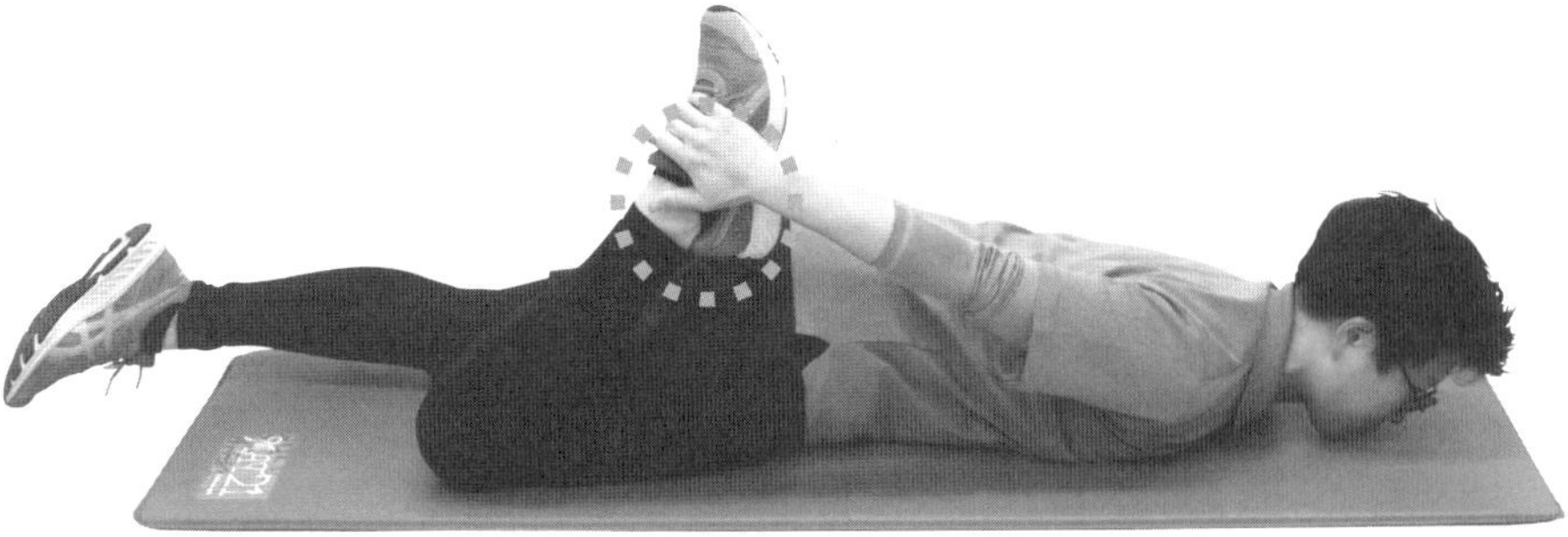

注意点

膝を曲げると筋肉ではなく膝関節が痛い場合は、整形外科を受診しましょう。

しなやかさチェック 3

膝関節の伸び

膝関節をしなやかに伸ばせるかをチェックします。

▶やり方

❶長座位になり、膝を伸ばします。

OK

評価ポイント

・背すじを伸ばした状態で膝の裏が床につく。

しなやかさチェック 3

膝関節の伸び

NG

評価ポイント

・膝の裏が床につかない。
・左右で膝の高さに差がある。
・背すじが丸まってしまう。

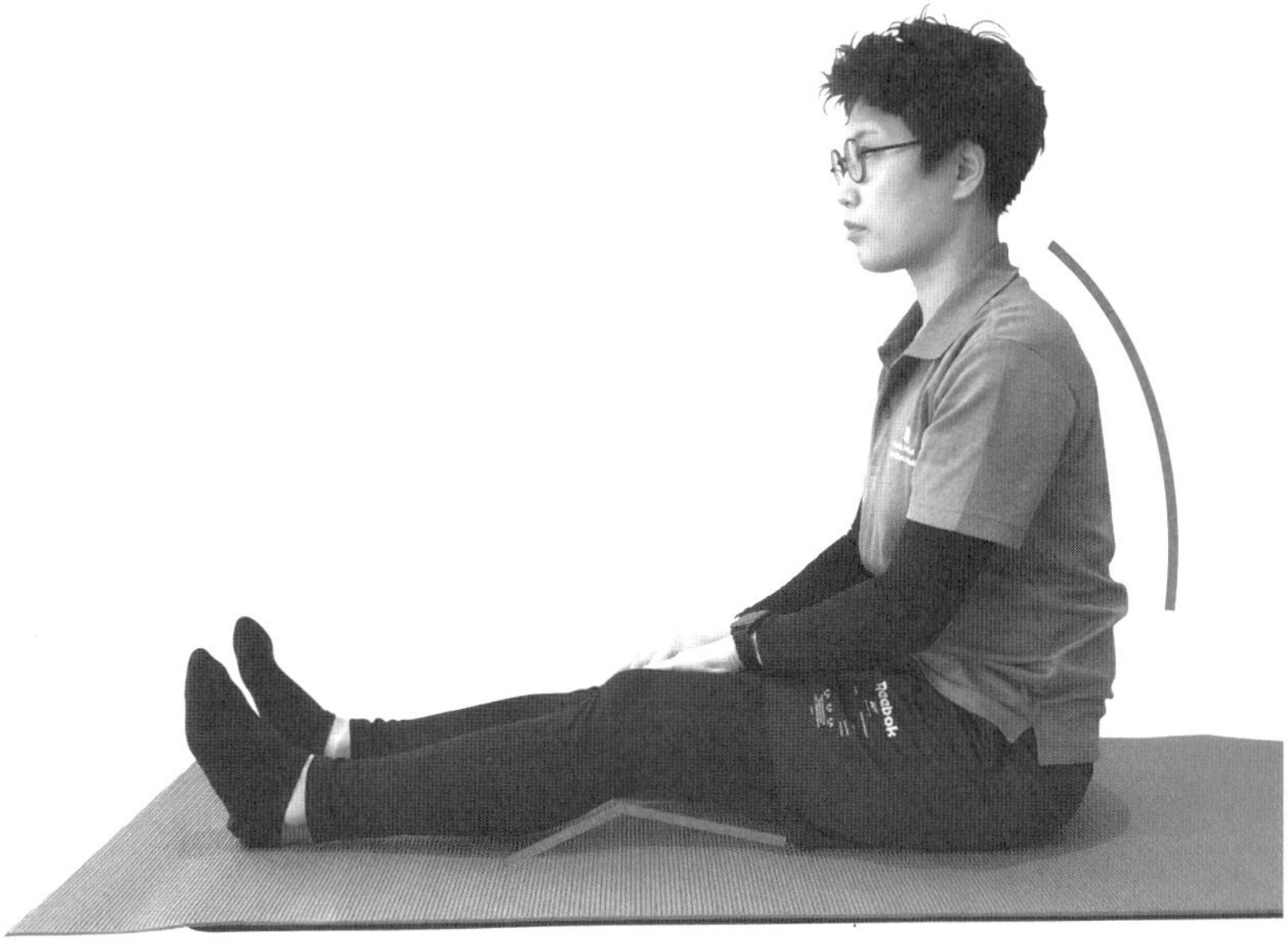

注意点

膝が伸びきらない、もも裏が突っ張って痛いなどをチェックします。できない場合は筋肉の硬さに問題がある可能性があります。

しなやかさチェック 4

股関節の曲げと伸び

股関節をしなやかに
曲げたり伸ばしたりできるかをチェックします。
ランナーにもおすすめのチェックです。

▶やり方

❶仰向けになります。
❷両手で片膝を抱えて胸に
　引き寄せます。

反対側の膝を伸ばしたまま
膝を抱えられるか？

OK
評価ポイント

・反対側の膝が曲がったり、床から 5㎝
　以上浮かない。

NG

・反対側の膝が曲がってしまう。
・床から 5cm以上浮いてしまう。

評価ポイント

しなやかさチェック 5

脊柱の曲げ・股関節の曲げ・膝関節の伸び

骨盤や脊柱全体をしなやかに動かせるかをチェックします。
腰痛、膝痛予防に効果的！
ランナーにもおすすめのチェックです。

指先を床に
つけられるか？

▶やり方

❶両脚の幅を拳一個分程度にして立ちます。
❷反動を使わずにゆっくりと息を吐きながら、膝を曲げずに股関節から前屈します。
❸指を床に近づけていきます。転倒に注意しながら行いましょう。

OK

評価ポイント

・指先が床につけば OK。

NG

評価ポイント

・指先が床につかない。
・膝が曲がってしまう。
・脊柱がしなやかに曲がらない。
・腰に痛みを感じる。

しなやかさチェック 6

肩関節と肩甲骨周囲の動き

肩関節、胸椎、肩甲骨周囲を
なめらかに動かせるかをチェックします。

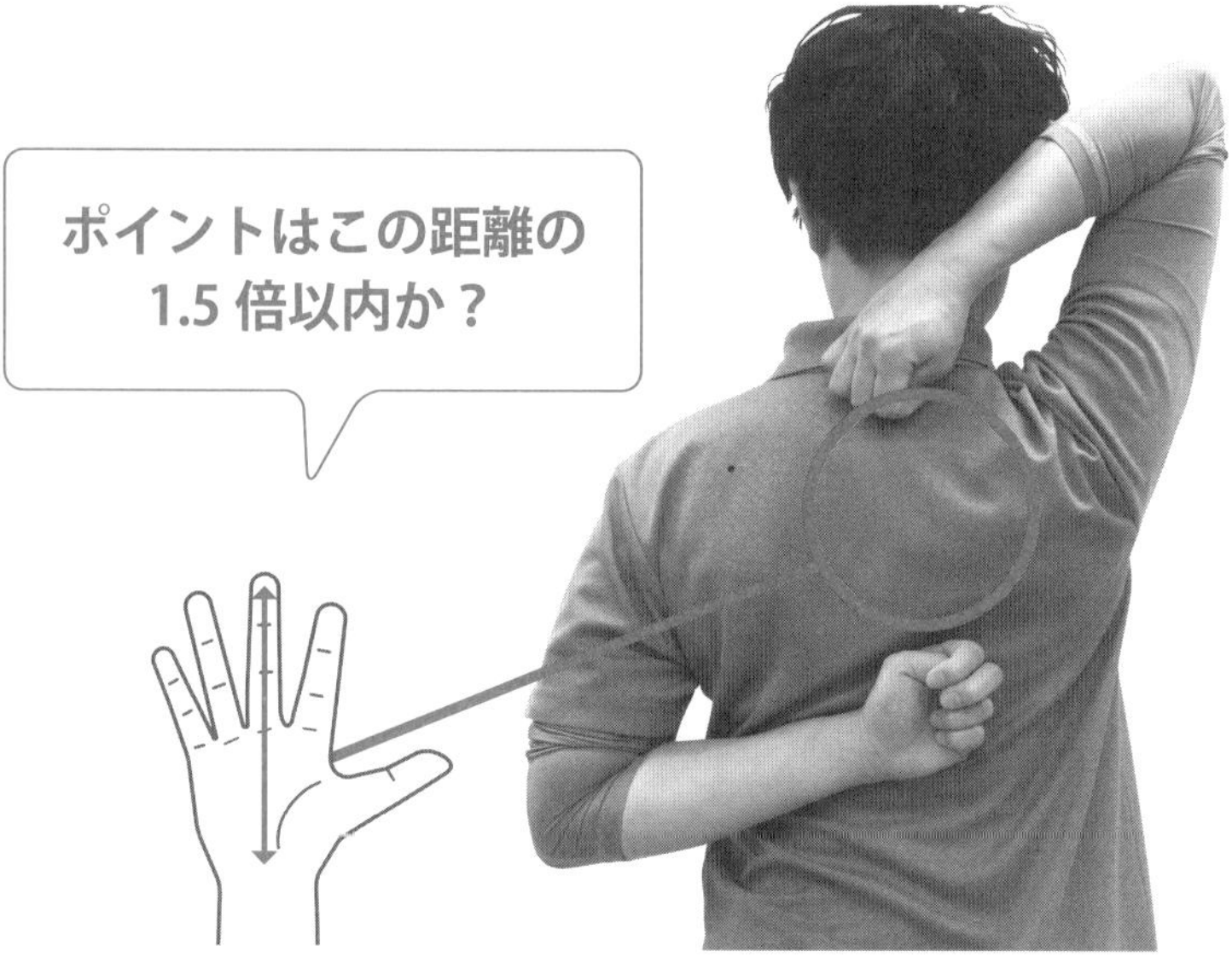

自分で確認するのは難しいので、家族や友人などに見てもらうといいでしょう。

OK
評価ポイント

・こぶしとこぶしの間が手のひら 1.5 倍以内。

▶やり方

❶右腕を上から、左腕を下から背中に回します。
❷両手ともにこぶしを握った状態で、どれだけ距離があるかをチェックします。
❸次に左右上下を変えて行ってみましょう。

NG

評価ポイント

- 1.5 倍以上。
- 肩に痛みがある。

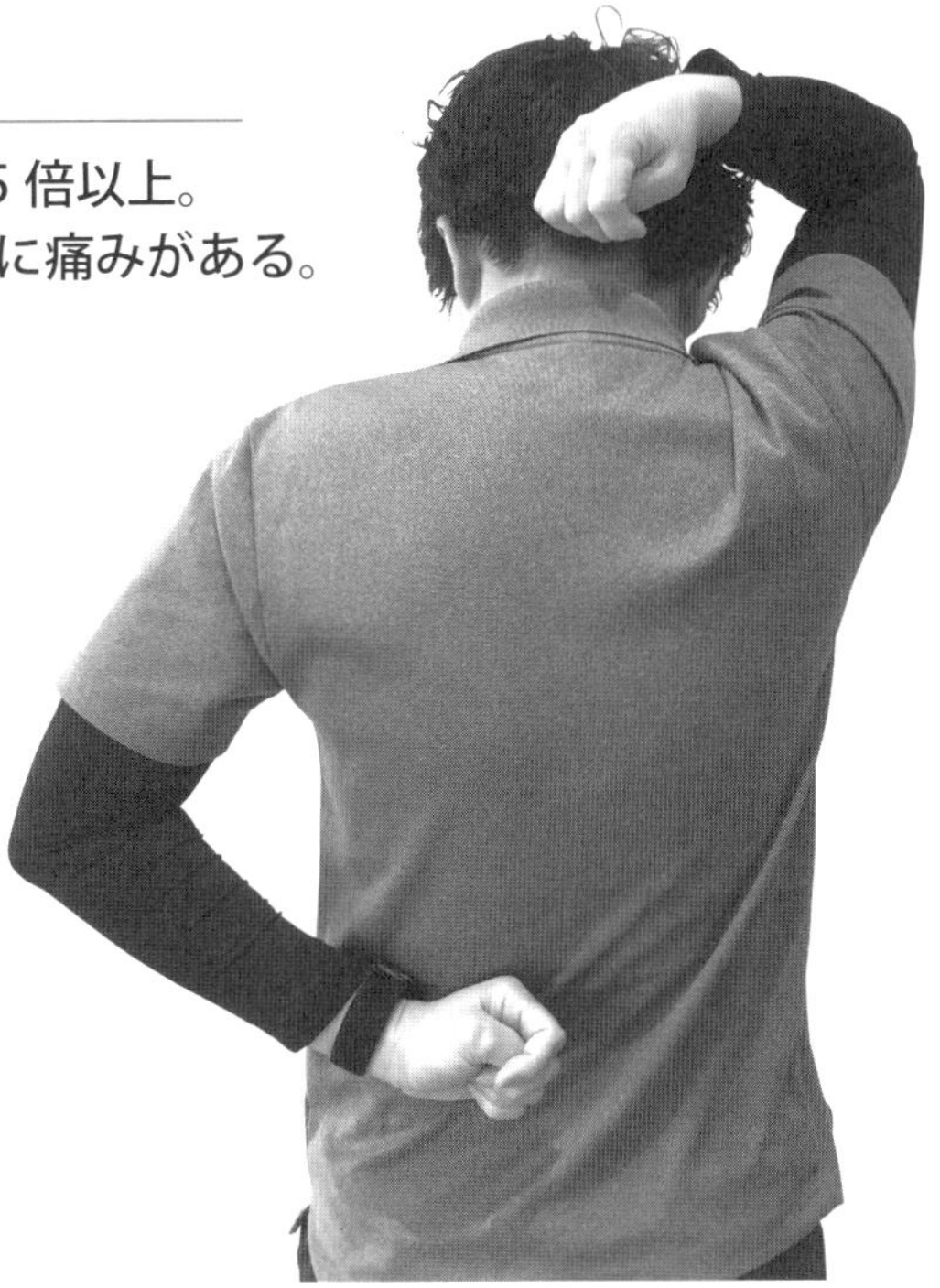

ストレッチで柔軟性を改善しよう

ストレッチは筋肉をゆっくりと引っ張り伸ばすことで関節の動く範囲を広げるための方法、すなわち柔軟性を向上させる手段のひとつとして普及しています。

ストレッチの主な効果としては、柔軟性を高めるだけでなく、血液の循環を良くして筋肉の緊張を和らげるといった役割もあります。そのため、スポーツの前後だけでなく肩こりや腰痛などにも非常に有効です。また、疲労回復や心身のリラックスといった効果もあるため、リラクセーション目的としても取り入れられています。

◆日常に取り入れやすいスタティックストレッチとダイナミックストレッチ

柔軟性を向上させるストレッチは、「スタティックストレッチ（静的ストレッチ）」「ダイナミックストレッチ（動的ストレッチ）」「バリスティックストレッチ」「PNFストレッチ」「パートナーストレッチ」の大きく5つの種類に分類されます。

各種類によって特徴は異なりますが、この項では日常に取り入れやすいスタティックストレッチとダイナミックストレッチを解説します。

スタティックストレッチは筋肉の柔軟性や関節可動域の改善には効果的であるとされ、リラックスもできるので精神的にも安定するというメリットがあります。

また、ダイナミックストレッチは心拍数が上がって筋温が上がるため、関節の動きがスムーズになることから競技パフォーマンスが上がるというメリットがあります。

それぞれの特徴を知り、用途によって使い分けることで目的に応じた効果が期待できるでしょう（第4章参照）。アメリカスポーツ医学会による運動指針では、ストレッチは最低でも週2〜3回実施することが推奨されています。ストレッチは特別な道具を必要としないため、日常に気軽に取り入れていきましょう。

それぞれの関節には構造上「動けるべき」理想的な可動域が決まっています。その可動域が筋や腱の柔軟性によってコントロールされるのです。関節の可動域が広ければより高いパフォーマンスを発揮することが可能になると言えますが、過剰に広い場合、筋力が不足していると関節が不安定になりやすく、ケガの原因にもなります。人はそれぞれ骨格の状態が異なるため柔軟性改善の範囲にも個人差があります。そのため、ストレッチを行う際は決して無理をしないことが重要です。

ストレッチの種類

スタティック
ストレッチ（静的ストレッチ）

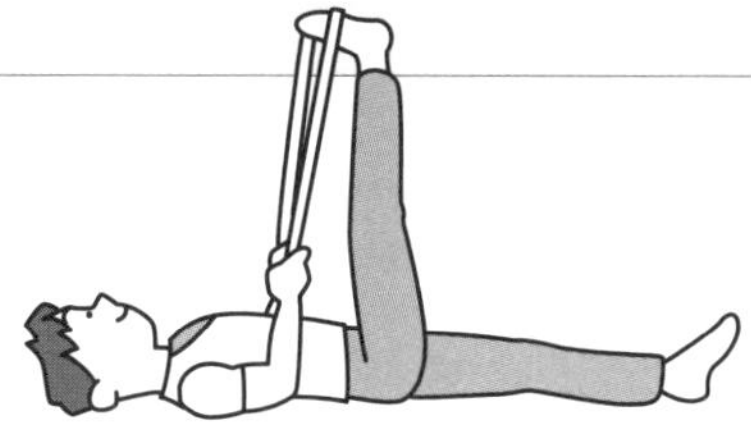

最も一般的に行われるストレッチで、反動をつけずにゆっくりと一定時間保持した状態で筋肉を伸ばすことで関節可動域を広げていく方法。

＊第４章も参照

ダイナミック
ストレッチ（動的ストレッチ）

体を動かしながら筋肉に刺激を与え、関節可動域を広げていく方法。

＊第４章も参照

バリスティック
ストレッチ

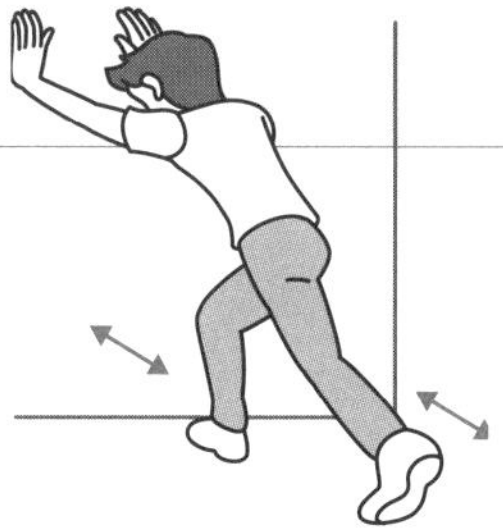

自ら反動をつけて筋肉を伸ばすことで関節可動域を広げていく方法。

PNF
ストレッチ

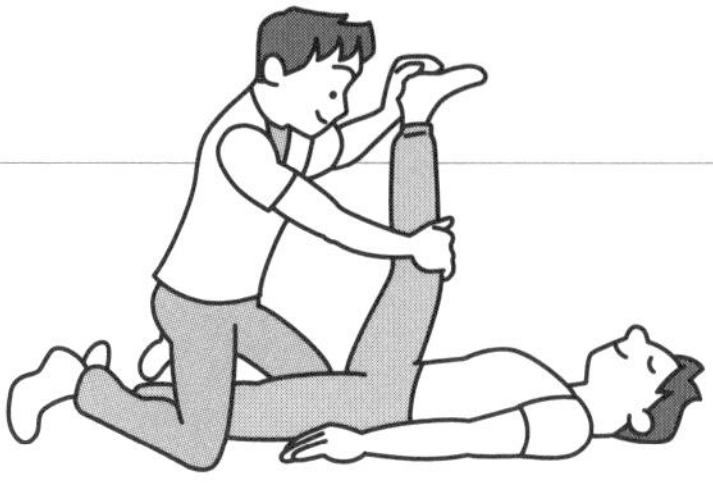

神経メカニズムを活用し、筋肉の収縮と弛緩を繰り返しながら関節可動域を広げていく方法。

パートナー
ストレッチ

2人1組で行うストレッチで、パートナーにサポートしてもらうことでコミュニケーションをとりつつ適度に筋肉を伸ばしながら関節可動域を広げていく方法。

膝関節の裏（膝窩）のストレッチ

▶ タオル or ロープ Ver.

目標／片脚 20 秒

POINT

・膝を伸ばす意識で行う。
・自分の体重を使って引いていくことで、力を使わずに行うことができる。
・肩の力は抜いてなるべくリラックスする。

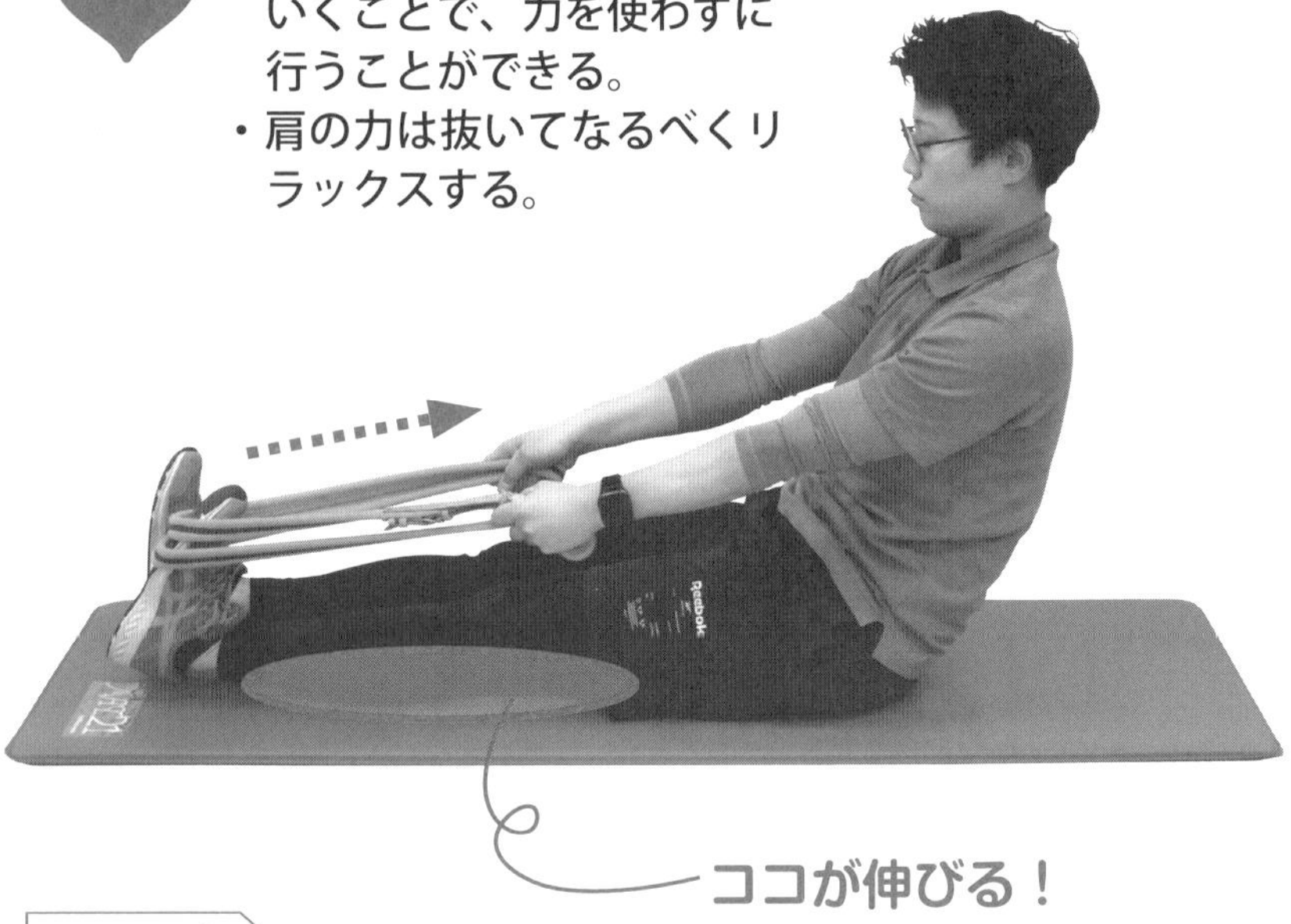

▶やり方

❶タオルを足先にかけ、手前にしっかりと引っ張ります。膝裏とふくらはぎが伸ばされているのを意識して、20 秒キープします。

● 特に効くところ ●

6	5	4	3	2	1
肩関節と肩甲骨周囲の動き	脊柱の曲げ・股関節の曲げ・膝関節の伸び	股関節の曲げと伸び	**膝関節の伸び**	膝関節の曲げ	足関節の曲げ・膝関節の曲げ・股関節の曲げ

●その他の効果 … 膝痛予防・改善

▶ 重錘 Ver.

目標／片脚 20 ～ 30 秒

POINT
・勢いをつけてグイグイ押しすぎないようにする。
・膝関節ではなく、少し上方の大腿部を押すようにする。

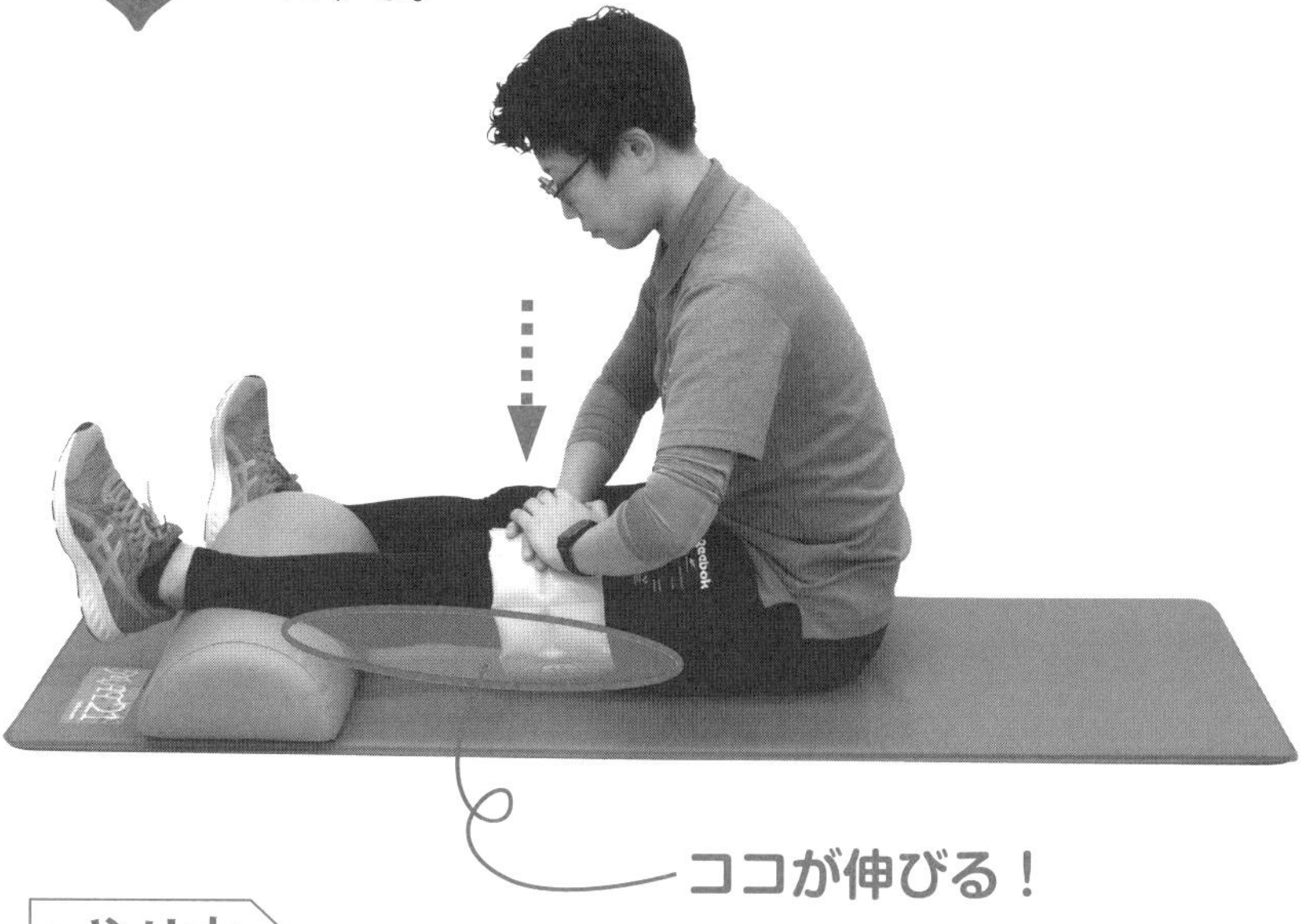

▶やり方

❶脚の下にタオル（枕）を入れます。膝のお皿の上を床に押しつけ、膝が軽く伸ばされている状態で 20 ～ 30 秒キープします。

しなやかさ改善のためのおすすめストレッチ

ふくらはぎ（下腿三頭筋）のストレッチ

ストレッチ中は息を止めずに、自然な呼吸で。

目標／片脚 15 ～ 20 秒

POINT

・踵を浮かせない。
・がに股にせずまっすぐに。
・肩の力を抜きリラックスする。

▸やり方

❶脚を前後に大きく開き、椅子やテーブル、壁を支えにするようにして腕を伸ばして立ちます。

❷前の脚の膝を軽く曲げ、後ろの脚のつま先を正面に向け踵が浮かないようします。

❸ふくらはぎに伸びを感じたら、そのままの姿勢で 15 ～ 20 秒キープします。

● 特に効くところ ●

6	5	4	3	2	1
肩関節と肩甲骨周囲の動き	脊柱の曲げ・股関節の曲げ・膝関節の伸び	股関節の曲げと伸び	膝関節の伸び	膝関節の曲げ	足関節の曲げ・膝関節の曲げ・股関節の曲げ

●その他の効果 … むくみ改善　ふくらはぎの張り　膝痛予防・改善

NG
評価ポイント

・踵が浮いている。
・がに股で伸ばしたい部分が伸びていない。
・肩が力み、背中が丸まっている。

しなやかさ改善のためのおすすめストレッチ

ふくらはぎ（ヒラメ筋）のストレッチ

目標／片脚 15 ～ 20 秒

POINT

・踵を浮かせない。
・がに股にせずまっすぐにする。
・体重を前足部にしっかりとかける。

ココが伸びる！

▸やり方

❶片膝立ちの姿勢になります。
❷前足の踵が浮いたり、土踏まずがつぶれないように気を付けながら、前足に体重をかけていきます。
❸ふくらはぎに伸びを感じたところで 15 ～ 20 秒キープします。

注意点

下記の症状がある方は、80 頁の「ふくらはぎ（下腿三頭筋）のストレッチ」を行いましょう。

・膝を深く曲げると痛みのある方
・足首の前方に痛みやつまりを感じる方

● 特に効くところ ●

6	5	4	3	2	1
肩関節と肩甲骨周囲の動き	脊柱の曲げ・股関節の曲げ・膝関節の伸び	股関節の曲げと伸び	膝関節の伸び	膝関節の曲げ	足関節の曲げ・膝関節の曲げ・股関節の曲げ

●その他の効果 … むくみ改善　ふくらはぎの張り　膝痛予防・改善

こんな道具を使うやり方もあります

ストレッチボード

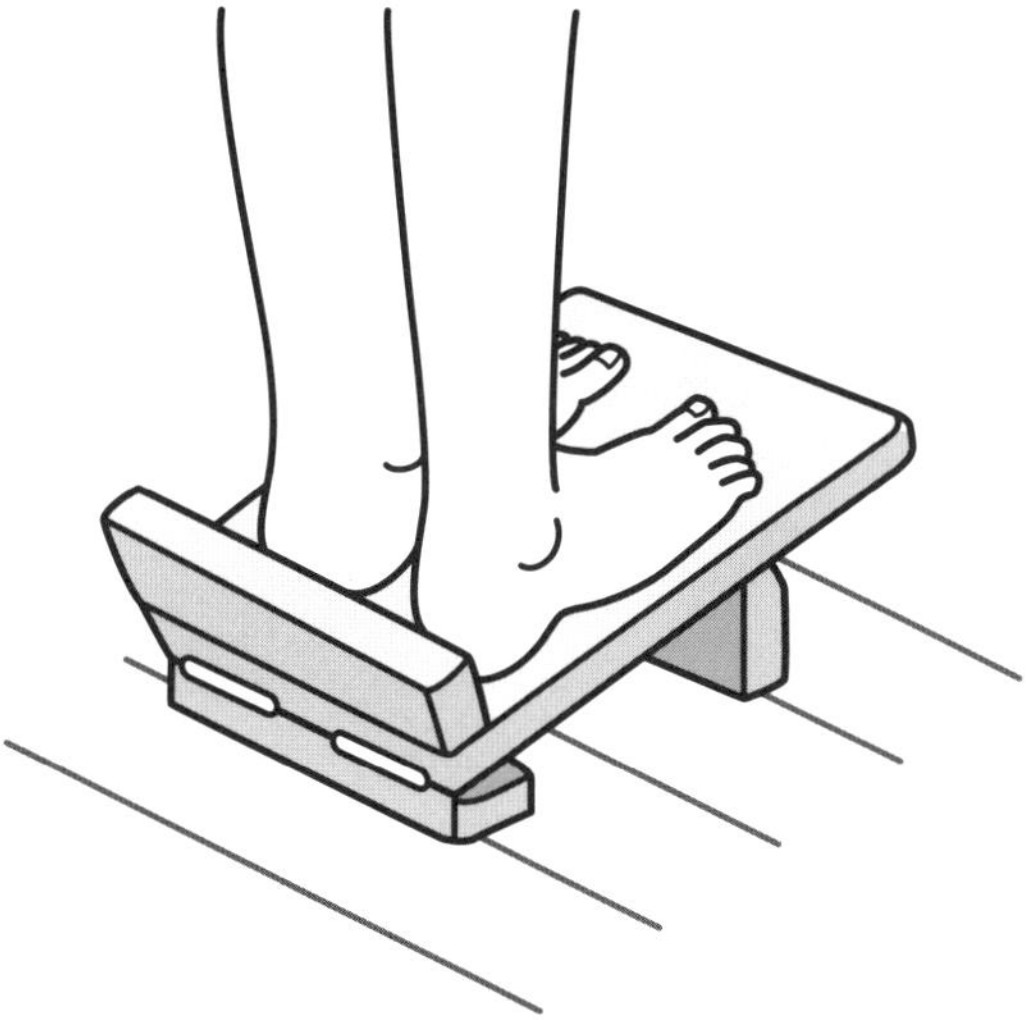

「ストレッチボード」や「傾斜台」と呼ばれる道具です。
いたってシンプルな構造で、台の上に乗るだけでストレッチをすることができます。
足首の柔軟性に合わせて角度を変えることができるため、ご自身の柔軟性に合わせて調整することができます。また、角度が変わることで柔軟性の変化を感じることができます。

しなやかさ改善のためのおすすめストレッチ

太ももの裏(下腿三頭筋、ハムストリングス)のストレッチ

POINT

・膝を伸ばす。
・肩の力を抜いてリラックス。
・余裕があれば、つま先を手前に引き、ふくらはぎまで伸ばす。

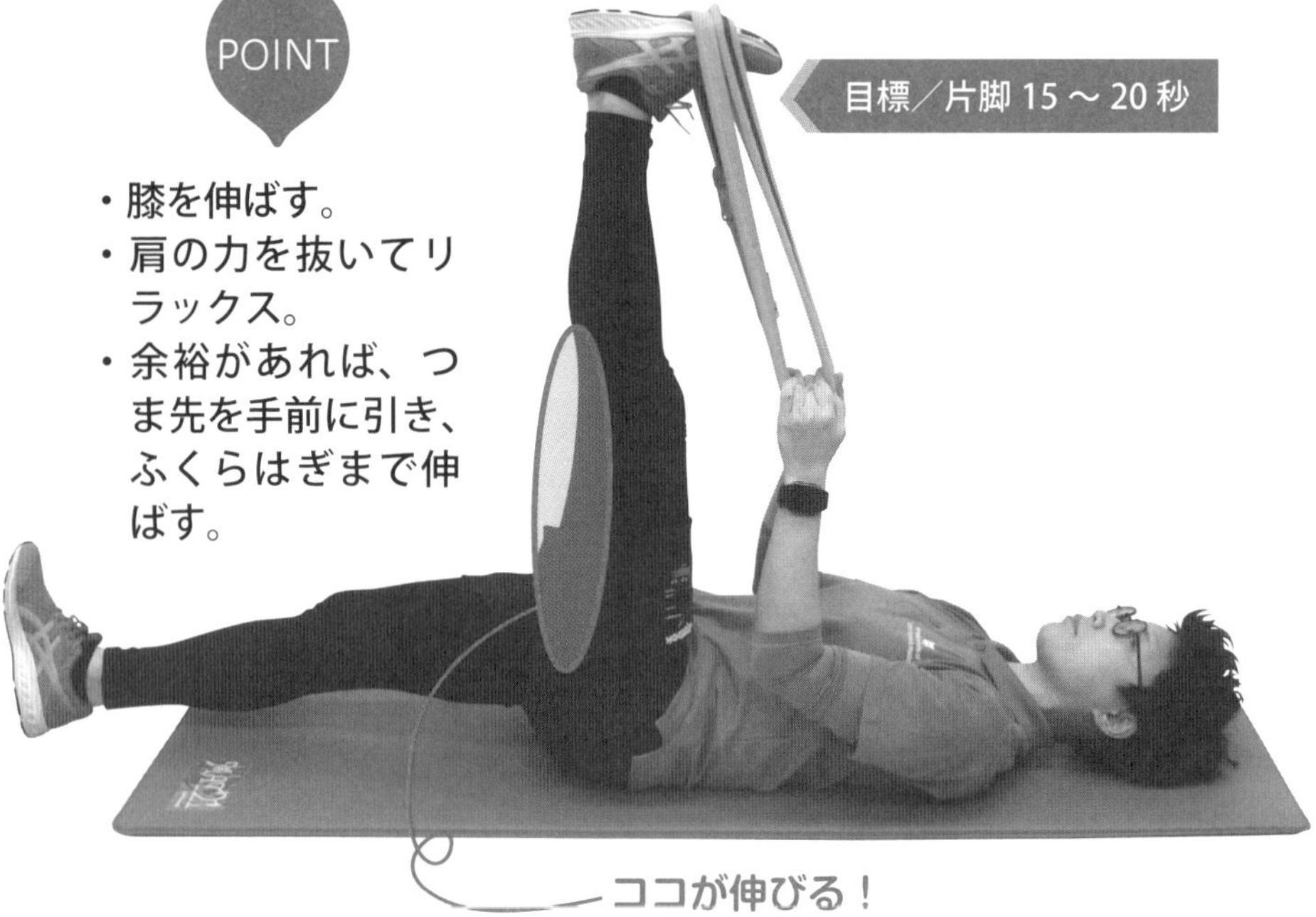

▶やり方

❶仰向けになり、ベルトやバスタオルを母趾球のあたりに引っ掛けます。
❷ゆっくりと脚を上げ、膝を伸ばしていきます。
❸太ももの裏に伸びを感じたら、そのままの姿勢で 15 ～ 20 秒キープします。

注意点

脚にしびれや腰に痛みを感じる場合は、無理をしないようにしましょう。

● 特に効くところ ●

6	5	4	3	2	1
肩関節と肩甲骨周囲の動き	脊柱の曲げ・股関節の曲げ・膝関節の伸び	股関節の曲げと伸び	膝関節の伸び	膝関節の曲げ	足関節の曲げ・膝関節の曲げ・股関節の曲げ

●その他の効果 … むくみ改善　膝痛予防・改善　腰痛予防・改善

NG

評価ポイント

・膝が曲がり太ももの裏を適切にストレッチできていない。
・上半身が過度に力み、リラックスできていない。

しなやかさ改善のためのおすすめストレッチ

お尻（大臀筋・中臀筋）のストレッチ

目標／片脚 15 ～ 20 秒

スタートポジション

1

POINT

・坐骨（お尻の下の出っ張った骨）を座面に着けて、骨盤を起こして座る。

▼

2

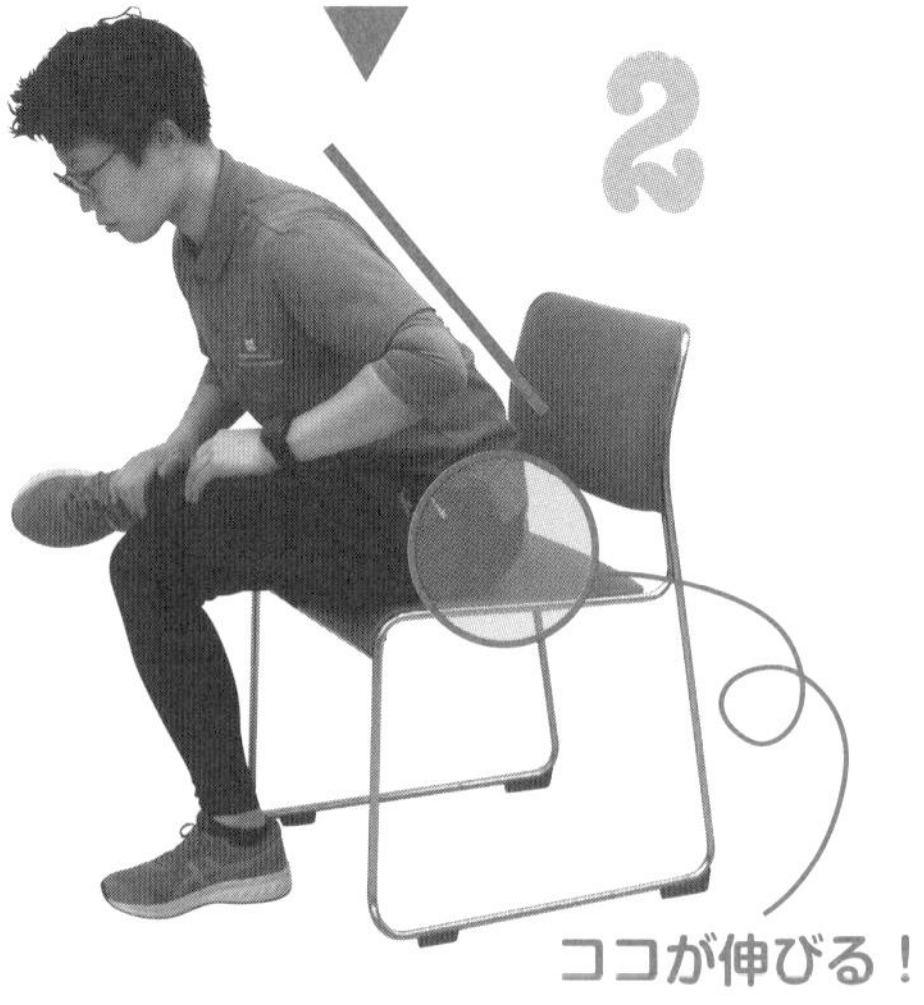

POINT

・胸とおへそをももに近づけるようなイメージで前屈する。

● 特に効くところ ●

6	5	4	3	2	1
肩関節と肩甲骨周囲の動き	**脊柱の曲げ・股関節の曲げ・膝関節の伸び**	股関節の曲げと伸び	膝関節の伸び	膝関節の曲げ	足関節の曲げ・膝関節の曲げ・股関節の曲げ

●その他の効果… お尻の張り改善　腰痛予防・改善

▸やり方

❶足首を反対側の膝の上にのせます。
❷背中を伸ばして、上半身を前に傾けるように前屈していきます。
❸お尻に伸びを感じたら、そのままの姿勢で 15 ～ 20 秒キープします。

注意点

股関節に痛みやつまりを感じる場合は無理をしないようにしましょう。

NG

評価ポイント

・骨盤が後ろへ倒れてしまい、背中と首が丸まることで、正しく前屈ができていない。
・支持脚ががに股になり膝が外に開いている。

しなやかさ改善のためのおすすめストレッチ

太ももの表（大腿四頭筋）のストレッチ

▶ 横向き Ver.

POINT

・脚をまっすぐ後ろへ引く。

目標／片脚 15 ～ 20 秒

ココが伸びる！

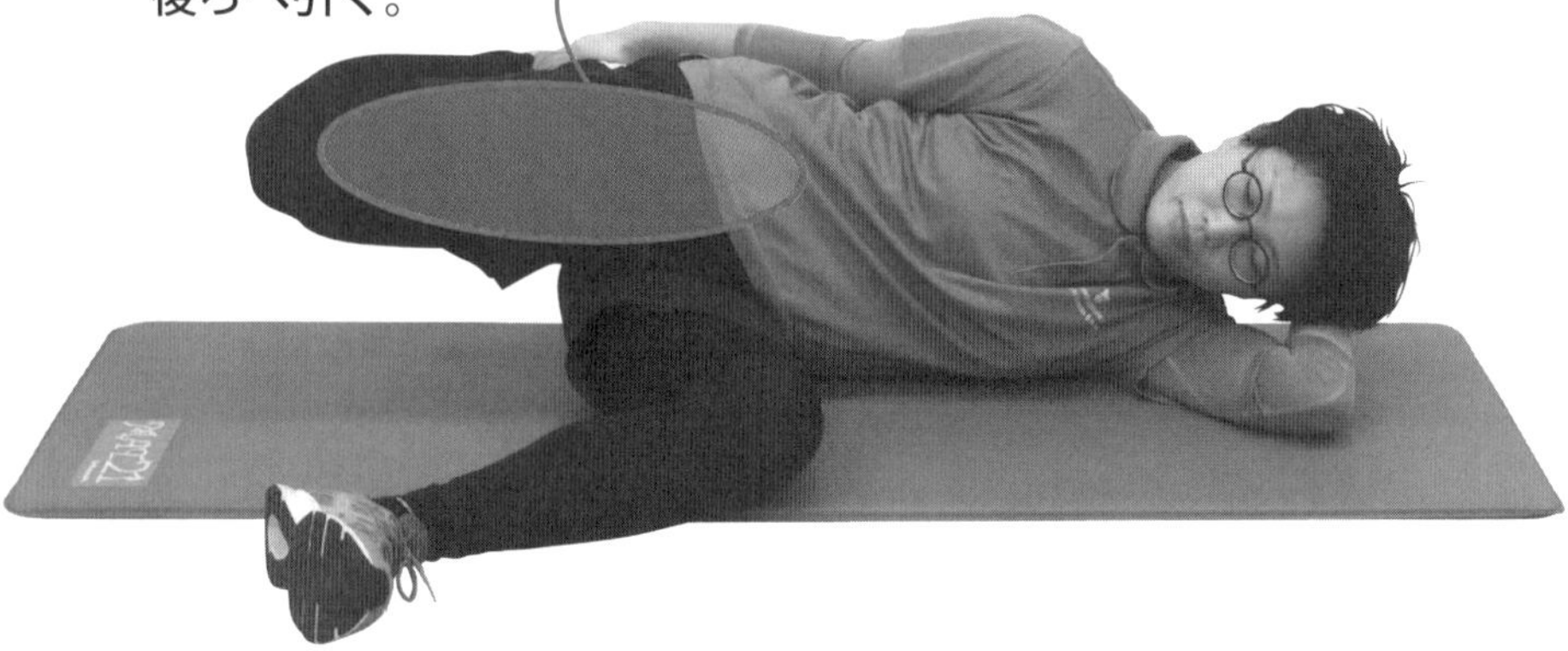

▶やり方

❶横向きになり、上側の手で上側の足の甲をつかみます。足の甲をつかめない場合は、足首にタオルを引っ掛けます。
❷太ももの前の筋肉に伸びを感じたら 15 ～ 20 秒キープします。

注意点

・膝を曲げた状態から、膝を体の後ろの方に引く角度を調整することでストレッチの強度を高くすることができます。
・腰が反らないように注意しましょう。

● 特に効くところ ●

6	5	4	3	2	1
肩関節と肩甲骨周囲の動き	脊柱の曲げ・股関節の曲げ・膝関節の伸び	股関節の曲げと伸び	膝関節の伸び	膝関節の曲げ	足関節の曲げ・膝関節の曲げ・股関節の曲げ

●その他の効果… 反り腰改善 腰痛予防・改善 膝痛予防・改善

NG

評価ポイント

・脚が上方に引っぱられており、膝にねじれのストレスが加わっている。

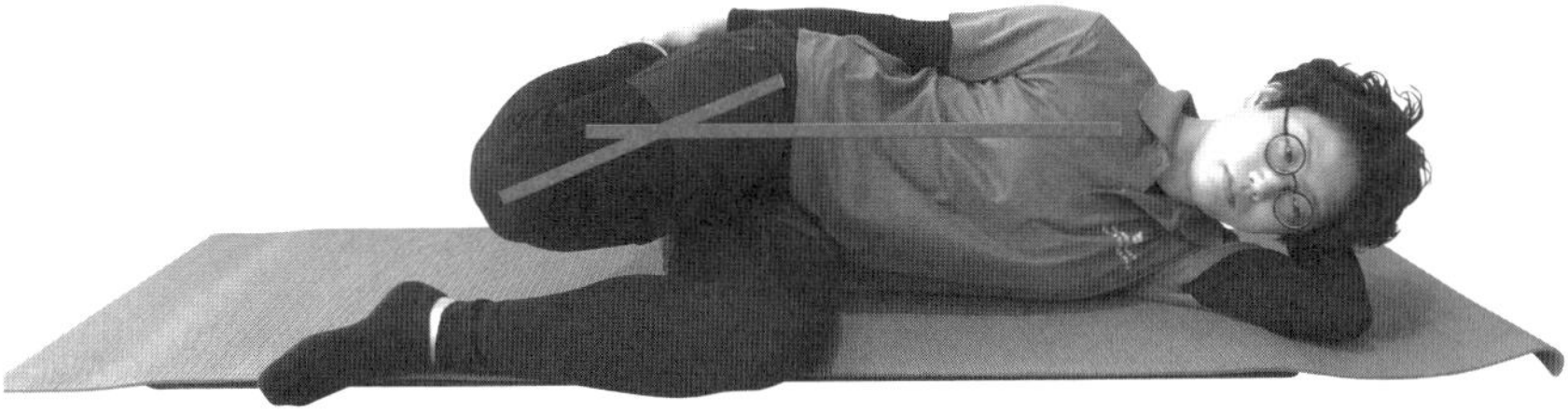

・脚が下方に引っぱられており、膝にねじれのストレスが加わっている。
・股関節が曲がり、太ももの前が伸びていない。

しなやかさ改善のためのおすすめストレッチ

太ももの表（大腿四頭筋）のストレッチ

▶ 立て膝 Ver.

目標／片脚 15 ～ 20 秒

POINT

・前脚の膝は 70 ～ 90 度程度 。
・腰を反らない。

▶やり方

❶片膝立ちの姿勢になります。
❷腰が反らないように注意しつつ、前脚にやや体重をのせて後ろ足をつかみます。
❸膝に痛みがない方は、後ろ足を臀部に徐々に近づけていきます。
❹後ろ足の股関節～太もも前の筋肉の伸びを感じたら 15 ～ 20 秒キープします。

注意点

・膝をつくと痛い方は、膝の下にタオルや座布団を敷くと良いでしょう。もしくは、88 頁の「横向き Ver.」を行いましょう。
・上体が前に倒れる場合は、壁などを支えにすると良いでしょう。
・足首に手が届かない場合は、タオルやベルトなどをかけて行うと良いでしょう。

● 特に効くところ ●

6	5	4	3	2	1
肩関節と肩甲骨周囲の動き	脊柱の曲げ・股関節の曲げ・膝関節の伸び	股関節の曲げと伸び	膝関節の伸び	膝関節の曲げ	足関節の曲げ・膝関節の曲げ・股関節の曲げ

●その他の効果 … 反り腰改善　腰痛予防・改善　膝痛予防・改善

NG

評価ポイント

・上体が前に倒れている。
・足首に手が届かない。

股関節の表（腸腰筋）のストレッチ

POINT

・上半身はリラックスする。
・前脚は深く曲げすぎないように90度前後を目安に。

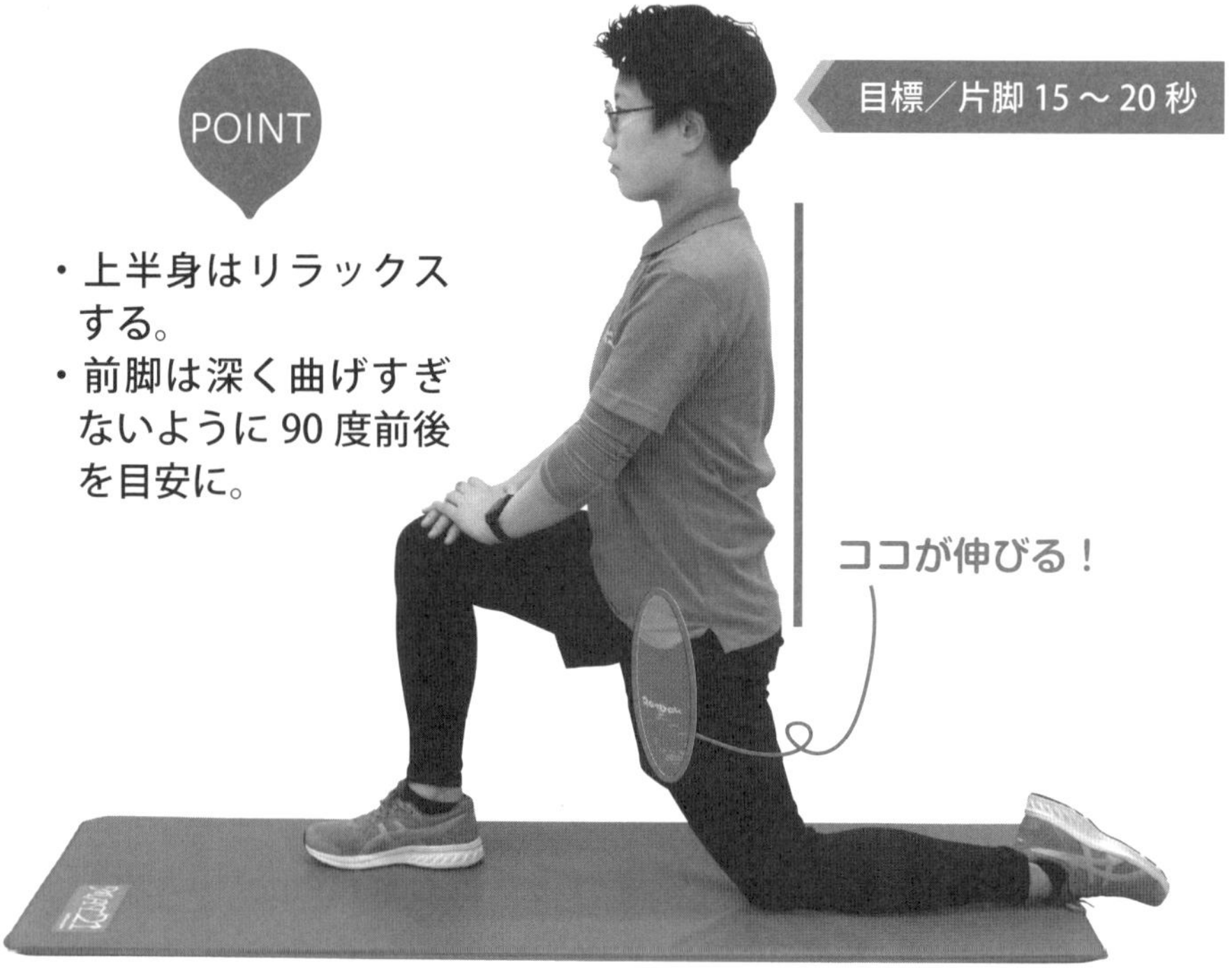

▶やり方

❶片膝立ちの姿勢になります。バランスがとりづらい場合は、椅子や壁を支えにします。
❷骨盤を軽く前方へ移動していきます。
❸股関節の付け根（鼠径部）に伸びを感じたら15～20秒キープします。

注意点

腰が反りすぎないように注意しましょう。

● 特に効くところ ●

6	5	4	3	2	1
肩関節と肩甲骨周囲の動き	脊柱の曲げ・股関節の曲げ・膝関節の伸び	**股関節の曲げと伸び**	膝関節の伸び	膝関節の曲げ	足関節の曲げ・膝関節の曲げ・股関節の曲げ

●その他の効果 … 反り腰改善　腰痛予防・改善　膝痛予防・改善

NG

評価ポイント

・腰が反りすぎている。

・前足に体重をかけすぎている。

・背中が丸まっている。

しなやかさ改善のためのおすすめストレッチ

背中（脊柱起立筋、大殿筋）のストレッチ

目標／5回転+15～20秒キープ

POINT

・上半身はなるべく力まずにコロンコロンと転がる。

▶やり方

❶体育座り（三角座り）で膝もしくは膝裏を抱えます。
❷上体をゆっくりと後ろへ倒していきます。
❸腰を中心に背中の丸みで前後にコロンコロンと5回転がります。
❹膝を抱えた状態で、15～20秒、お腹を膨らませるようにゆったりと呼吸をしてキープします。

注意点

反動をつけすぎずにゆっくりと行いましょう。

● 特に効くところ ●

6	5	4	3	2	1
肩関節と肩甲骨周囲の動き	**脊柱の曲げ・股関節の曲げ・膝関節の伸び**	股関節の曲げと伸び	膝関節の伸び	膝関節の曲げ	**足関節の曲げ・膝関節の曲げ・股関節の曲げ**

●その他の効果 … 背中の張り改善　お尻の凝り改善　腰痛予防・改善

NG

評価ポイント

・肩と首に力が入りすぎている。
・スムーズに転がれない。

しなやかさ改善のためのおすすめストレッチ

腕の付け根～背中（広背筋）のストレッチ

▶ 四つ這い Ver.

目標／15～20秒

POINT
- 肩・首の力を抜く。
- 手のひらを上に向ける。
- 腹部が苦しい場合は、膝を開いても OK。

▶ やり方

❶四つ這いの姿勢になり、手を前方に出し肘をつきます。
❷手のひらを上に向け、お尻を後方へ引いて腕を伸ばしていきます。
❸肩の後ろ～背中の筋肉（広背筋）が伸びを感じたら、15～20秒キープします。

● 特に効くところ ●

6	5	4	3	2	1
肩関節と肩甲骨周囲の動き	脊柱の曲げ・股関節の曲げ・膝関節の伸び	股関節の曲げと伸び	膝関節の伸び	膝関節の曲げ	足関節の曲げ・膝関節の曲げ・股関節の曲げ

●その他の効果… 猫背改善　肩の上げにくさ改善　背中の張り改善

NG

評価ポイント

・肩と首に力が入りすぎている。
・背中が丸まってしまう。

しなやかさ改善のためのおすすめストレッチ

腕の付け根～背中（広背筋）のストレッチ

▶ 立位 Ver.

目標／ 15 ～ 20 秒

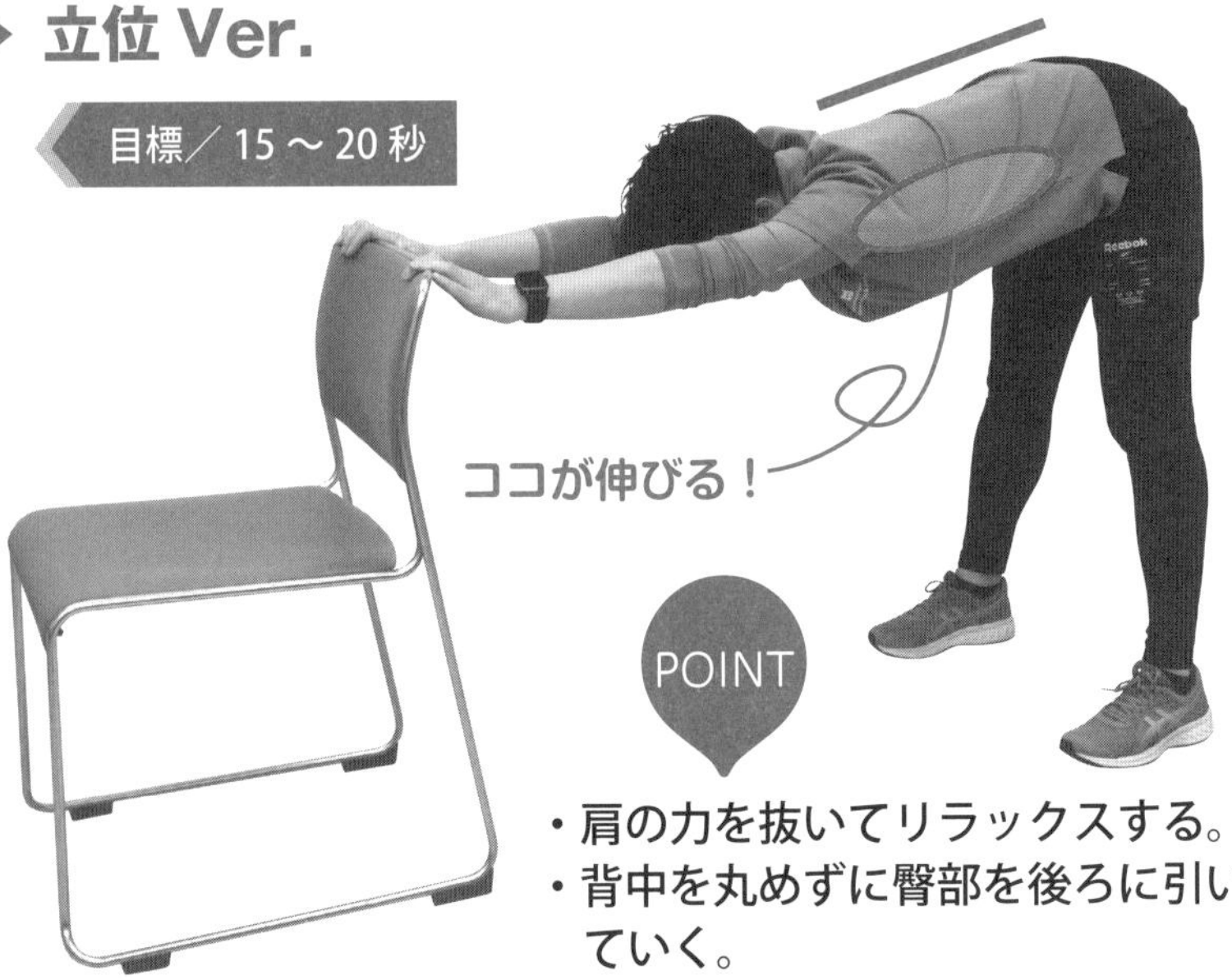

・肩の力を抜いてリラックスする。
・背中を丸めずに臀部を後ろに引いていく。
・肘関節が緩い方は、肘関節が反りすぎないように注意。

▶やり方

❶椅子やテーブル、壁に両手をつけます。
❷お尻を後ろに引きながら腕と背中を伸ばしていきます。
❸肩の力を抜き、腕が耳の真横に位置するくらいを目安にします。
❹脇の下～背中の筋肉に伸びを感じたらゆっくり呼吸をしながら 15 ～ 20 秒キープします。

注意点　肩に痛みがある場合は、無理しない範囲で腕を上げるようにしましょう。

● 特に効くところ ●

6	5	4	3	2	1
肩関節と肩甲骨周囲の動き	脊柱の曲げ・股関節の曲げ・膝関節の伸び	股関節の曲げと伸び	膝関節の伸び	膝関節の曲げ	足関節の曲げ・膝関節の曲げ・股関節の曲げ

●その他の効果 … 猫背改善　肩の上げにくさ改善　背中の張り改善

NG

評価ポイント

・肩と首に力が入りすぎている。
・背中が丸まっている。

しなやかさ改善のためのおすすめストレッチ

肩（上腕三頭筋、肩甲挙筋、僧帽筋）のストレッチ

目標／片側 3 秒キープ× 10 回

POINT

- 肩甲骨から動かすイメージで行う。
- 胸を張り背筋を伸ばす。
- 指先まで伸ばすイメージで行う。

▶やり方

❶肩と首の力を抜き、左右の腕を肩甲骨から動かすようにスライドさせます。
❷ 3 秒ほどキープし、10 回繰り返します。

● 特に効くところ ●

6	5	4	3	2	1
肩関節と肩甲骨周囲の動き	脊柱の曲げ・股関節の曲げ・膝関節の伸び	股関節の曲げと伸び	膝関節の伸び	膝関節の曲げ	足関節の曲げ・膝関節の曲げ・股関節の曲げ

●その他の効果 … 猫背改善　肩こり改善　肩甲骨の可動性改善

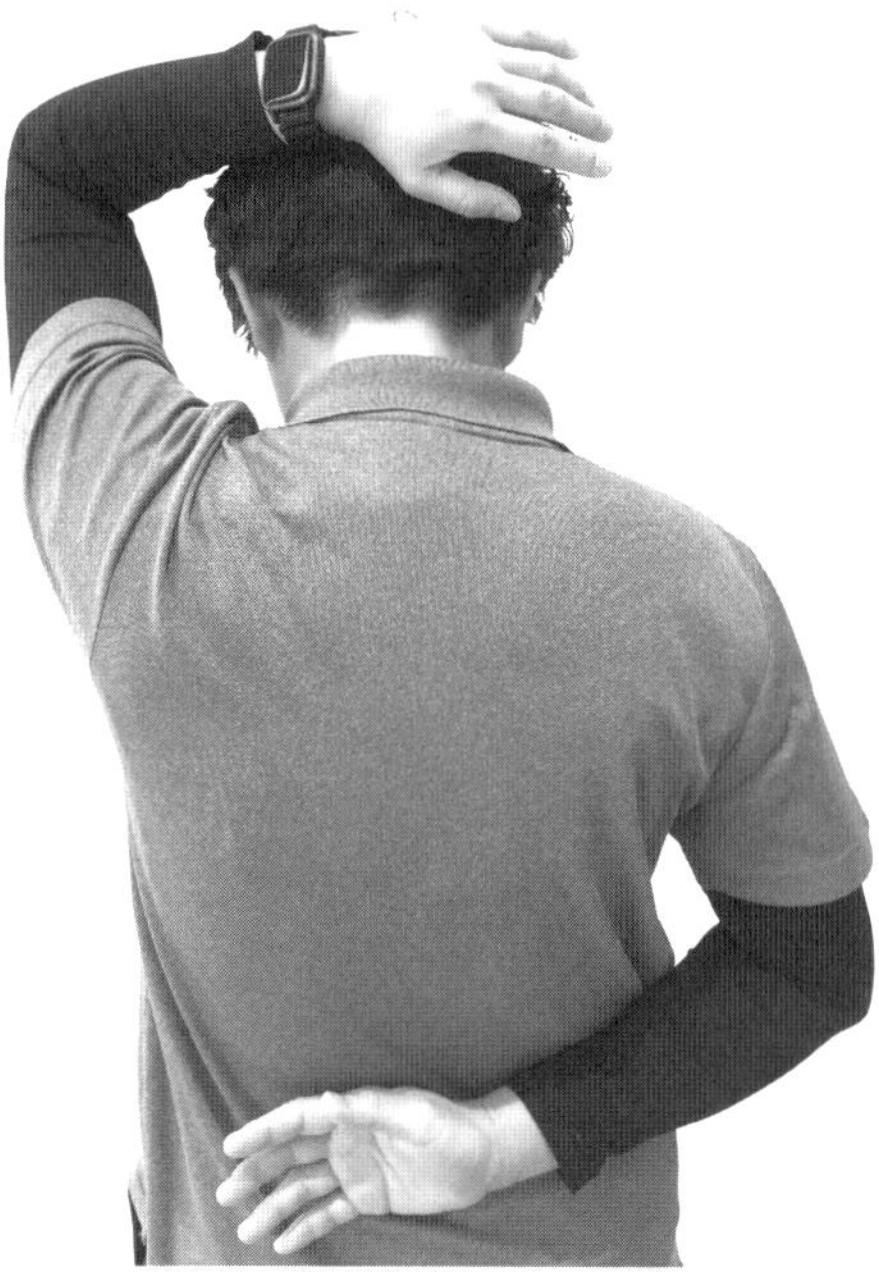

NG

評価ポイント

・背中が丸くなっている。

しなやかさ改善のためのおすすめストレッチ

胸腰部（大胸筋・広背筋）と胸椎・胸郭の可動性向上のためのストレッチ

目標／片側 15 ～ 20 秒

POINT

・肩・首の力を抜く。
・親指を床の方へ向ける。
・目線は指先もしくは天井。

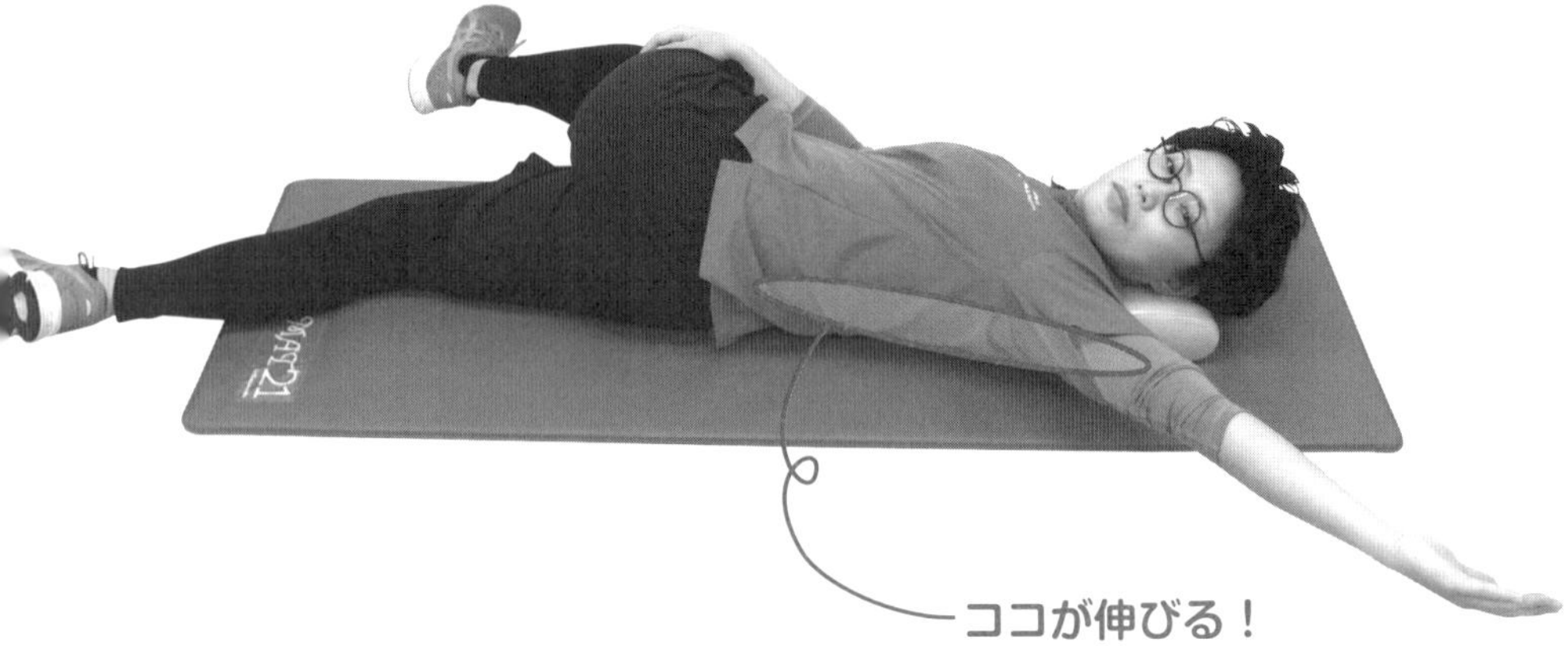

やり方

❶横向きに寝ます。
❷右膝と股関節を 90 度曲げ、右に倒して床につけます。
❸左腕を床の方へ降ろします。
❹臀部～腰～胸～肩の筋肉が伸びているところで 15 ～ 20 秒キープします。

注意点

・呼吸は止めずに深呼吸を繰り返しましょう。
・肩に痛みのある場合は無理をしないようにしましょう。

● 特に効くところ ●

6	5	4	3	2	1
肩関節と肩甲骨周囲の動き	脊柱の曲げ・股関節の曲げ・膝関節の伸び	股関節の曲げと伸び	膝関節の伸び	膝関節の曲げ	足関節の曲げ・膝関節の曲げ・股関節の曲げ

●その他の効果 … リラクセーション　腰痛予防・改善　猫背改善

NG

評価ポイント

・肩・首が力んでいる。
・膝と股関節の曲げる角度が浅く、
腰が流れている。

しなやかさ改善のためのおすすめストレッチ

胸部（大胸筋）のストレッチ

目標／片腕 15 ～ 20 秒

POINT

・肩の力を抜き、首を長くするイメージで行う。
・肩甲骨を背中の中央に寄せるように胸を張る。
・腰が反らないようにする。

やり方

❶前腕（手～肘）を壁につけます。
❷壁についている手と同側の脚を一歩前に出します。
❸前脚に体重をかけつつ、胸の前を伸ばしていきます。
❹胸の前に伸びを感じたら、15 ～ 20 秒キープします。

注意点
腰を反らないようにするため同側の脚を一歩前に出します。

● 特に効くところ ●

6	5	4	3	2	1
肩関節と肩甲骨周囲の動き	脊柱の曲げ・股関節の曲げ・膝関節の伸び	股関節の曲げと伸び	膝関節の伸び	膝関節の曲げ	足関節の曲げ・膝関節の曲げ・股関節の曲げ

●その他の効果… 猫背改善 肩の伸ばしにくさ改善

NG

評価ポイント

・肩が力み、上がっている。

ストレッチの種類とどこに効くか一覧

		効く部位					
		足関節の曲げ 膝関節の曲げ 股関節の曲げ	膝関節 の曲げ	膝関節 の伸び	股関節の 曲げと伸び	脊柱の曲げ 股関節の曲げ 膝関節の伸び	肩関節と 肩甲骨周囲 の動き
ストレッチ	膝関節の裏			●			
	ふくらはぎ（下腿三頭筋）	●		●		●	
	ふくらはぎ（ヒラメ筋）	●		●		●	
	ふくらはぎ（ストレッチボード）			●		●	
	太ももの裏			●		●	
	お尻					●	
	太ももの表	●	●		●		
	股関節の表				●		
	背中	●				●	
	腕の付け根 〜背中					●	●
	肩						●
	胸腰部 胸椎・胸郭						●
	胸部						●

動きの癖をチェックしてみよう

関節をスムーズに動かせるようになったら、動きの癖をチェックしてみましょう。極端にがに股で歩いていたり、腰が丸まっていたり、反っていたりと人の動きには様々な癖があります。それらは、関節が動かないために起こっていた代償動作からくる癖かもしれません。もしくは、長年そのような動きを繰り返していたために、自分の動作イメージと正しい動きの間に乖離《かいり》が生じているかもしれません。

鏡の前で椅子から数回立ち座りを繰り返してみてください。何も意識せずに普段通りに行うことがポイントです。このときのつま先と膝の向きを鏡などを使って確認し、次頁のチェックリストを参考にご自身の動きをチェックしてみましょう。もしも、不適切な動きの癖があった場合は、体力を高めるトレーニング（筋力トレーニング、ウォーキングなどの有酸素運動、敏捷性トレーニングなど）を行う際には、動きを意識して行うことが大切です。

動きの癖の
チェックリスト

次の動きをやってみましょう。

❶ 足は肩幅に開き、背筋を伸ばして
椅子にやや浅めに座ります。

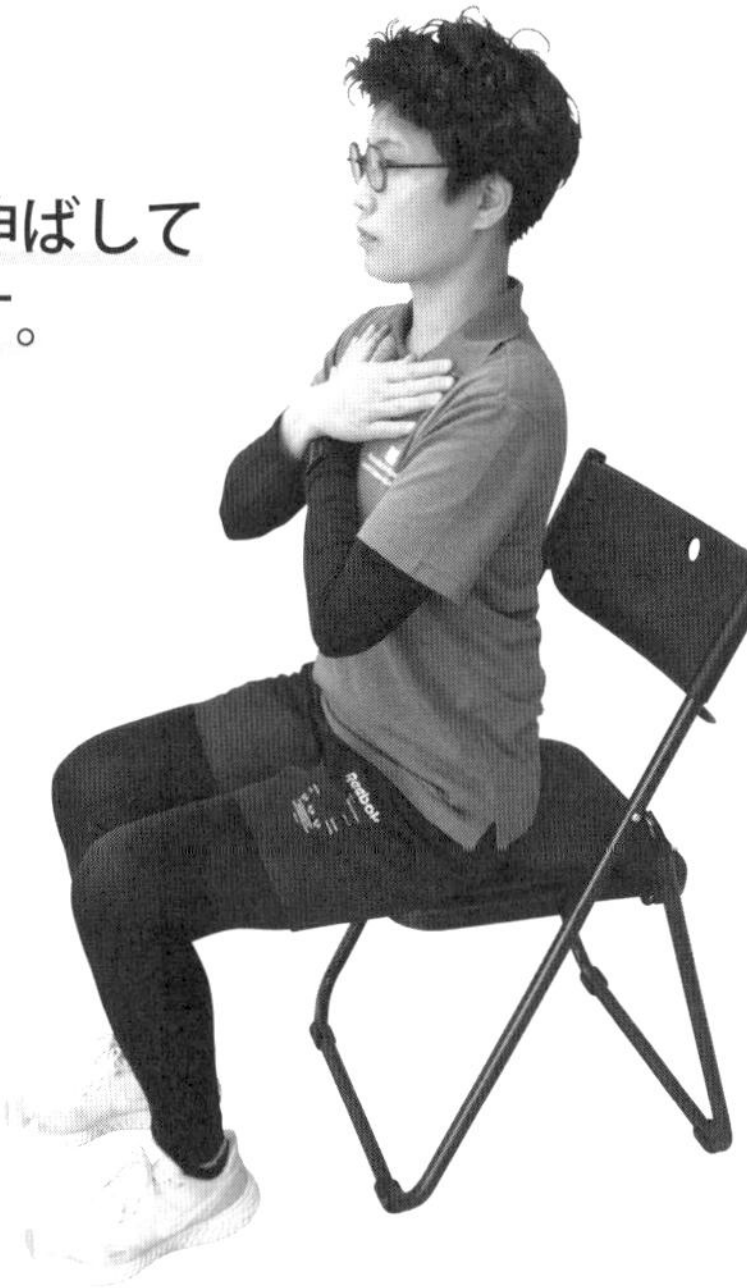

❷ 足の幅はそのままで椅子からゆっくりと立ち上がります。

❸ 背すじを伸ばしてしっかりと
立ち上がって止まります。

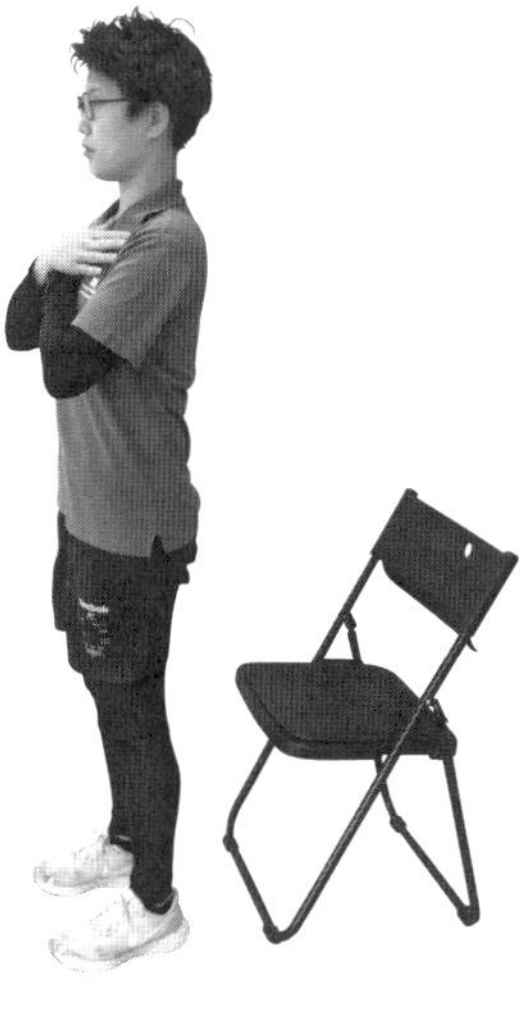

こんな癖があったらNGです。

NG

評価ポイント

つま先は正面を向いているのに対して、膝が内側に入っており、膝にねじりが生じている。

NG

評価ポイント

つま先が外を向いているのに対して、膝が正面もしくは内側に入っており、膝にねじりが生じている。

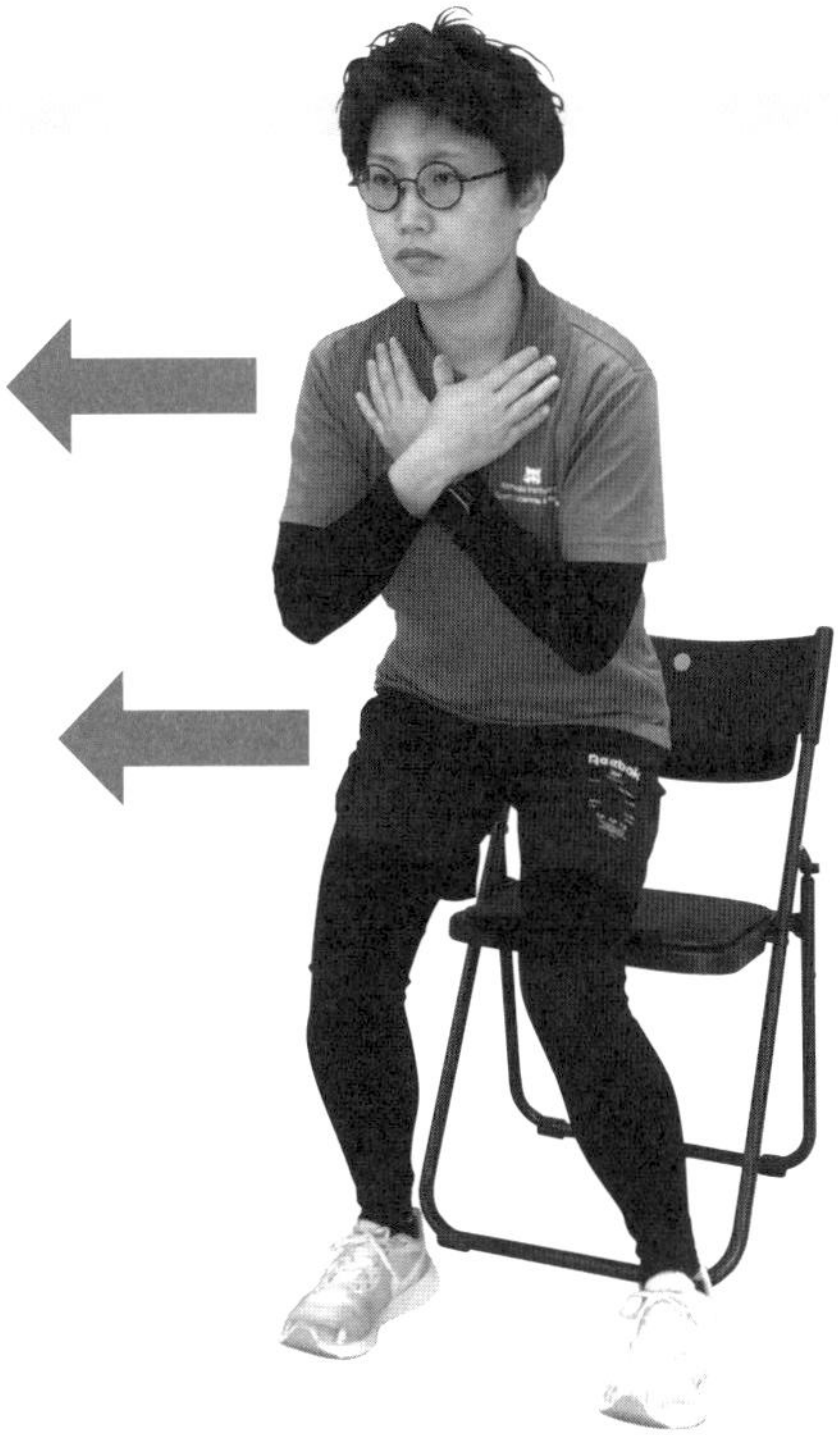

NG

評価ポイント

体重が左右均等でなく片側に偏ってかかっている。

NG

評価ポイント

背中が丸まり、腰部や背中に負担のかかった姿勢となっている。

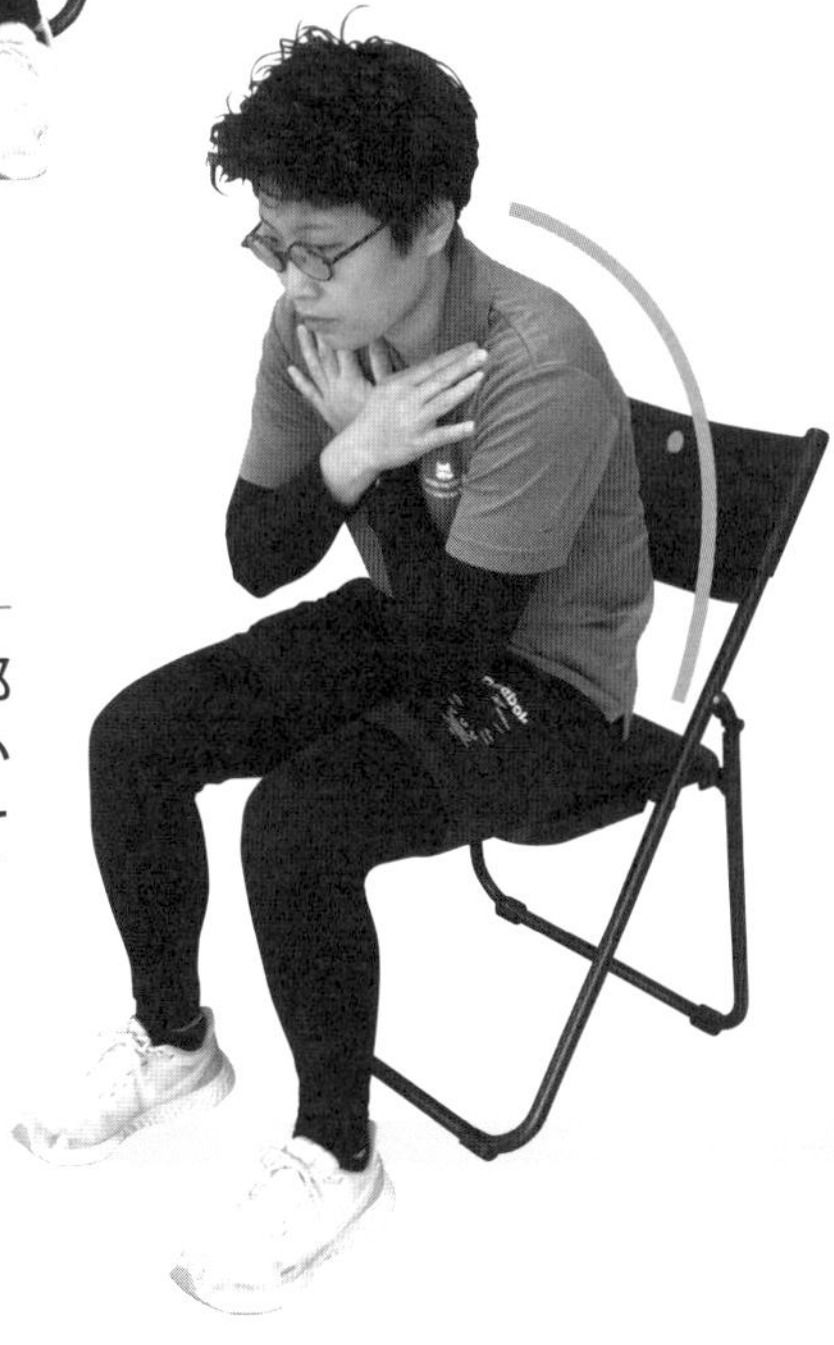

自分の脚力を知る方法

「老化は脚から」とよく言われますが、本当でしょうか？　運動をするにあたっては、自分の脚力も把握しておきたいことのひとつです。

◆適切な脚力の維持が大切

筋肉量と筋力の低下速度は、部位によって異なることが明らかになっています。日本人を対象として超音波を用いた筋厚の測定と機器による筋力（関節トルク）の測定を行い、身体各部位の加齢による低下について調べた結果[*3]によれば、男女ともに上肢（前腕や上腕）を構成する筋は、加齢による顕著な低下は見られませんでした。一方、下肢（下腿や大腿）は、加齢に伴い著しい低下が見られました。特に太ももの前の筋肉である大腿四頭筋は、20歳に比較し、80歳では40％程低い値となっていました。この大腿四頭筋は、歩行動作や階段の昇り降り、椅子からの立ち上がりなど日常生活で膝関節を伸ばすあらゆる動きで活動しています。

また、加齢に伴う低下が大きい部位として、ふくらはぎ（下腿三頭筋）、太もも（大腿四頭筋）、お尻（大臀筋）、股関節（腸腰筋）、腹部（腹筋群）、背中（脊柱起立筋・広背筋・僧帽筋下部）

などが報告されています。これらの筋肉は抗重力筋と呼ばれ、姿勢を維持し、「立つ」「歩く」などの日常生活に必要な動きを行うために非常に重要な筋肉です。日常生活動作のひとつである椅子からの立ち上がり動作（股関節伸展動作）で発揮される筋力の横断的な調査[*4]では、20歳から75歳で男女ともに約半分に低下することが報告されています。

本当に、「老化は脚から」とはよく言ったものです。スポーツをケガなく楽しむだけではなく、自立した生活を送るためにも、適切な脚力を維持しておくことが大切なのです。

◆自宅で簡単に脚力をチェックできる

ここからは、ご自宅で簡単にご自身の脚力をチェックできる方法として「立ち上がりテ

加齢に伴う低下が大きい部位

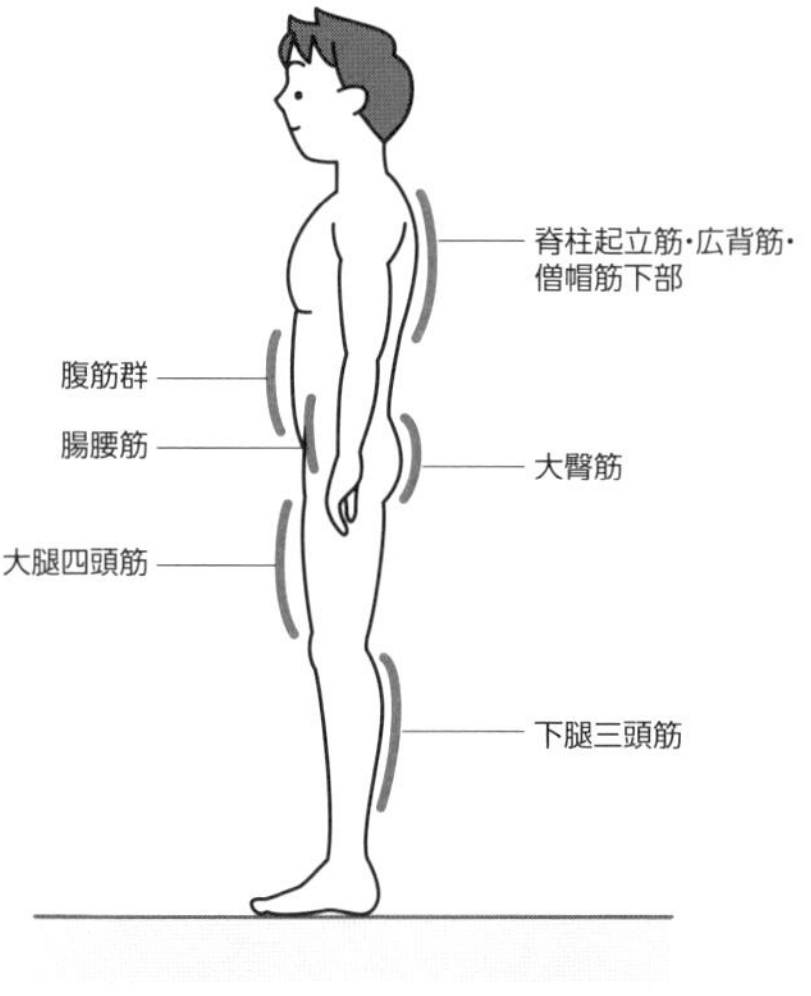

スト」をご紹介します（117頁）。立ち上がりテストは、40㎝、30㎝、20㎝、10㎝の4種類の高さの台（椅子）から、上肢を使わずに脚の力だけで、両脚もしくは片脚で1回立ち上がれるかをチェックするテストです。〝立ち上がれる〟ということは、自分の体重を脚力で支えられるということです。このテスト結果から、脚力年齢と適切な運動レベルを推定することができます。

まず、道具を用意しましょう。一般的な椅子（約40㎝）とお風呂場の小さな椅子（約20㎝）がおすすめです。これらを、滑らない場所に設置し、さらに雑誌などを束ねて10㎝程度にして、30㎝と10㎝の台を調整します。40㎝から開始し、ひとつずつ台の高さを下げていきます。台が低くなる程、脚力が必要になります。

ウォーキングをケガなく行うには、40㎝の台から片脚で立ち上がれることが理想です。立ち上がれないからといってウォーキングをしていけないわけではありませんが、健康のためのウォーキングで膝を痛めては本末転倒です。立ち上がれなかった人は、ウォーキングは30分程度にし、下肢筋力をつける筋力トレーニングを行うと良いでしょう。

この立ち上がりテストは、日本整形外科学会が提唱している〝ロコモティブシンドローム〟の測定テストのひとつでもあります。

ロコモティブシンドローム[*5]とは、「運動器（骨・関節・筋肉）の障害のため移動機能の低下をきたした状態で、進行すると介護が必要となるリスクが高まるもの」と定義されています。このロコモティブシンドロームの定義では、次のようになっています。

・片脚で40㎝台から立ち上がれない（ロコモ度1）
↓移動機能の低下が始まっている状態
・両脚で20㎝台から立ち上がれない（ロコモ度2）
↓移動機能の低下が進行し、自立した生活ができなくなるリスクが高い状態
・両脚で30㎝台から立ち上がれない（ロコモ度3）
↓移動機能の低下が進行し、社会参加に支障をきたしている状態

立ち上がりテスト[*6]は、ご自宅でも実施可能なのでぜひチャレンジしてみてください。立ち上がりテストは、狭い場所で行ったり、勢いよく立ち上がったりすると危険ですので、転倒に注意し、安全に配慮しながら行いましょう。

◆まずは実年齢と比較して脚力が低下していないかの確認を

最後に、例をご紹介します。50代のAさんは、両脚で20㎝から立つことができました。しかし、両脚で10㎝は立つことができず、片脚で立つことも困難でした。この場合、Aさんの脚力年齢は

70代と判定されます（118頁）。Aさんは、日常生活で支障を感じていませんでしたが、脚力は確実に低下していたのでした。つまり、このまま何もしないでいたら、70代になったときには、脚力年齢はもっと低下してしまい、同世代の人よりも足腰が弱く老けて見えてしまうでしょう。また、それどころか、日常生活を自立して送ることが困難になってしまうかもしれません。

まずは、ご自身の脚力年齢が実年齢と比較して低下していないかを確認してみましょう。低下していなかった人は、維持できるように、低下していた人は、改善するための運動を行う必要があります。でも、ご安心ください。筋力は、使わなければ落ちますが、適切に使うと何歳でも向上させることができるのです。人生100年時代。足腰の寿命も延ばして、自分の脚で行きたいところへ行けるイキイキとした健康長寿を目指しましょう！

参考文献

＊3 安部孝，福永哲夫：日本人の体脂肪と筋肉分布，杏林書院，東京，1995.

＊4 Yamauchi J, Mishima C, Nakayama S, et al.: Aging-related differences in maximum force, unloaded velocity and power of human leg multi-joint movement. Gerontology, 2010, 56: 167–174.

＊5 Japanese Orthopaedic Association: Locomotive syndrome pamphlet 2015. Tokyo: The Locomotive Challenge! Council, 2020.https://locomo-joa.jp/assets/pdf/index_japanese.pdf

＊6 Muranaga S:Evaluation of the muscular strength of the lower extremities Using the standing movement and clinical application.J Showa Med Asso, 2001,61: 362–367（in Japanese）.

脚力を簡単にチェック
立ち上がりテスト

下肢の筋力を簡単に測定するテストです。10㎝、20㎝、30㎝、40㎝の４つ台から、片脚もしくは両脚で立ち上がれるもっとも低い高さを調べます。なお、一般的な椅子の高さは約 40㎝です。

● 両脚の場合

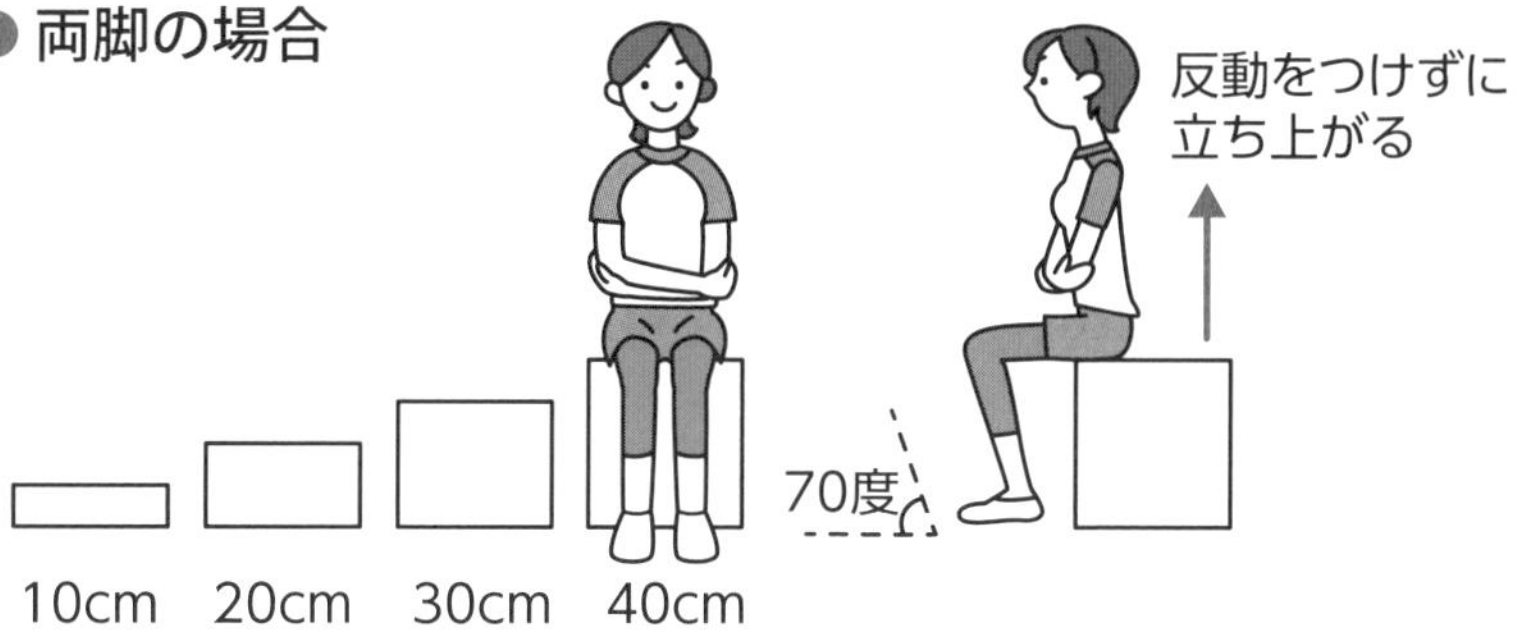

※立ち上がる際に痛みがある場合は、医療機関に相談しましょう。

● 片脚の場合

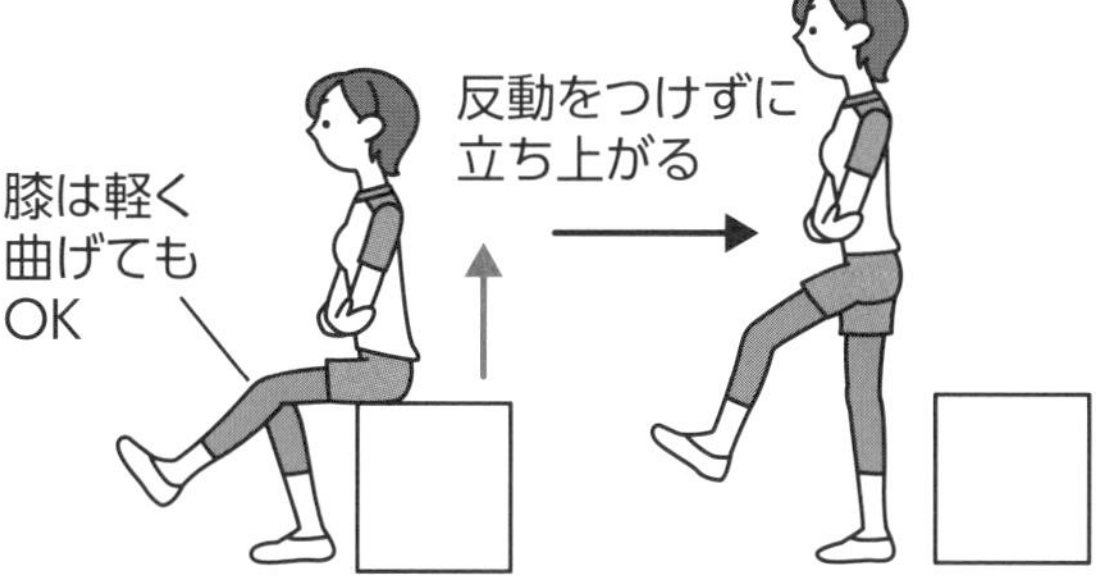

立ち上がりテストの結果の見方

亀田スポーツ医科学センターではこのように脚力年齢を想定し、それに合わせた運動を推奨しています。

立ち上がりテスト	台の高さ	脚力年齢	推奨運動レベル
	40㎝不可	介護レベル	マット運動
	40㎝	90代	椅子運動
両脚	30㎝	80代	水中運動
	20㎝	70代	自転車
	10㎝	60代	
	40㎝	40～50代	ウォーキング
	30㎝	30代	ランニング
片脚	20㎝	20代	レクリエーションスポーツ
	10㎝	10代	競技スポーツ

勢いよく立ち上がると危険です。転倒に気をつけましょう。
また、スペースを十分確保し、滑らない場所で行いましょう。

第４章

運動前後に
行っておきたいポイント

具体的なエクササイズの紹介に入る前に、おさえておきたい大切なポイントが「ウォーミングアップ」と「クーリングダウン」についての正しい知識です。運動の前後にしっかりとウォーミングアップとクーリングダウンを取り入れることは、ケガの予防だけでなくパフォーマンスアップや疲労の除去にも役立ちます。

ウォーミングアップとクーリングダウンでしっかりケア

皆さんは運動の前後にしっかりと身体のケアをしていますか？

「時間がもったいない」

「部活じゃなければ別にいらないでしょ？」

というような声は少なくありません。しかし、メインとなる運動の〝準備〟としてのウォーミングアップや〝後片付け〟としてのクーリングダウンを行って身体をメンテナンスすることは非常に重要なことです。

スポーツによるケガの予防やパフォーマンスを発揮するために、ウォーミングアップを主運動の前に、クーリングダウンを主運動の後に行うことが理想的な運動の流れになります。

ウォーミングアップでケガの予防やパフォーマンスの発揮に

ウォーミングアップとは、一連の動作を通して体温を上昇させることで筋肉や腱の内部温度が上がり、可動域を高めることを大きな目的としています。下図に示したようにジョギングなどの軽い運動の後にストレッチを行うことで、運動に向けて身体を準備していきます。

また、ウォーミングアップによって筋肉はより素早く伸び縮みできるようになり、よりパワーが発揮できるようになることが知られています。そのため、しっかりとウォーミングアップを取り入れることでケガを予防したりパフォーマンスを発揮したりすることができるでしょう。

ウォーミングアップ

軽いジョギングやウォーキング

▼

●スタティックストレッチ

→関節可動域を広げて動きの準備をする。

▼

●ダイナミックストレッチ

→スポーツや目的に合わせて動的に筋を伸ばすことで体温を上げ、メインの運動に備える。

◆スタティックストレッチはダイナミックストレッチの準備として

ウォーミングアップで行うスタティックストレッチは、ダイナミックストレッチの準備として行うものです。柔軟性の高い人や日頃から日々の運動が習慣化しているアスリートは、軽いジョギングやウォーキングの後にダイナミックストレッチに進んで問題ありません。ただし、疲労がたまっているときはスタティックストレッチで動きの準備をしてからダイナミックストレッチへと移行すると良いでしょう。

留意すべき点は、スタティックストレッチには身体をリラックスさせる効果もあるということです。そのため、試合やレース直前のウォーミングアップではスタティックストレッチは積極的に行わない方が良いでしょう。（１２９頁参照）

◆おすすめはダイナミックストレッチ

ウォーミングアップにもいくつかの方法がありますが、特におすすめなのがダイナミックストレッチ（動的ストレッチ）です。前の項（74頁）で簡単に説明しましたが、ダイナミックストレッチは関節を繰り返し動かすことでターゲットにした筋肉を伸び縮みさせる方法です。こうすることで心拍数が上がり、筋肉の温度が上がるため筋腱の動きがスムーズになり関節可動域を広げることができます。

また、筋肉の温度が上がると身体が目覚め、「これから運動を始めるぞ！」という意識が高まり臨戦態勢に入ります。これらの理由から、ウォーミングアップにはダイナミックストレッチを取り入れてみて欲しいと思います。

過去の研究では、ダイナミックストレッチは素早い動きで10〜20ｍの距離を移動しながら行うことで瞬発力の向上が期待できることが報告されています。[*7] これは運動前の効果的なウォーミングアップ方法としては重要なポイントです。ただし、最初から高速で行うのではなく、最初はゆっくり、徐々にスピードをあげていくことをおすすめします。

◆ウォーミングアップを行うときの注意点

効果的なウォーミングアップには注意すべき点があります。

1つ目は「気温や天候に応じてその時間や内容は変わってくる」ということです。気温が低い日には、身体の準備にも時間がかかりますのでウォーミングアップにもより時間をかける必要があります。これは後述のクーリングダウンにも共通するポイントです。

2つ目は「対象に応じて内容は変化する」ということです。これは、「ウォーミングアップの目的は誰を対象にしてもほぼ同じですが、子ども、アスリート、高齢者とでは内容は異なりますよ」ということを指します。例えば、子どもを対象としたウォーミングアップには「面白く対人的な交流を含む」内容を検討すると良いと考えられています。楽しく身体を温めて主運動につなげることが大切です。これに対し、高齢者を対象とする場合には「関節の痛みや可動域の制限、猫背姿勢なども考慮し、内容や強度を調整しつつ比較的簡便なプログラムにする」ことが重要になります。

たかがウォーミングアップ、されどウォーミングアップ。スポーツや主運動の前にはしっかり身体の準備を行ってケガの予防やパフォーマンス発揮に役立ててみてください。

高齢者なら比較的簡単なものを

子どもなら体を動かす楽しさを

■クーリングダウンで身体を落ち着かせ、運動前の状態に戻す

運動を終えたら、そこまで。運動しっぱなし！という状態になってはいませんか？

ウォーミングアップとは対照的に、身体を落ち着かせ、運動前の状態に戻すことを目的に運動後に行っていくのがクーリングダウンです。両者はセットとして運動前後に不可欠な存在ですが、クーリングダウンは主運動の質・量、試合の結果などに左右されて、行ったり行われなかったりするケースが多いのが実情です。試合後はもちろんのこと、日々のトレーニングにおいても、疲労回復やケガの予防の観点から運動によって硬くなってしまった筋肉をケアし、たまった疲労物質を除去しておくことは必要不可欠です。

クーリングダウン

軽いジョギングやウォーキング

▼

●スタティックストレッチ・マッサージ

→運動によって蓄積した疲労物質を除去する。

▼

●アイシング

→運動によって熱をもった筋肉を冷やして、もとの状態に戻す。

◆クーリングダウンの主な3つの効果

クーリングダウンには主に3つの効果があります。

1つ目は筋肉内に蓄積した代謝産物の除去を促進することです。過去のスポーツ医科学的にも、クーリングダウンとして軽運動を行うことによってpH値の改善、代謝物の除去の促進、そして血液循環の促進を可能にするとされています[*8]。

2つ目は筋肉の柔軟性や関節可動域を回復させることです。筋肉は使いすぎると硬くなります。運動後に「筋肉がガチガチ」になった経験をお持ちの人も多いのではないでしょうか？　運動後には、がんばった筋肉をできる限りもとの状態に戻すようなケアは大切です。

3つ目は高揚した気分を精神的に落ち着かせる作用です。クーリングダウンは酷使した部位の疲労回復のみならず、自律神経系への働きかけによって精神を落ち着かせる作用があるため、リラクセーションとしても効果があるとされています。

◆クーリングダウンに適したストレッチはスタティックストレッチ

クーリングダウンでは主運動の後にジョギングなどの軽い運動を行うことで増加した血流を落ち着かせ、心臓などへの負担を軽減させた後、ストレッチやマッサージを行うことで筋肉をほぐし、体内に蓄積した代謝物質を除去していくという方法が一般的です。

クーリングダウンとして行うストレッチとしては、スタティックストレッチが適しています。スタティックストレッチは一定時間同じ姿勢を保った状態で筋肉を伸ばす方法です。心拍数が下がって身体は休息モードに入り、リラックスできるという利点があるため、特に運動後や就寝前に非常に大きな効果を発揮します。運動後の身体は主運動の強度が高いほどアンバランスな状態になっています。運動後にスタティックストレッチを取り入れることは、身体を運動前の状態に戻していく手助けとなるでしょう。

また、運動後の疲労感が強い場合や筋肉に痛みやはりを感じる場合には、ストレッチ後にアイシングを行うことで運動によって生じた微細な炎症を鎮める、すなわち、筋の熱を取り除くことも有効です。

参考文献

＊7 J Opplert, N Babault. Acute Effects of Dynamic Stretching on Muscle Flexibility and Performance: An Analysis of the Current Literature. Sports Med. 2018;48(2):299-325.

＊8 公益財団法人日本スポーツ協会（2022）『アスレティックトレーナー専門科目テキスト第3巻コンディショニング』河野一郎監修、文光堂

ウォーミングアップに効果的な

ダイナミックストレッチ

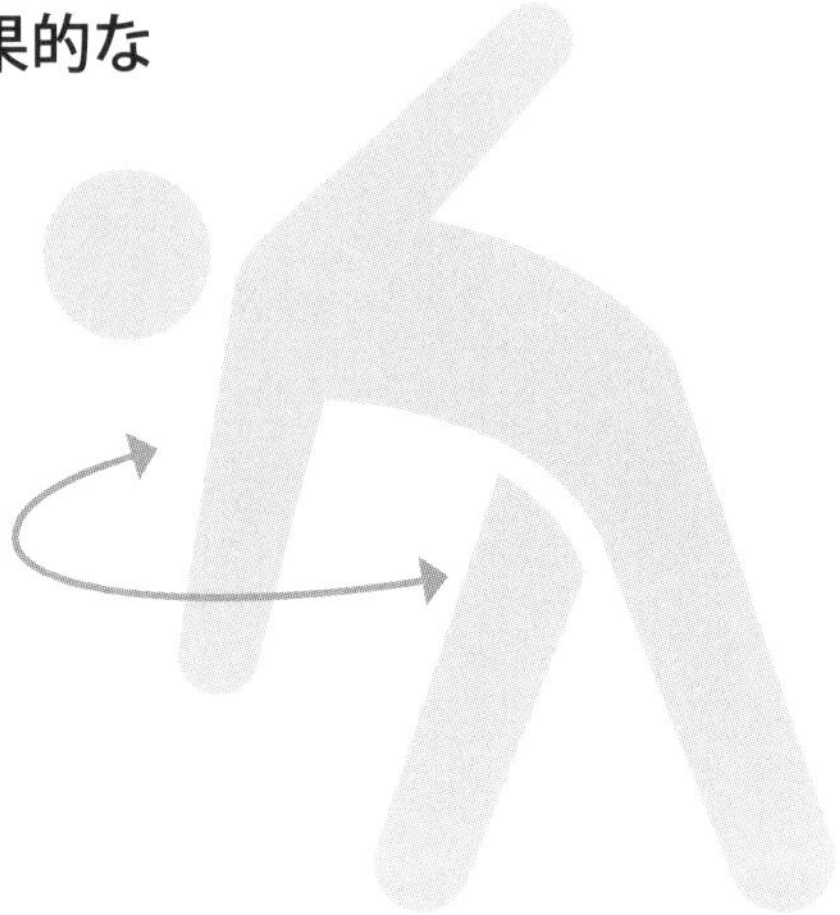

メリット

①心拍数と筋肉の温度が上がることで
心臓と筋肉の準備ができる。
②関節可動域が広がり、動きがスムーズになる。
③身体が目覚め、意識が高まる。
④ウォーミングアップに最適。

デメリット

①気分が高揚するため運動後や就寝前には適さない。
②競技の特性に応じた動きをするには、知識が必要。

クーリングダウンに効果的な

スタティック ストレッチ

メリット

①筋肉・腱の柔軟性の維持や向上につながる。

②気軽で安全に筋肉を伸ばすことができる。

③リラックス効果もあり、
運動後や就寝前に行うのが最適。

④クーリングダウンに適している。

デメリット

①筋肉の温度が十分に上がらないため、
競技直前には不向き。

クロスリーチ
（太もも裏・ふくらはぎ）

目標／各方向 15 回ずつ

1

スタートポジション

2

★台の代わりに椅子や道路の縁石などを使っても良いです。

POINT

- 首や肩に過剰な力を入れず、リラックスして行う。
- 背筋を伸ばし、股関節から前に倒すようにする。
- 膝は曲げないように注意する。

NG
評価ポイント

背筋が丸まる。

▶やり方

❶右足を台の上におき、足首を直角にして膝を伸ばします。
❷背筋を伸ばし、股関節から身体を前に倒しながら、左手を右足の外側に向かって対角線上に伸ばします。
❸これをテンポよく 15 回ほど繰り返します。
❹次に足はそのままで、今度は右手を右斜め前に向かって対角線上に伸ばします。
❺これを同様に 15 回ほど繰り返します。
❻足を入れ替えて左側も同様に行います。

ウォーミングアップ：ダイナミックストレッチ②

体幹ツイスト（腹部・腰部）

目標／左右交互に10回

POINT

・首や肩に過剰な力を入れず、リラックスして行う。
・下半身は動かさない。
・背筋は伸ばす。
・リズミカルに回旋させる。

NG

評価ポイント

肩が力み、
背筋が丸まる。

▶やり方

❶両腕を左右に広げ、股関節から上体を前に倒した姿勢になります。
❷背骨を軸にするイメージで、上体を左に回旋させます。顔は回旋した方向に向けていきます。
❸次に、勢いをつけながら上体を右に回旋させます。
❹左右交互にテンポよく 10 回繰り返します。

踵おとしストレッチ（ふくらはぎ）

目標／片脚 15 ～ 20 秒

NG
評価ポイント

後ろ重心になり腰が反る。

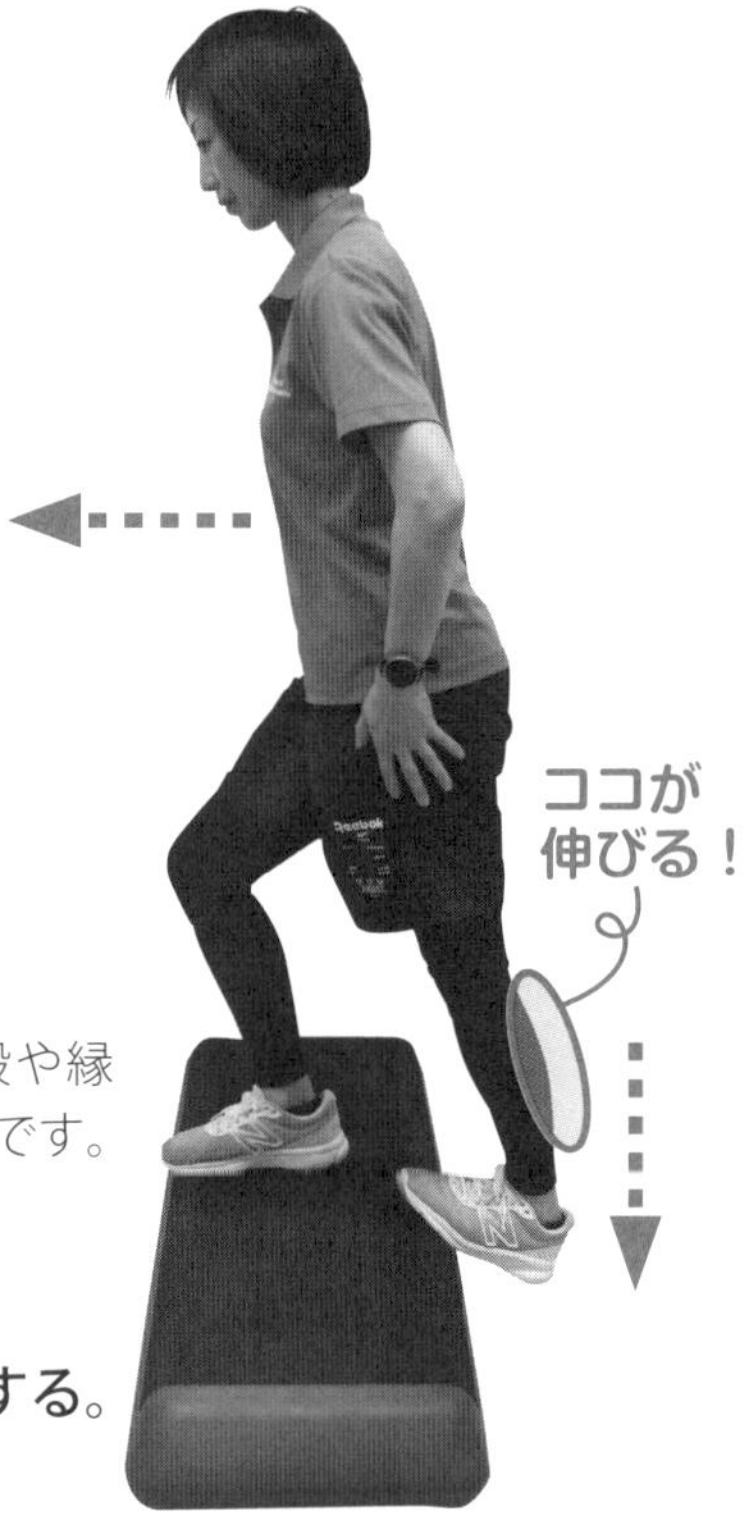

★台の代わりに階段や縁石を使っても良いです。

POINT
・膝は伸ばす。
・重心は若干前気味にする。

▶やり方

❶台の上に立ち、片足の後ろ半分を台から出します。
❷後ろ脚の膝は伸ばしたまま、踵をゆっくりと下に下ろしていきます。
❸後ろ脚のふくらはぎに伸びを感じたら 15 ～ 20 秒キープします。呼吸は止めずに深呼吸を繰り返しましょう。

クーリングダウン：スタティックストレッチ②

腰ひねりストレッチ（臀部・腰部）

目標／片側 15 ～ 20 秒

POINT
- 肩はリラックスする。
- 背すじはしっかりと伸ばす。

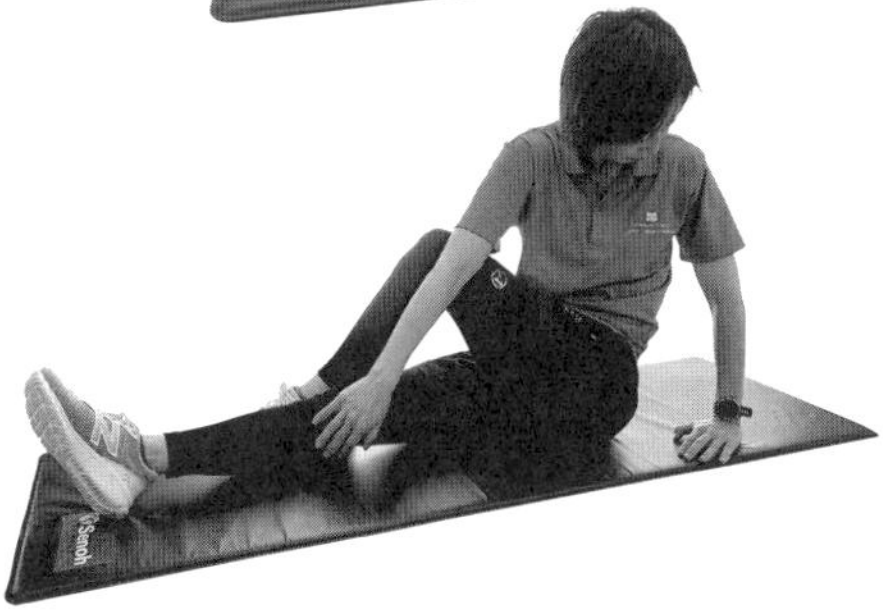

NG
評価ポイント

肩が力み、
背筋が丸まる。

やり方

❶長座から片膝を立てて脚を組みます。脚を伸ばしている側の肘で立てた膝を押さえ、上体をゆっくりとひねります。
❷臀部から腰部にかけて心地よく伸びを感じる位置で 15 ～ 20 秒ずつキープします。呼吸は止めずに深呼吸を繰り返しましょう。

― 理想的な運動前後の流れ ―

ウォーミングアップ

- 軽いジョギングやウォーキング

▼

- スタティックストレッチ
  →関節可動域を広げて動きの準備をする。

▼

- ダイナミックストレッチ
  →スポーツの目的に合わせて動的に筋を伸ばすことで体温を上げ、メインの運動に備える。

⬇

主運動・スポーツ・パフォーマンス

⬇

クーリングダウン

- 軽いジョギングやウォーキング

▼

- スタティックストレッチ・マッサージ
  →運動によって蓄積した疲労物質を除去する。

▼

- アイシング
  →運動によって熱をもった筋肉を冷やして、もとの状態に戻す。

第５章

目標や目的にあわせたポイントとエクササイズ

運動をするにあたっては、人によって様々な目標や目的があると思いますが、その目標や目的によって、必要とされる運動も変わってきます。

そこで、「タイプⅠ：健康増進のために気軽に体を動かしたい人」「タイプⅡ：疾病予防のために運動に取り組みたい人」「タイプⅢ：スポーツ愛好家」の大きく３つに分けて、いくつか目標や目的を設定し、それに合ったエクササイズやポイントなどを紹介していきます。

タイプⅠ

健康増進のために気軽に体を動かしたい人

忙しい毎日を送っているため、「本格的に運動に取り組むことは難しいけど、気軽に体を動したい」と思っている人は少なくないと思います。

そこで、そんな人に向けて

- リフレッシュ・リラックス
- 運動不足解消

の2つの目的について、ポイントをご紹介します。

■リフレッシュ・リラックス

日常生活やスポーツ活動を行う上で、私たちは日々ストレスにさらされています。身体に影響を与える生理的ストレスだけでなく、家庭や職場・チーム内の人間関係からくる心理的ストレスや居住環境や職場環境、練習環境といった環境面からも影響を受けています。

スポーツの場面では、これらの様々なストレスを上手にコントロールして、適度な緊張レベルの状態を保つことが良いパフォーマンス発揮につながります。これは、ヤーキーズ・ドットソンの法則と呼ばれ、良いパフォーマンスを発揮するためには、適度な緊張感の至適ゾーンが存在し、極端に緊張し過ぎても、極端に緊張を

ヤーキーズ・ドットソンの法則

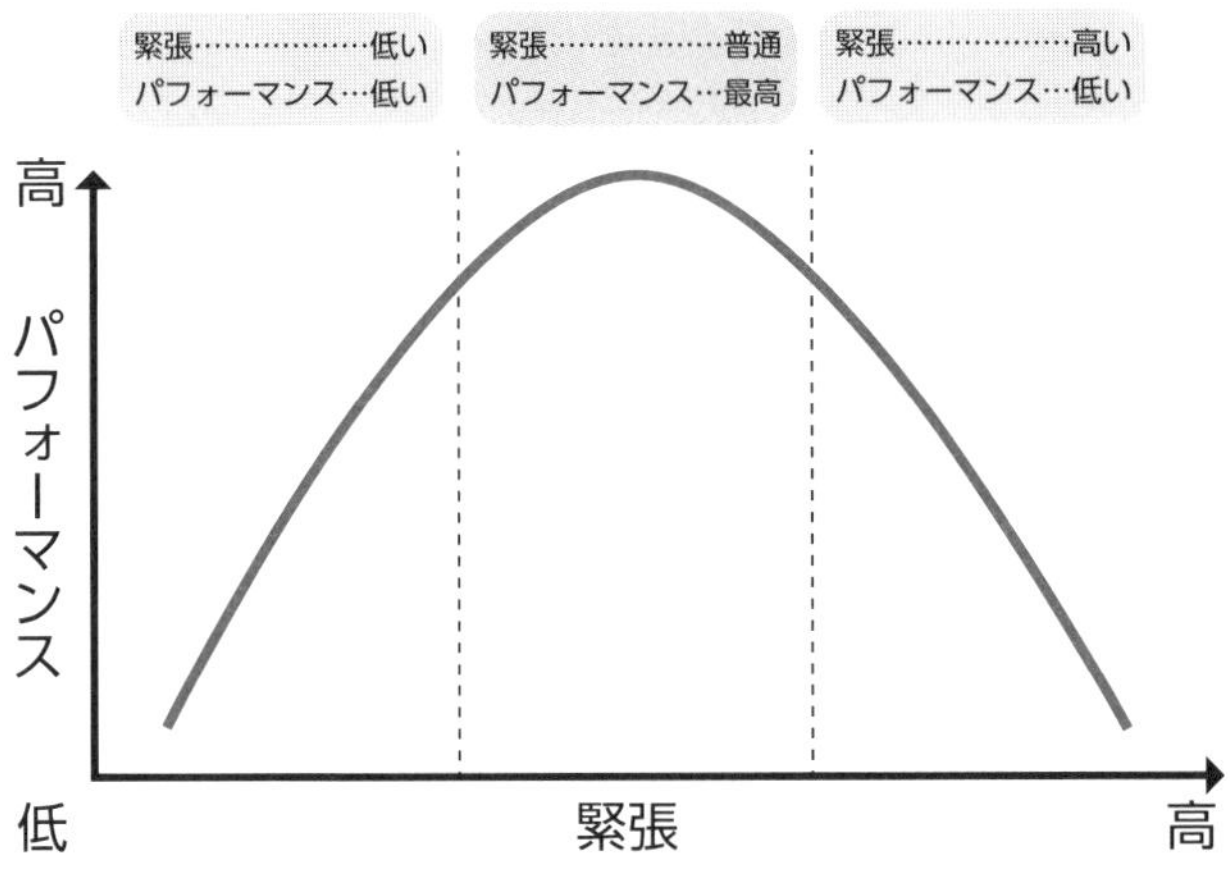

しなさ過ぎても良いパフォーマンスは発揮できないというものです。

この緊張感の至適ゾーンは、スポーツだけでなく、仕事や試験などの日常生活の大切な場面にも活用できます。また、現代社会では、どちらかというと過度な緊張にさらされる場面が多くなりがちです。それゆえ、1日の終わりや休日には、緊張を意識的に解き放ちリラックスすることも大切です。日々の生活でも活用できる緊張を緩める方法としては、呼吸を活用したリラクセーションやストレッチ、有酸素運動の活用などがあります。

◆呼吸の活用

自律神経は、呼吸、心拍、血圧、体温を調整し、消化吸収、エネルギー代謝を司りますが、呼吸は自分の意思で動かすことができる体性神経と、自分の意思とは、無関係に体の機能をコントロールしている自律神経との両方の支配を受けています。そのため、呼吸を整えることによって自律神経のバランスを整え、心身をコントロールすることができます。

また、正しい呼吸法を身につけておけば、普段から選択的に腹式呼吸ができるようになり、心身が安定して常にリラックスできます。人は心配事があると呼吸が浅くなり、怒ると呼吸が荒くなります。驚いたときには吸う息に力が入り、のんびりしているときには吐く息が長くなり、筋肉も緩みます。このことから、感情と呼吸が一体となっていることがわかります。感情が乱れても、深く長い呼吸をすることによって自律神経に働きかけ、感情も静まっていきます。

・腹式呼吸を活用したリラクセーション法

呼吸を活用したリラクセーション方法はいくつかありますが、最もポピュラーかつ手軽な方法のひとつに腹式呼吸があります。腹式呼吸をすることで、副交感神経が優位になるため、リラックス効果が期待できます。3〜6秒かけて鼻からゆっくりと息を吸い、2倍の時間をかけてゆったりと息を吐きます。この深くゆったりとした呼吸を行いながら全身の力を抜いていきます。

私たちは、1日に約2〜3万回の呼吸をしていますが、緊張しているときやストレスをかかえているときは、胸式呼吸になりやすく肩を挙げるように息をするものです。仕事や家庭、人間関係などの不安やストレスを感じているときに、腹式呼吸を行うことで心身のリセットを図ることができます。また、腹式呼吸は横隔膜を収縮させるので、横隔膜より下部に位置する内臓の血流を促すため、冷え性や便秘、月経不順などの方にもおすすめです。就寝前などに体を休めながら行うとより効果的です。

・ヨガを活用したリラクセーション法

腹式呼吸のほかには、呼吸を意識しながらヨガや瞑想を行うことも良いでしょう。ヨガには様々な流派がありますが、それぞれの流派は、「陽のヨガ」と「陰のヨガ」のふたつにざっくりと分けることができます。

おそらく、一般的なイメージのヨガは、体をしっかりと動かしエネルギーを生み出すことを目的としたエクササイズのようなヨガではないかと思いますが、これは、「陽のヨガ」に分類されるアシュタンガヨガやヴィンヤサヨガなどになります。「陽のヨガ」は、力強く動いたり、柔軟性を高めることで、よりアクティブな状態を作り出してくれます。それに対して、リラクセーションを目的とした場合におすすめなのは、「陰のヨガ」に分類される、リストラティブヨガや陰ヨガ、ヨガニードラなどです。

リストラティブヨガとは、プロップス（補助道具）を使い、プロップスに体をゆだねることで心身の緊張を手放すことを目的としたヨガです。プロップスを使いリラックスした状態でひとつひとつのポーズをじっくりと5〜20分ほどの長い時間かけてホールドしながら、姿勢の癖や日常生活のストレスによる心身の緊張やこわばりをゆっくりとほどいていきます。ポーズを続ける中で、ゆったりと深い呼吸を繰り返しながら呼吸の音に耳を傾けていくことで、瞑想状態を作り内観していくことができるので、身体だけではなく精神的なリラクセーションを促すことができます。リストラティブヨガは、re-store（回復）が語源と言われています。すなわち、積極的に回復していくことを目的としたヨガといえます。

また、漸進的筋弛緩法という、筋肉に力を入れる緊張と筋肉の力を抜く弛緩を繰り返して最終的に全身をリラックスした状態に導くことを目的とした方法も手軽に行うことができます。

いずれも、静かな空間や自然の中、リラックスできる音楽をかけながら行うことをおすすめします。朝であれば、爽やかな朝日や風を感じながら、夜や雨の日はキャンドルやアロマを焚《た》いてみると良いでしょう。

◆ストレッチの活用

ストレッチにはいくつか種類がありますが、リフレッシュを目的とした場合は、反動をつけずにゆっくりと行うスタティックストレッチや二人で行うパートナーストレッチがおすすめです。反動を使わずにゆっくりとストレッチを行うことで副交感神経が優位になるため、リラックスやリフレッシュができます。

10〜20分程度の時間をとれる場合は、立位から始めて最後は床やマットに横になり、ゆったりと呼吸して終了すると緊張が緩和され、リラックスとリフレッシュになります。まとまった時間をとることが難しい場合は3〜5分前後の短時間で1〜2種類のストレッチを行い、リフレッシュすることも可能です。

例えば、長時間のデスクワークや車の運転、重い荷物を運ぶ場合なども、同じ姿勢を長時間続けることで体の前側の筋肉が硬くなり、背中が丸まり気味になります。また、心理的に疲れているときや気分が沈んでいるときは、うつむき加減で猫背になり呼吸が浅くなりがちです。このような場合は、胸の前を伸ばすストレッチを行ってみると良いでしょう。

◆有酸素運動の活用

有酸素運動とは、散歩やウォーキング（速歩）やサイクリング、ジョギング、ランニング、エアロビクスなどを示します。これらは、酸素を十分に取り入れて長時間続けることができるため、リフレッシュやストレス解消、不安解消などに効果的です。ウォーキングは、平日は通勤や自宅や職場の近隣で十分ですが、休日などは自然豊かな場所を選ぶと良いでしょう。また、音楽に合わせて行うエアロビクスやダンスなどは、気持ちが前向きになる効果も期待できます。

いずれの方法も手軽にできますので、日々の生活に取り入れて、ストレスを上手にコントロールし、適度な緊張感を得たり、時には緊張から解放されたりしてリラックスしてみてください。普段がんばっている自分の心と体をねぎらう時間を5分でも見つけてみることをおすすめします。

LET'S TRY
やってみよう

リフレッシュ・リラックスのための

呼吸

▶ 仰向け Ver.

ゆっくりと3～5回程度、呼吸を繰り返します。

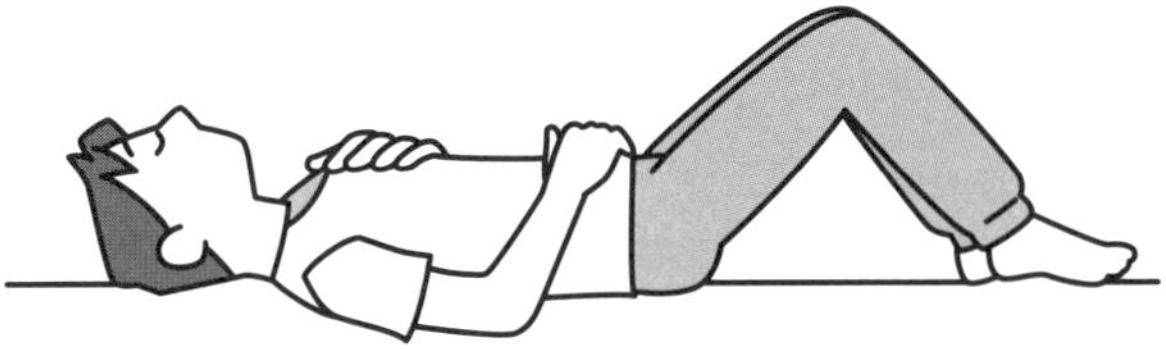

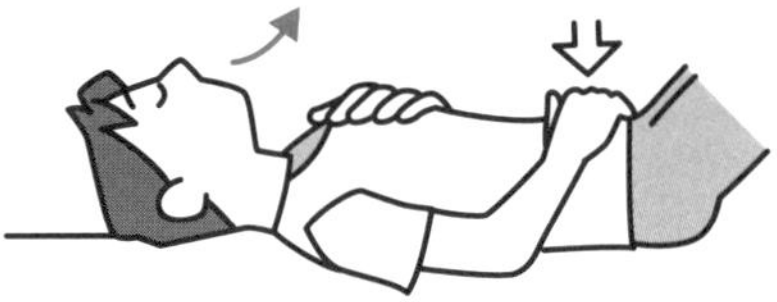

▶やり方

❶仰向けになり、膝を立てます。
❷軽く目を閉じ、片手を胸、片手をお腹に添えます。慣れてきたら手は床に置いて行うと良いでしょう。
❸ 3～6秒かけて、胸とお腹を同時に膨らませるように鼻から息を吸います。胸とお腹に置いた手で、ゆっくりと上、横、背中と膨らむのを感じましょう。一気に吸い込まずに、ゆったりと吸うのが大切です。
❹吸いきったところで、3秒程度キープします。
❺ 6～10秒かけて、口から息を吐き切ります。力まずに吸う時間の2倍くらいの時間で吐き切ることがポイントです。

▶ 座位 Ver.

仰向けの呼吸に慣れたら、椅子に座りながらや立った状態で行ってみましょう。はじめは、意識しづらいかもしれませんが、回数を重ねると簡単にできるようになります。

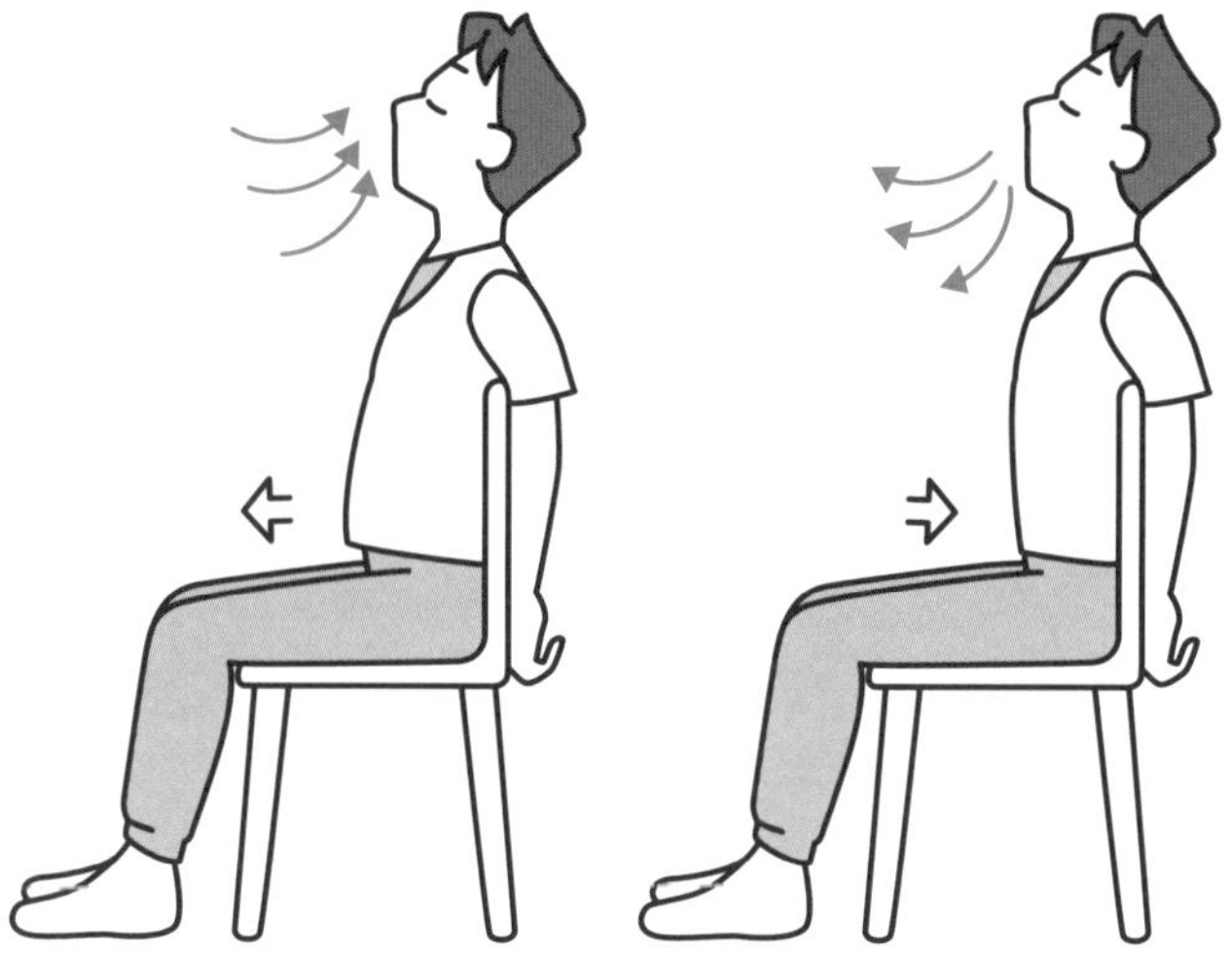

▸やり方

❶背筋を伸ばして、鼻からゆっくり息を吸い込みます。
❷おへその下に空気をためていくイメージで、胸とお腹を膨らませます。
❸口からゆっくり息を吐き出します。体の中の悪いものをすべて出し切るように、ゆっくりと吐き出します。

LET'S TRY
やってみよう

リフレッシュ・リラックスのための

ストレッチ

▶ 座位 Ver.

デスクワークや家事など前かがみの姿勢で硬くなりがちな上半身の筋肉を動かしましょう。リフレッシュやリラクセーションを目的としたストレッチは、反動を付けずに行うスタティックストレッチを行います。その際は、呼吸を意識することが大切です。

①5秒吸う　②5秒吐く

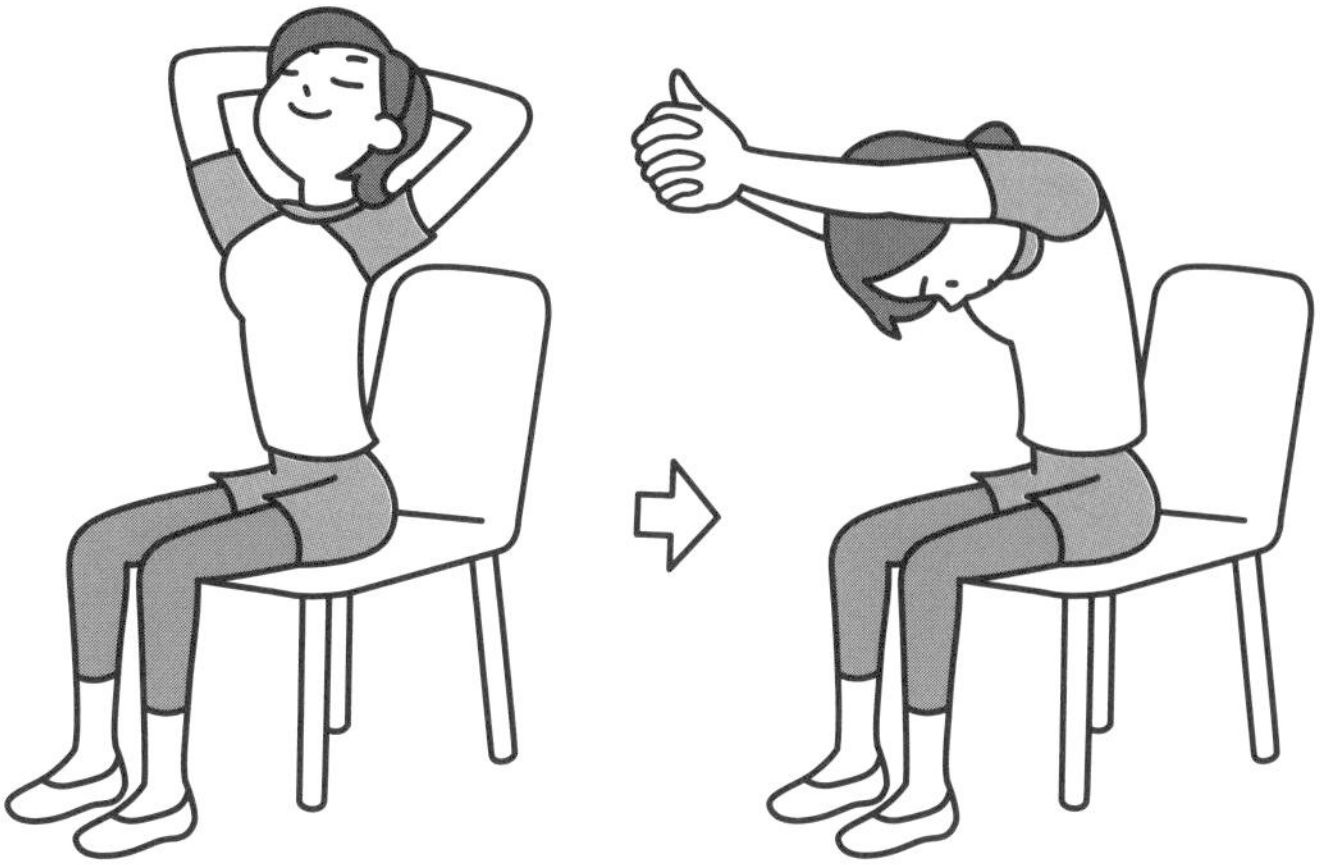

▶やり方

❶指を組んで両手を頭の後ろに当て、あごをあげて５秒かけて鼻から息を吸います。肩甲骨を寄せて、胸をストレッチします。
❷両腕を伸ばしながら背中を丸めてストレッチします。５秒かけて口から息を吐き切ります。目線をおへそに向け、お腹をうすくしていきます。

▶ 座位 Ver.

❶

❷
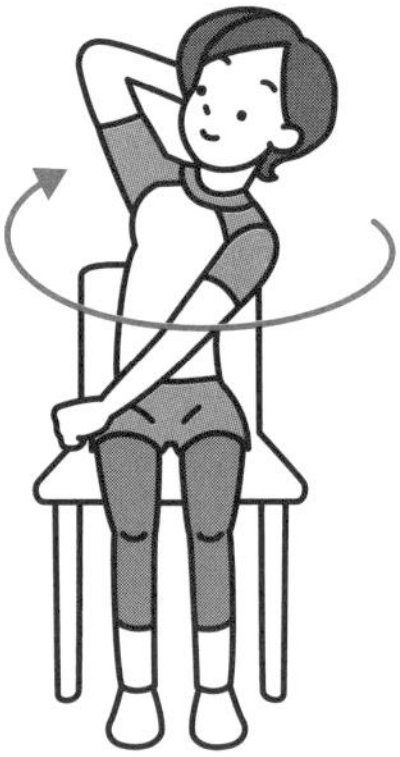

❸

▸やり方

❶椅子に浅く座り、片手を首の後ろに回し、肘を上げます。
❷もう一方の手は、逆側の太ももの上あたりへ。
上げた方の手の肘を目で追いながら、みぞおちあたりを中心として、体を開いていきます。最後まで肘を目で追うように、体を回し、無理のないところで３秒ほど停止します。
❸同じく肘を目で追いながら、❷と逆側に体を回旋させます。

注意点

- ❷では息を吸い、お腹を膨らませて、次の❸では息を吐き、お腹をへこませて行います。
- ❷では背中の筋肉を収縮させるようにすることで胸の開きを感じることができます。

▶ 仰向け Ver.

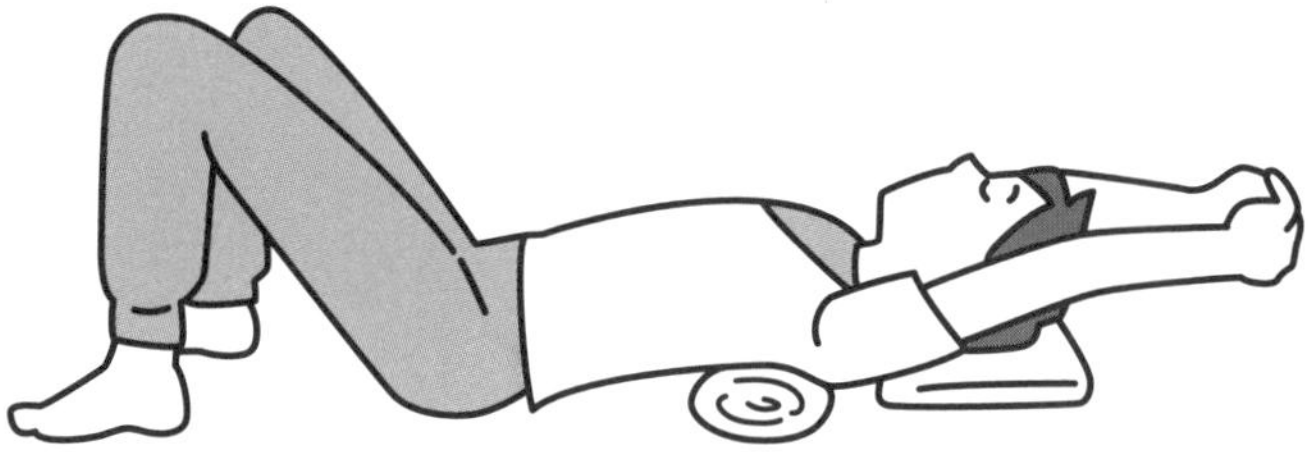

▸やり方

❶バスタオルを円柱状に丸めます。
❷横向きに置いたバスタオルを肩甲骨の下部にあてます。
❸ゆっくりと仰向けになり胸を開いていきます。
❹腕を上げてゆっくり深呼吸を繰り返していきましょう。
❺これを５呼吸×２回行いましょう。

注意点

腰が反らないように注意します。

・胸だけでなく、腰まで過剰に反っている。

LET'S TRY
やってみよう

リフレッシュ・リラックスのための

リストラティブヨガ

▶仰向けの合せきのポーズ
（スプタ バッダコナーサナ）

胸を開き、股関節周辺を緩めつつ、ゆったりと呼吸を深めるポーズです。

1日の終わりに、体をリラックスさせるのにおすすめです。

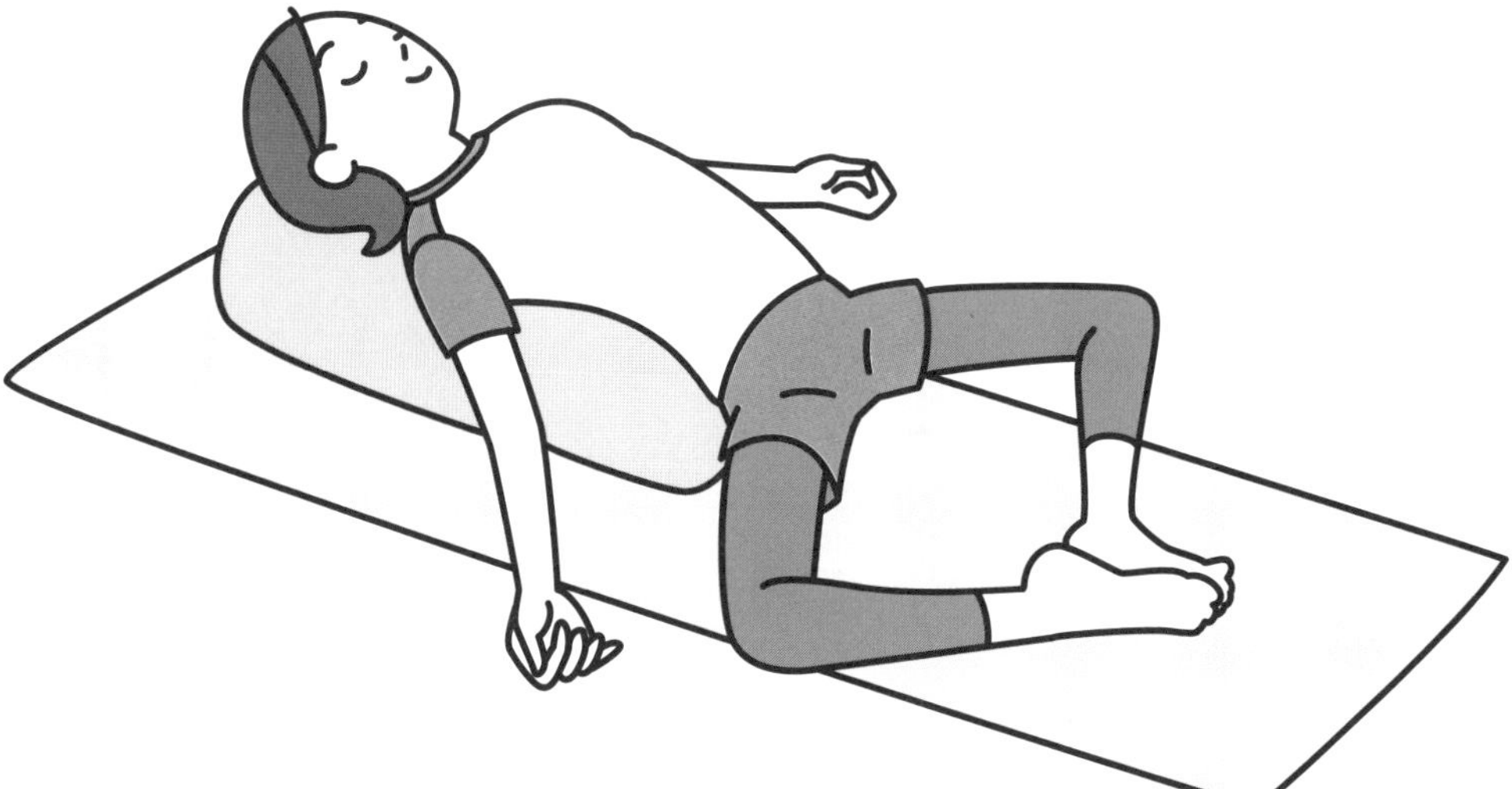

やり方

❶長座で座り、ボルスターの端を尾骨につけます。
❷手で支えつつ、ボルスターの上に仰向けになります。
❸両脚の裏を合わせて、楽な位置に合せきをします。（つらい場合は、両膝の下にクッションや枕をいれると良い）
❹手のひらを上にして楽に広げリラックスし、瞼を静かに閉じます。
❺ゆっくりと深い呼吸を繰り返し、吐く息とともに身体全体の力を抜いていきます。
❻呼吸の流れや身体の感覚をぼんやりと観察しつつ5～10分（もしくは20呼吸程度）ほどキープします。
❼起き上がる際は、ゆっくり横向きになり、両手で体を支えながらゆっくりと起き上がります。

リストラティブヨガは、「ボルスター」「ヨガブロック」といったプロップス（補助道具）を使って行いますが、身近なもので代用することができます。

ボルスター

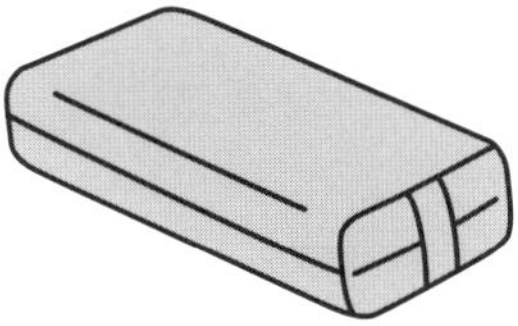

毛布やタオルを丸めて代用できます。

ヨガブロック

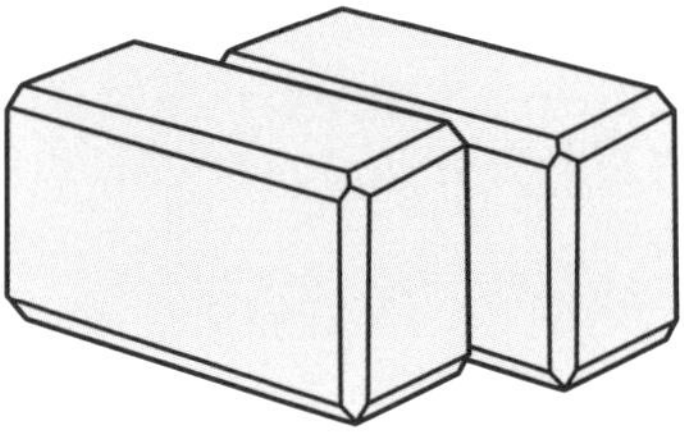

枕やクッション、座布団で代用できます。

▶壁に足を上げるポーズ（ヴィパリタカラニ）

脚を心臓よりも高く上げることで、
末端から静脈血を心臓へ戻す手助けをします。
脚のむくみやだるさを感じている人におすすめです。
太もも裏の筋肉が硬く、伸ばすことがつらい場合は
Ｂの方法もしくは、Ａの方法で膝を軽く曲げてみましょう。

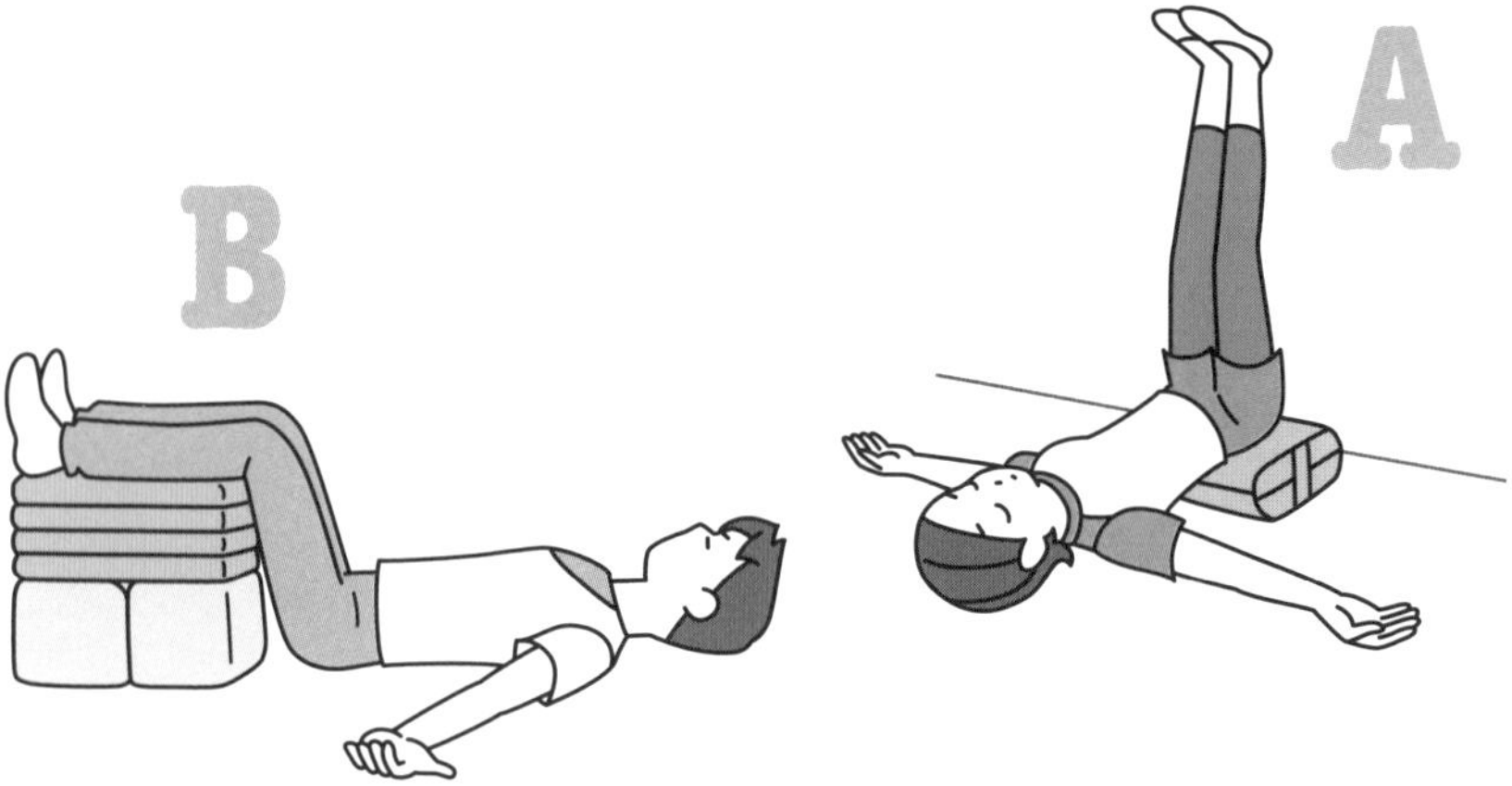

▶やり方

❶壁からこぶしひとつ分離してボルスターを横向きに置きます。
❷ボルスターにお尻を乗せ、ゆっくり仰向けになりながら足を壁かボルスターの上に置きます。
❸肩と首の力を抜き、手のひらを天井にむけて、両手を楽に開きます。
❹瞼を閉じて、ゆっくりと深い呼吸を繰り返しつつ、体の力を抜いていきます。
❺身体の感覚や呼吸の流れをぼんやりと観察しながら、５～７分程度キープします。

■運動不足解消

最近、こんなことを感じたことはありませんか?


「なんだか、体力が落ちてきた」

「動きにキレがなくなった気がする」

「階段がきつい」

「社会人になってから生活が変わって、体がなまっている感じがする」

「仕事や育児が忙しくて、気がついたら体が重い」

「テレワークで家にこもりっきり」

……などなど。


運動不足を感じている人は多いのではないでしょうか?

◆運動不足とは身体活動不足のこと

ここで改めて、運動不足の意味を考えてみましょう。運動不足とは、〝体を動かす機会が減少していること〟を意味しますが、〝体を動かすこと〟——つまり安静にしている状態よりも多くのエネルギーを消費するすべての動作のことは〝身体活動〟[*9]と言います。

この身体活動は、日常生活における労働、家事、通勤、通学などの〝生活活動〟と、スポーツなどによる体力の維持・向上や健康増進などの目的をもって計画的に実施される〝運動〟に分類されます。

一般的に〝運動不足〟と言うと、スポーツなどを行っていないために〝運動〟が不足している状態をイメージされがちですが、生活活動の不足でも、体を動かす機会が減少しますので、運動不足に陥ります。すなわち、運動不足とは身体活動不足と言い換えることができるわけです。

あなたの身体活動不足は、〝生活活動不足〟と〝運動不足〟のどちらでしょうか？

もしくは、両方でしょうか？

それにより、取り組むべきポイントも変わってきます。身体活動不足を感じて改善したいと思っている人は、〝生活活動〟と〝運動〟のどちらにターゲットを絞るか戦略を立てることをおすすめします。ご自身のライフスタイルや性格を考慮して、行いやすい方から取り組んでみると良いでしょう。

◆生活活動にターゲットを絞る場合

まず、〝運動〟は苦手だけど、このままではまずいと感じている人や運動する時間が取れない人は、〝生活活動〟にターゲットを絞ると続けやすい傾向があります。

例えば、

- 通勤を車から自転車に変えてみる
- 犬の散歩をプラス10分延長してみる
- 2階までは階段を使う
- スーパーの駐車場は今までより遠くに停める

など、日常生活でこまめに動けそうなことを３つピックアップしてみましょう。３週間実施できたら、振り返り、目標を調整していきます。デスクワークの人やタクシーやバスの運転手、長距離トラックドライバーなどは、座り続けている時間をいかに調整するかがポイントです。

３～５分の隙間時間は、必ずつくり出せます。生活活動については、「ＮＥＡＴを増やすことも大切」の項（２９７頁）も参照してみてください。

◆運動にターゲットを絞る場合

次に、隙間時間にこまめに動くより、時間をとって運動をした方が生活のリズムがとりやすいと感じる人や、運動をしてスッキリしたい、運動を楽しみたいという人は、運動量をアップさせる方が続けやすい傾向があります。

運動には、ストレッチ・無酸素運動・有酸素運動などの種類があります。目的に応じて、どの種類をどれくらいの強度で行うと効果的かは異なるため、詳しくは生活習慣病の改善やリフレッシュ目的、腰痛や膝痛予防などそれぞれの目的に応じた項をご覧いただければと思いますが、まずは10分運動する時間をつくることをおすすめします。10分というのは、意気込み過ぎずに実施できる時間です。日頃運動習慣がなく、運動不足を感じている人がいきなり1~2時間のトレーニングを開始すると、がんばりすぎて続けにくくなりますので、ちょっと物足りないと感じる時間から始め、もう少しやりたいと感じることがポイントです。

実施内容は、ラジオ体操やウォーキングなど特別な道具を必要としないものから開始して、３週間程度、体を慣らしていくと良いでしょう。ウォーキングなら10分は約１０００歩に該当します。１日１０００歩を意識的にやや早歩きで歩く時間をつくってみてはいかがでしょうか。

３週間実施して身体が慣れてきたら、時間を延ばしていきます。そして、徐々に強度を上げていきます。それぞれの目的に応じた項を参照して、適切な運動を選択すると良いでしょう。体が慣れてきて、運動時間を延ばしたいけれども、時間がなかなかつくれない人におすすめなのが、時間効率の良い運動方法として知られる〝HIIT〟です。「HIITとは」の項（268頁）で詳しく触れていますので、そちらをご覧ください。

今、運動不足を感じているなら、まさに今が始めるベストタイミングです。このまま5年、10年と何もしないでいると、果たしてどうなるでしょうか？ 1年先、5年先、10年先の未来の自分のために、まずは3週間取り組んでみてはいかがでしょうか。

参考文献

＊9 厚生労働省，運動基準・運動指針改定に関する検討会．健康づくりのための身体活動指針（アクティブガイド）．2013.

タイプⅡ

疾病予防のために運動に取り組みたい人

体の不調やケガの予防のために「運動をしないといけない」と思っている人も少なくないと思います。

そこで、そんな人に向けて

- 生活習慣病予防
- 転倒予防
- 腰痛予防
- 膝痛予防
- 肩こり予防

の５つの目的についてポイントをご紹介します。

■ 生活習慣病予防

生活習慣病という言葉をご存じでしょうか?かつては、「成人病」と呼ばれ、高血圧や糖尿病、脂質異常症、脳卒中、心臓病、がんなどの疾患を示していました。これらの疾患は、成人したから罹るわけではなく、長年の好ましくない生活習慣の積み重ねにより発症するリスクが高くなるので、近年は「生活習慣病」と呼ばれています。

生活習慣病の予防には、身体活動が非常に重要です。多くの人がご存じのように、身体活動量の多い人、つまり運動量や生活活動量が多い人ほど、高血圧や糖尿病、肥満、骨粗しょう症、虚血性心疾患などのいわゆる生活習慣病の罹患率が低いことが明らかになっています。

高血圧発症と通勤時歩行時間の関係

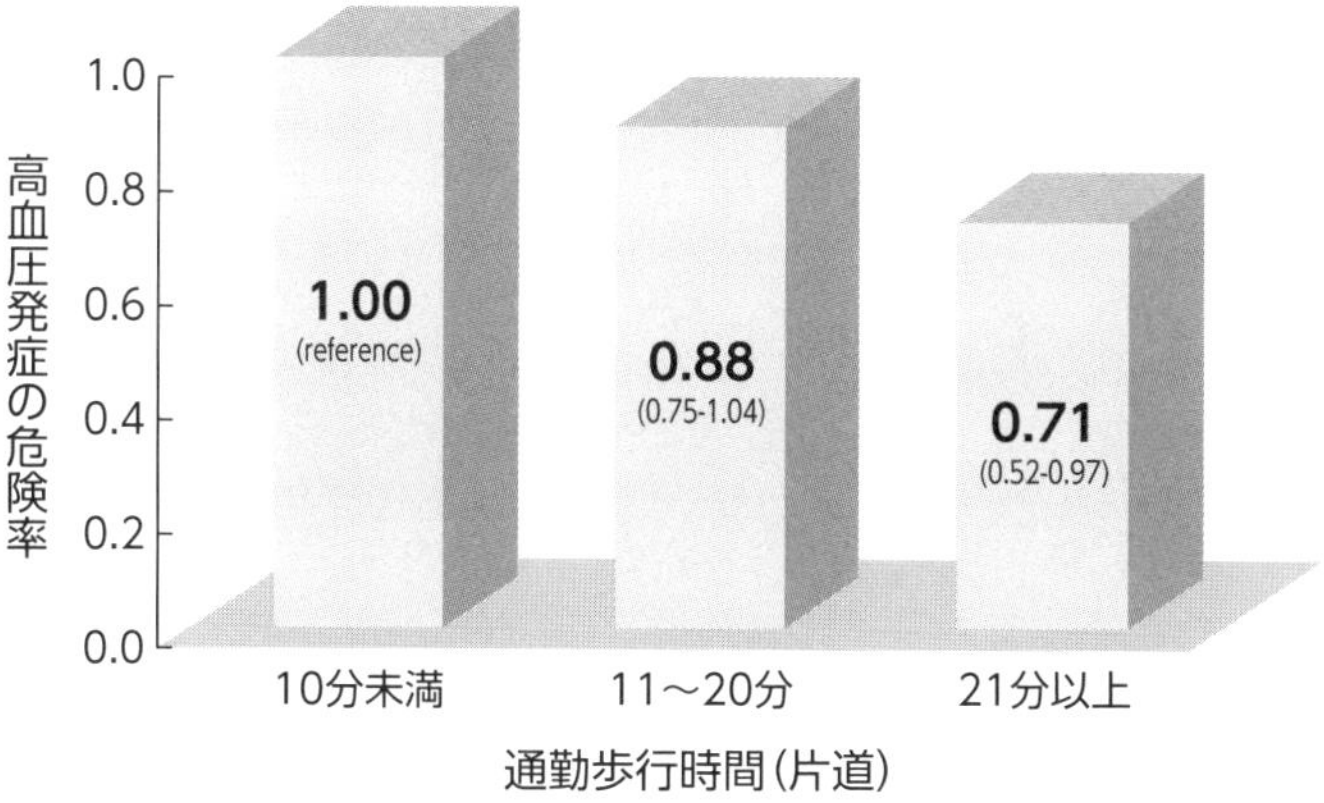

The Osaka Health Survey: Ann Intern Med. 1999; 131: 21-26

例えば、通勤時の歩行時間と高血圧罹患の関係を調査した研究[*10]があります。通勤時の歩行時間が21分以上の群は、10分未満の群に比較して高血圧の発症率が低いことが報告されています。つまり、日常生活で通勤時間や隙間時間に10分以上歩くだけで高血圧の予防につながる可能性があるのです。

◆身体活動の強度と量が生活習慣病予防のポイント

それでは、生活習慣病を予防するために、どのような身体活動が良いのでしょうか？　それには、身体活動の強度と量がポイントになります。

まず、身体活動の強度を表す指標に「メッツ」というものがあります。メッツとは、座って安静にしている状態を1メッツとして、安静時の何倍に相当するかを表す指標です。例えば、通常歩行が3メッツ、ランニングが6〜9メッツとなります（詳細は左頁の表参照）。

次に、身体活動の量を表す指標が「エクササイズ」です。エクササイズは、メッツに時間をかけたものになります。つまり、3メッツの運動を120分行ったとすれば、3メッツ×2時間＝6エクササイズとなります。厚生労働省が推奨している健康増進のための身体活動基準[*11]では、3〜6メッツ以上の強度で週23エクササイズ行うことが推奨されています。すでに、生活習慣病を持っている場合の改善には、3〜6メッツの強度で週10エクササイズ行うことが推奨されています。

身体活動のメッツ

運動活動	METs	生活活動
	1	安静に座っている状態(1.0) デスクワーク(1.3)
ヨガ・ストレッチ(2.5)	2	料理、洗濯(2.0)
太極拳(3.0) ボウリング(3.0) ほどほどの速さのウォーキング(3.5) 4.5〜5.1km/時 軽い筋トレ(3.5)	3	犬の散歩(3.0) 掃除機かけ(3.3) 風呂掃除(3.5)
ラジオ体操第一(4.0) 水中ウォーキング(4.5) ラジオ体操第二(4.5)	4	階段をゆっくり上る(4.0) 自転車(4.0) 16km/時 通勤や通学(4.0)
かなり速いウォーキング(5.0) 6.0km/時 ゆっくりとした平泳ぎ(5.3)	5	動物と活発に遊ぶ(5.3) 子どもと活発に遊ぶ(5.8)
ランニング(6.0) 6.4km/時 0〜4.1kgの荷物を持って山登り(6.5) 自転車エルゴメーター(6.8) 90〜100W	6	雪かき(5.3〜7.5)
4.5〜9.1kgの荷物を持って山登り(7.3)	7	農作業(7.8)
サイクリング(8.0) 19.3〜22.4km/時 ふつうの速さのクロール(8.3) 45km/時 ランニング(8.3) 8.0km/時	8	階段を速く上る(8.8)
ランニング(9.0)8.4km/時	9	
速いクロール(10.0)69m/分	10	
なわとび(12.3) ランニング(12.3)13.8km/時	12	

改訂版「身体活動のメッツ(METs)表」、国立健康・栄養研究所を基に作成
(https://www.nibiohn.go.jp/files/2011mets.pdf)

これらを踏まえると、生活習慣病の予防には、3メッツ以上で週10～23エクササイズ行うと良いと考えられます。この表を参考に、ご自身で1週間のエクササイズ戦略を立ててみてはいかがでしょうか？

◆〝ニコニコペース〟の有酸素運動もおすすめ

「メッツ」と「エクササイズ」を考えながら行うのは、ちょっと手間で面倒くさいと感じる人は、〝ニコニコペース〟といわれる強度で、まずはウォーキングやサイクリングなどの有酸素運動を行うことをおすすめします。ニコニコペースとは、福岡大学スポーツ科学部の進藤宗洋教授、田中宏暁教授らが提唱した概念で、会話はできるけど歌を歌うと息が切れてしまうくらいのペースです。会話も歌もできないようでしたら、強度がきつすぎて安全よりもリスクが増す恐れがあります。また、会話も歌も歌えるようでしたら、楽すぎて効果が出にくくなります。

ニコニコペースの良いところは、その日の体調や人それぞれの体力レベルに応じて調整できることと言えるでしょう。心拍数を使う方法もありますが、慣れていないと心拍数を測ることが難しかったり、薬を服用している場合などでは、適切にコントロールできなかったりする場合があります。有酸素運動を行う際は、「自分の脚力を知る方法」の項（１１２頁）や「ウォーキングとジョギングの実施のポイント」の項（３０８頁）を参考に、ご自身の脚力レベルにあわせた有酸素運動を選択し、ニコニコペースで行ってみると良いでしょう。

参考文献

＊10 Hayashi T, Tsumura K, Suematsu C, et al: Walking to work and the risk for hypertension in men: the Osaka Health Survey. Ann Intern Med 1999; 131: 21–26.

＊11 厚生労働省，健康づくりのための身体活動基準 2013

有酸素運動を行うときのペース

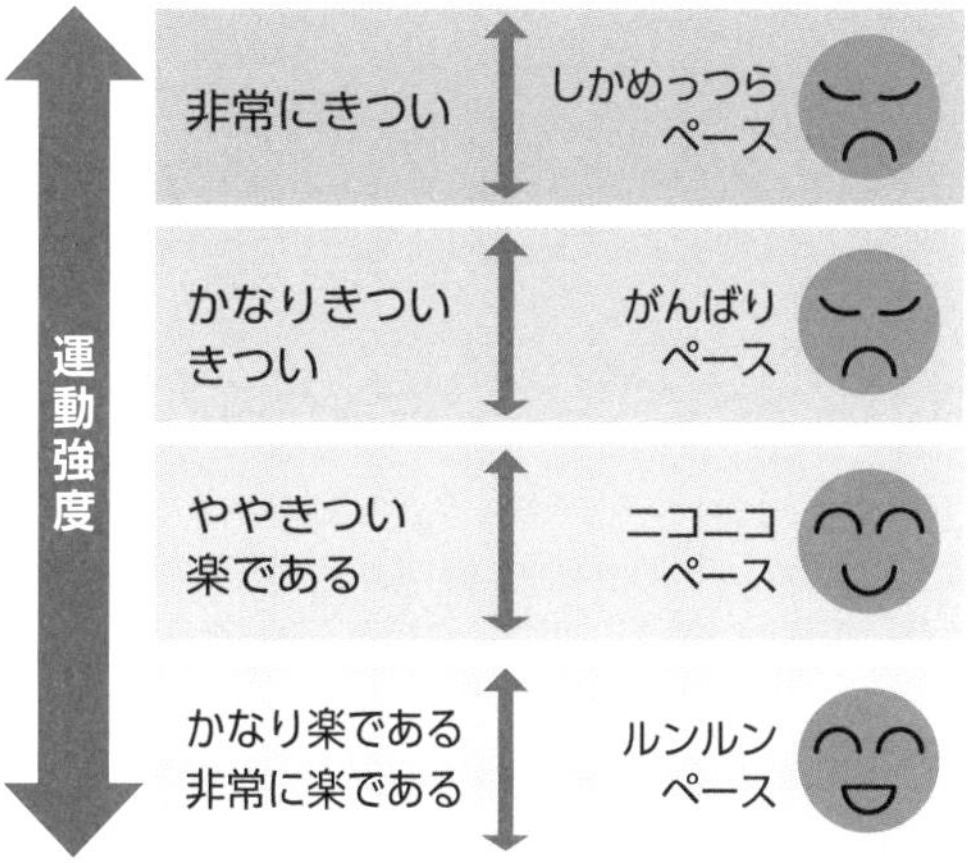

	安心安全	効果	きつさ
しかめっつらペース	×	△	非常にきつい
がんばりペース	△	○	きつい～かなりきつい
ニコニコペース	○	○	楽～ややきつい
ルンルンペース	○	△	かなり楽

■転倒予防

ロコモティブシンドロームという言葉をご存じでしょうか？

ロコモティブシンドロームは、日本整形外科学会が２００７年に提唱した概念で通称〝ロコモ〟と呼ばれます。ロコモとは、骨や関節、筋肉などの障害のために立つ・歩くといった移動機能が低下した状態を表します。

移動機能と言われても、ピンとこないかもしれませんが、例えば、「旅行へ行く」「美味しいものを食べに行く」「家族や友人に会いに行く」「自分の身の回りのことを行う」――これらを行うには、自分の脚で行きたい場所へ行く力が必要です。つまり、移動機能が低下すると行うことが困難になるわけです。

移動機能の低下は、仕事や趣味の活動を阻害するだけではなく、放置すると日常生活に支障をきたし、介護が必要になるリスクを高くします。事実、２０１９年（令和元年）の厚生労働省調査結果を見てみると、要介護になる原因の第3位が「転倒・骨折」12・０％、第5位が「関節疾患」6・９％と報告されており、ロコモに由来する問題が全体の約5分の1を占めています。また、要支援の原因では、第1位は「関節疾患」18・９％、第3位「骨折・転倒」14・２％であり全体の約3分の1を占めています。これらのことから、ロコモの予防がいかに重要かがわかります。

要介護・要支援になる原因

要介護の原因

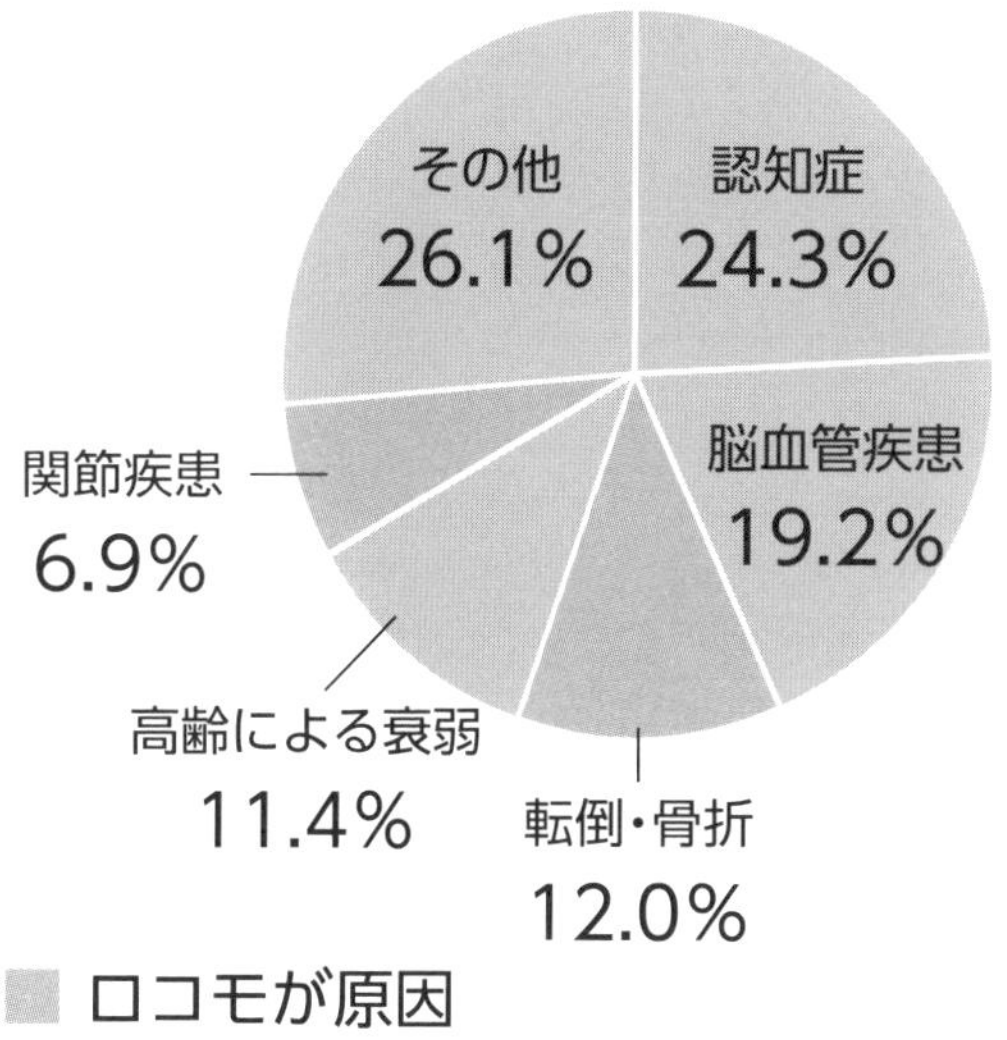

要支援の原因

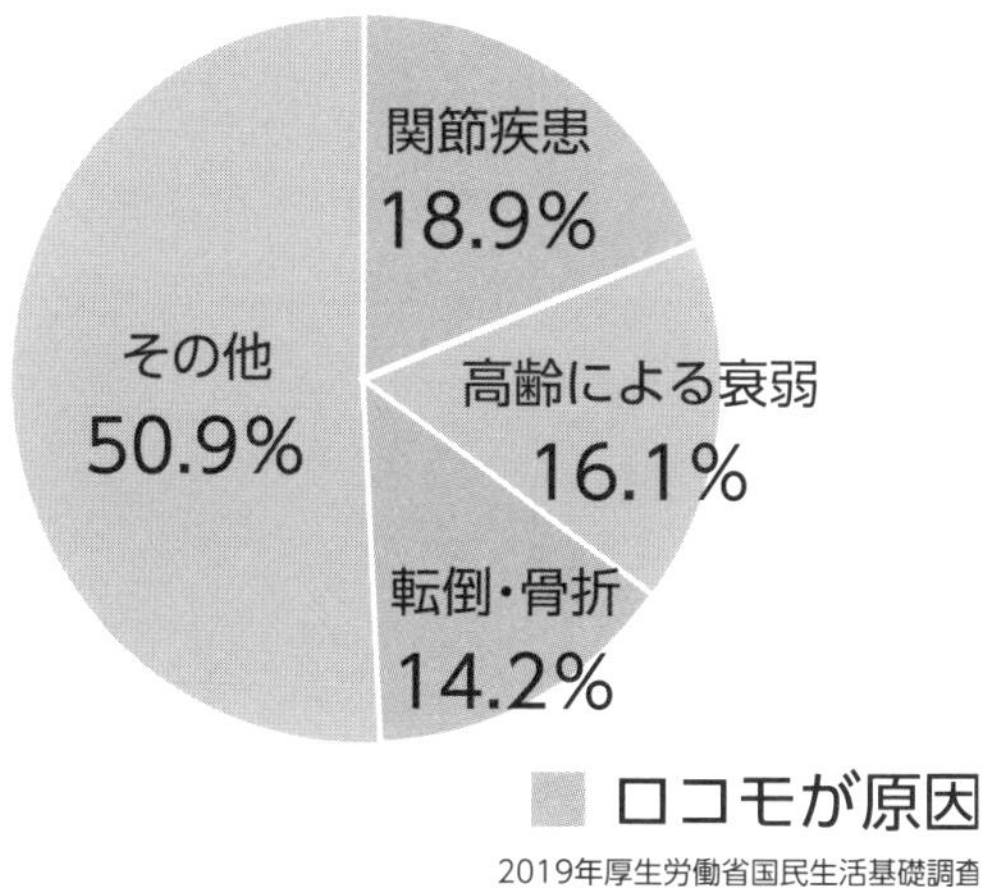

2019年厚生労働省国民生活基礎調査

◆3つのステップでロコモ対策

ロコモの対策は、自分らしい毎日を送るためにとても重要となってきます。

それでは、ロコモの対策として何を行えばいいのでしょうか？　闇雲にスクワットを50回しても効果的とはいえません。ロコモ対策をスリーステップでご紹介していきます。

Step1
ロコモサインのチェック

▼

Step2
ロコモ度のチェック（歩行能力＆脚力）

▼

Step3
予防＆改善トレーニング

【ステップ1】ロコモサインをチェックしよう！

移動機能の低下であるロコモのサインがないかを〝7つのロコチェック〟という簡単な質問に答えてチェックしてみましょう。この問診は、日本整形外科学会が移動機能を自覚的にチェックするものとして発表したものです。ひとつでも当てはまるとロコモの疑いがあることとなります。

ロコモのサインを知る「7つのロコチェック」

1

片脚立ちで
靴下がはけ
ない

2

家の中でつまず
いたりすべった
りする

3

階段を上がる
のに手すりが
必要である

4

家のやや重い仕
事が困難である
※掃除機の使用、
布団の上げ下ろ
しなど

5

2kg 程度の買い物
をして持ち帰るの
が困難である
※1リットルの牛乳
パック2個程度

6

15分くらい
続けて歩く
ことができ
ない

7

横断歩道を青
信号で渡りき
れない

【ステップ２】歩行能力（歩く力）と脚力でロコモ度をチェックしよう！

７つのロコチェックに該当した人はもちろん、していない人も、ご自身の足腰の状態をより細かくチェックしてみましょう。

１１５頁でご紹介したように日本整形外科学会は、ロコモの重症度をロコモ度として３段階に分類しています。

ロコモ度のチェック方法は、歩行能力をチェックする「2ステップテスト」、脚力をチェックする「立ち上がりテスト」（１１７頁）、25個の設問から身体の状態と生活状態をチェックする「ロコモ25」でチェックすることができます。

３つのテストすべてを行えることが理想ですが、今回は歩行能力をチェックする2ステップテストをご紹介します。２ステップは、大股二歩で身長の何倍あるかを確認する非常に簡単なテストです。

歩行能力は、主に歩幅と歩調（ピッチ）から構成されますが、加齢に伴い、歩幅が狭くなることが明らかになっています。歩幅が狭くなるために、歩行速度が低下していきます。この歩行速度は、高齢者の生活機能や寿命と関連があることが近年の研究で報告されています。２ステップテストは、まさにこの歩幅を測定しているテストなのです。２ステップ値が1.0を下回ると、横断歩道を青信号のうちに渡りきることが難しくなってきます。また、歩行の不安感が増し、杖やシ

歩行能力を知る「2ステップテスト」

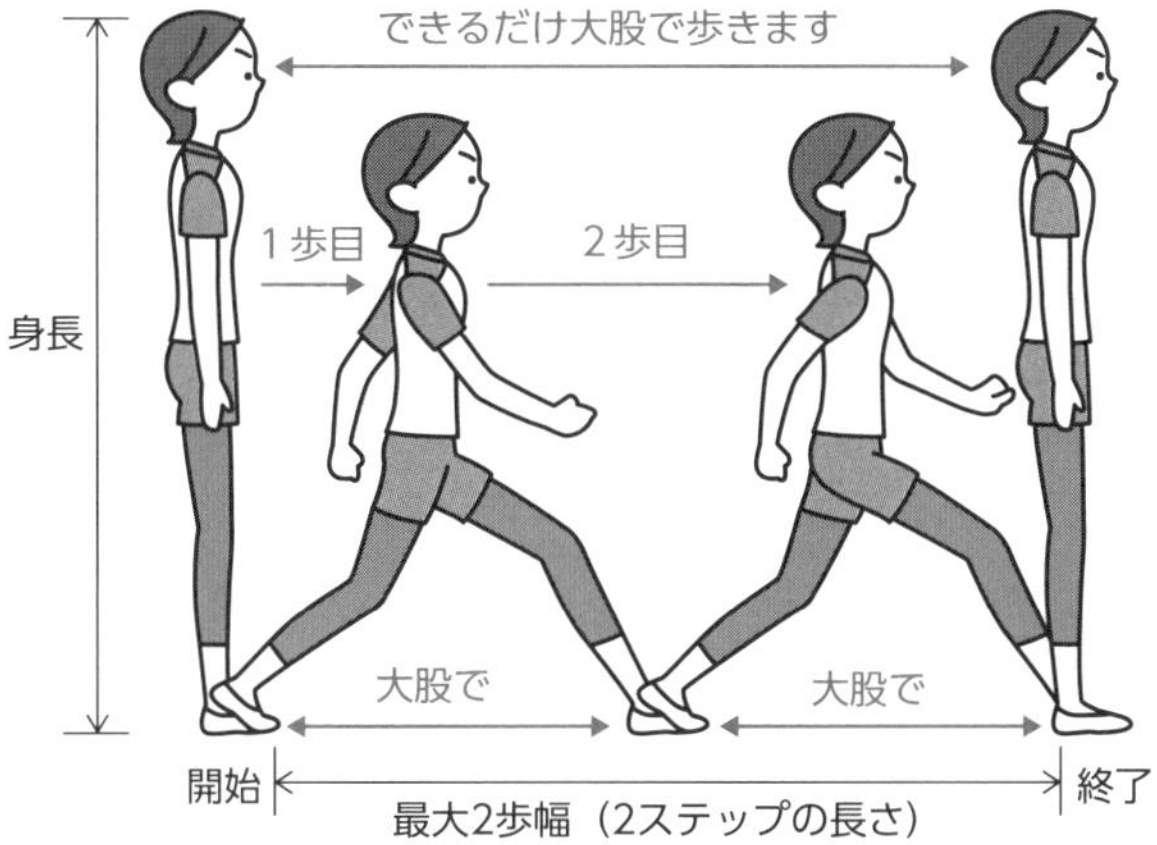

日本整形外科学会：ロコモティブシンドローム予防啓発公式サイト ロコモオンラインより
https://locomo-joa.jp/check/test/two-step.html

▶やり方

❶スタートラインを決め、両足のつま先を合わせます。
❷できる限り大股で２歩歩き、両足を揃えます。（バランスを崩して手をついた場合は失敗とし、やり直します。）
❸２歩分の歩幅（最初に立ったラインから、着地点のつま先まで）を測ります。
❹２回行って、良かったほうの記録を採用します。
❺次の計算式で２ステップ値を算出します。

２歩幅（㎝）÷身長（㎝）＝２ステップ値

POINT

・反動をつけたり、ジャンプをしない。
・手をつかない。
・バランスを崩す恐れがあるため、壁やつかまる支えがある場所で行う。
・滑りやすい場所で行わない。
・測定の際は、いきなり最大歩幅で測定を実施せずに、段階的に歩幅を広げていくなど、準備運動が必要。

ルバーカートなどの歩行補助具が必要となってきます。

歩行補助具を使いたくない人は、歩幅を広げるトレーニングをして、2ステップ値1.0以上を目指しましょう！　2ステップ値1.0以上となれば、安心して歩くことができます。下手に見栄をはって、歩行補助具を使わずに転倒して骨折などしたら大変です。

高齢者の転倒による骨折で多いのは、太ももの付け根の骨折である「大腿骨近位部骨折」です。また、尻もちをつくことで多い「脊椎圧迫骨折」、転倒して肩を打ったり、手をついたりしたときに起こる「上腕骨近位部骨折」「橈骨遠位端《とうこつえんいたん》骨折」などもあります。

いずれも、長期間の安静が必要なため日常生活を制限され、転倒骨折を引き金に寝たきりになってしまうこともあります。2ステップテストで現在の歩行能力を確認して、予防や適切な歩行補助具を選択しましょう！

次に、117頁で紹介した脚力をチェックする「立ち上がりテスト」を行ってみましょう。立ち上がりテストでは、4種類の高さの台から立ち上がることができるかで、簡単に脚力をチェックすることができます。

高齢者の転倒による骨折で多いのもの

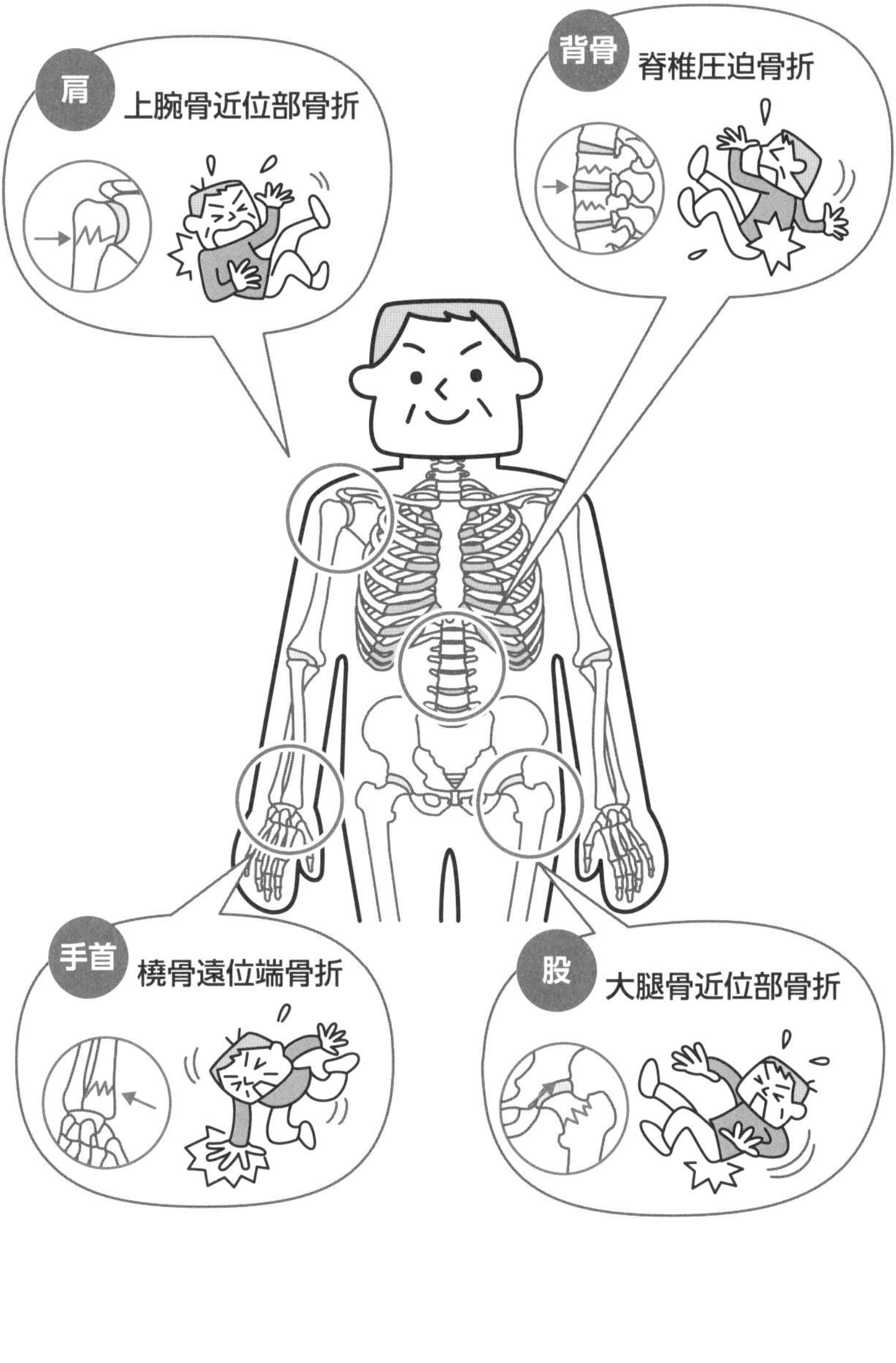

【ステップ3】予防&改善トレーニング

「2ステップテスト」と117頁の「立ち上がりテスト」の2つの結果から、最適なエクササイズレベルを選択し、ご自身のレベルに合わせて週2〜3回取り組んでみましょう。

たとえば、

片脚で40cmから立つことができ、かつ2ステップ値1.3以上なら上級のトレーニング

片脚で40cmから立つことができない、もしくは2ステップ値1.3未満のいずれかなら中級のトレーニングとなります。

参考文献

・厚生労働省：平成28年国民生活基礎調査の概況.

・Nakamura K: A "Super-aged" society and the "Locomotive Syndrome". J Orthop Sci 13（1）: 1-2, 2008.

・ロコモチャレンジ！推進協議会　ロコモパンフレット2013年度版

・ロコモチャレンジ！推進協議会　ロコモパンフレット2015年度版

・ロコモチャレンジ！推進協議会　ロコモパンフレット2020年度版

・村永信吾，平野清孝：2ステップテストを用いた簡便な歩行能力推定法の開発. 昭和医会誌. 2003;63（3）:301-308

【最適なエクササイズのレベル】

エクササイズレベル	2つのテストの結果
上 級 ロコモなし に該当	**2ステップテスト** 2ステップ値 1.3 以上 **立ち上がりテスト** 片脚 40㎝可能（左右ともに）
中 級 ロコモ度1 に該当	**2ステップテスト** 2ステップ値 1.1 以上～ 1.3 未満 **立ち上がりテスト** 片脚 40㎝不可（左右どちらかもしくは両方）
初 級 ロコモ度2 以下に該当	**2ステップテスト** 2ステップ値 1.1 未満 **立ち上がりテスト** 両脚 20㎝不可

LET'S TRY
やってみよう

転倒予防のための

筋力トレーニング

太もも表の筋肉を鍛える

対象レベル
▼
初級

目標／片脚 10 ～ 15 回× 2 ～ 3 セット

▸やり方

❶床もしくはベッドの上で長座位になり、背筋を伸ばします。
❷足首を 90 度にし、つま先を手前に引き、太ももの前側に力が入ることを確認しましょう。
❸反対脚のつま先を超えるくらいの高さまで脚を上げます。
❹その状態を 2 ～ 3 秒維持し 10 ～ 15 回を 1 セットとして 2 ～ 3 セット左右交互に行うと効果的です。

POINT

・肩・首はリラックスする。
・背筋を伸ばす。つらいは場合は壁によりかかって OK。
・膝を伸ばす。
・つま先を手前に引き、太ももの前側の筋肉を意識する。

NG

評価ポイント

・肩・首が力んでいる。
・骨盤が後ろに倒れ背中が丸まっている。
・体幹の力が抜けた逆脚が外へ開いている。

臀部を鍛える

対象レベル
▼
初級

目標／片脚 10 ～ 15 回× 2 ～ 3 セット

▶やり方

❶床もしくはベッドの上に横向きになります。
❷下側（床側）の股関節と膝は軽く曲げ、上側（天井側）の膝は伸ばします。
❸骨盤と肩が床と垂直になるように意識しながら、上側の脚を臀部に力が入る高さまで持ち上げます。
❹その状態を 2 ～ 3 秒キープし 10 ～ 15 回を 1 セットとして 2 ～ 3 セット左右交互に行うと効果的です。

POINT

・首や肩に過剰な力を入れず、リラックスして行う。
・脊柱の曲線が均一になるように意識する。
・斜め後方に脚を上げることで臀部の筋肉が働きやすくなる。
・股関節から脚を上げるように意識する。

NG
評価ポイント

・腰が反る。
・骨盤が後ろに倒れる。

NG
評価ポイント

・骨盤が前に倒れる。
・股関節が曲がった状態で脚を上げてしまう。

チェアスクワット

対象レベル
▼
中級

目標／ 10 回× 2 ～ 3 セット

POINT

・首・肩はリラックスする。
・背筋を伸ばす。
・お尻を後ろに引く。
・つま先は膝と同じ向きにする。

▶やり方

❶肩幅より少し足を広めに広げて立ちます。
❷椅子やテーブルに手をついて姿勢を正します。
❸お尻を後ろに引くようにしながら、3 秒かけてゆっくりと重心を落としていきます。
❹戻るときは 1 秒で素早く戻ります。
❺ 10 回を 1 セットとし 2 ～ 3 セット行うと効果的です。

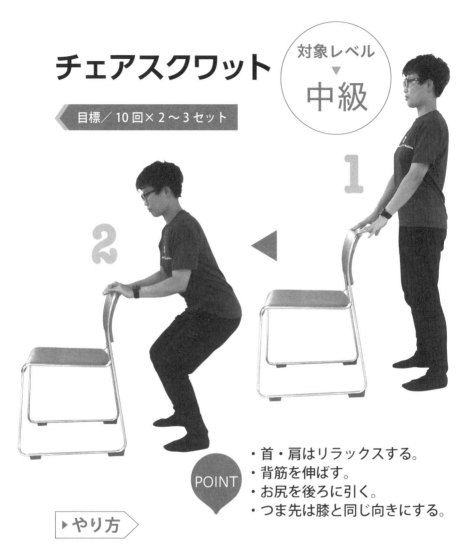

NG

評価ポイント

・膝がつま先よりもかなり前に出てしまう。

NG

評価ポイント

・背中が丸まり、上体が前に倒れすぎてしまう。

フラミンゴ

対象レベル
▼
中級

目標／片脚 20 秒× 2 ～ 3 セット

▸やり方

❶膝と背筋をしっかりと伸ばし、片脚で立ちます。
❷壁や椅子に軽く触れてバランスを保ちます。良い姿勢を心掛けます。
❸これを 20 秒× 2 ～ 3 セット行いましょう。

POINT

- 背筋を伸ばす。
- 足の裏全体で地面を押す。
- 脚を高く引き上げる。（股関節 90 度くらい）

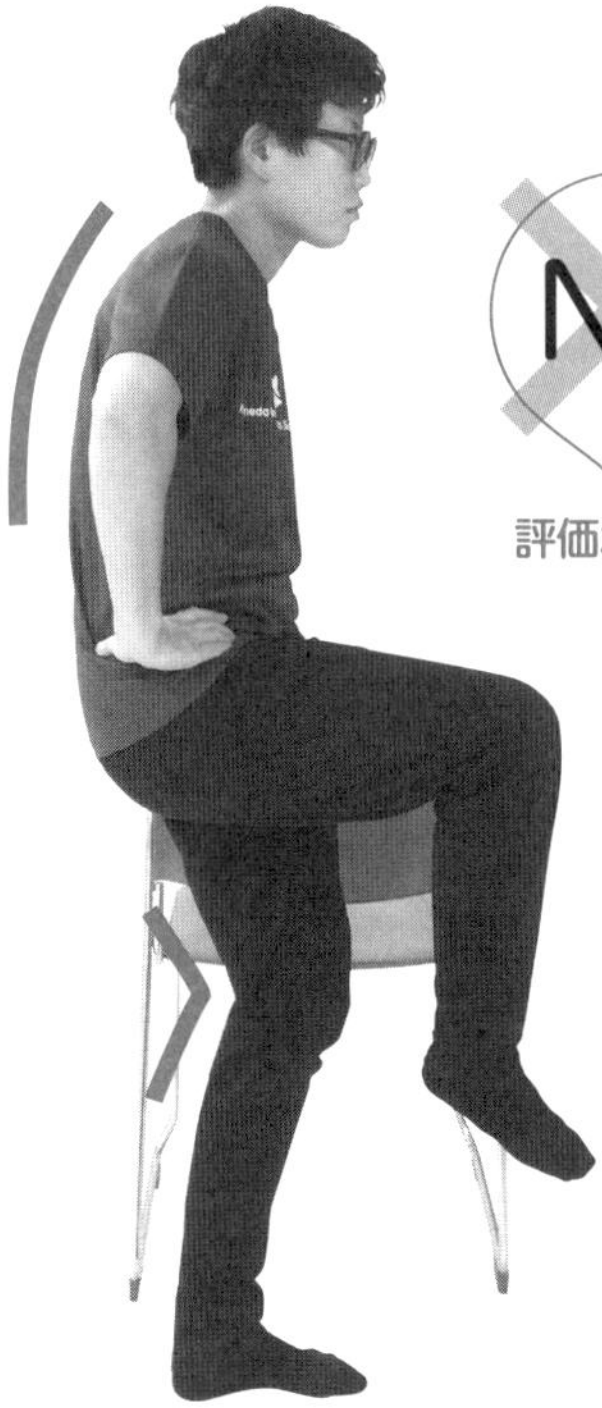

NG

評価ポイント

・背中が丸まり、支持脚の膝が曲がっている。

NG

評価ポイント

・後方重心となり、腰に負担がかかっている。

四股（3秒止め）

対象レベル
▼
上級

目標／左右各 3 秒× 10 ～ 20 回

▶やり方

❶足を肩幅より少し広めに開き、腰を落とします。
❷息を吸いながらゆっくりと体を横に傾けるように足を上げていきます。上がりきったところで 1 ～ 3 秒キープします。これを 10 ～ 20 回行いましょう。
❸息を吐きながらゆっくりと足を下げて❶のポジションに戻ります。
❹続いて逆側というように左右交互に行っていきます。

POINT

- 背筋をしっかりと伸ばす。
- 足首からではなく、膝の外側から持ち上げ、臀部を意識しながら行う。
- 全体を通して手は膝に置いた状態を目指す。

NG
評価ポイント

- 肩が力み背中が丸まっている。

NG
評価ポイント

- 上半身が前に倒れている。
- 重心が保てずぐらつき、つま先と膝の向きが異なり膝に負担がかかっている。

コンビネーション カーフレイズ

＊スクワットとカーフレイズのコンビネーションです。

対象レベル
▼
上級

目標／10～15回

▸やり方

❶まず背筋を伸ばしてお尻を真下に下ろすようにスクワットをします。

❷そこから一気に天井方向に伸び上がり、足の指の付け根全体で床を押し、踵上げの状態になります。

❸1～2秒キープしたのち、やわらかく膝を曲げて❶のスクワットに戻ります。これを10～15回行いましょう。

POINT

- 真上に伸び上がるように意識する。
- 勢いをつけすぎてバランスを崩さないように注意する。
- 親指の付け根と小指の付け根に均等に力がかかるように床を押すようにする。
- 腹筋と臀部にも力を入れて行う。

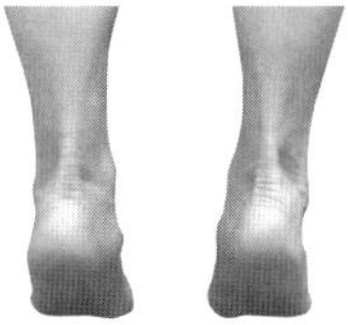

・真上に伸び上がっている。

・背すじが伸びている。

NG

評価ポイント

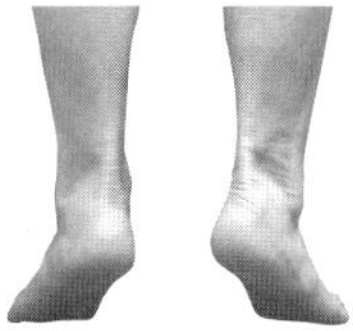

・荷重が左右不均衡。

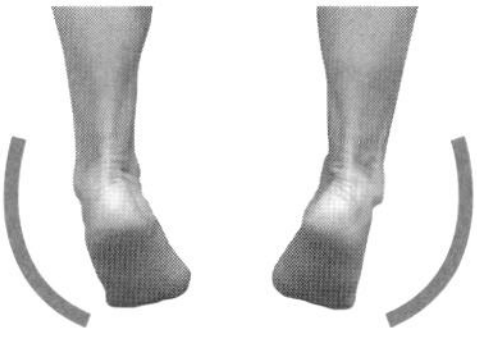

・荷重が外側に逃げている。

・背中が丸まっている。

・まっすぐに伸び上がることができていない。

・後方重心で腰が反っている。

■ 腰痛予防

腰痛は急性に一回のエピソードで発症する急性腰痛と、慢性的な経過で徐々に痛みが強くなる慢性腰痛とがあります。急性腰痛の代表的な原因としては筋・筋膜性腰痛（肉離れ含む）、椎間関節性腰痛（椎間関節の関節包損傷、関節炎など）などがあります。

一方、慢性腰痛の原因としては変形性腰痛症、腰椎分離症などがあります。なお、腰椎椎間板ヘルニアは大きなヘルニアになると急性腰痛となることもありますし、軽いヘルニアだと慢性腰痛の原因となることもあります。

もちろんこのほかにも、骨粗しょう症が原因で軽く尻もちをついただけでも圧迫骨折が起こって腰痛が発生するといったように、軽微な外傷で生じることもあります。これについては尻もちや転倒を予防することも重要ですが、それよりもベースにある骨粗しょう症の治療が重要になります。

また、腹部大動脈瘤破裂や大動脈解離のように、突然持続する腹痛や腰痛が起こる非常に危険な疾患が原因となることもあります。この場合は緊急手術が必要になることがほとんどです。

さらに、がんの脊椎への転移も腰痛の原因となりますが、これは当然原発のがんの治療が重要で、手術や放射線治療、化学療法といったような治療が必要になります。ここではこれらの疾患による腰痛以外についてお話していきます。

◆腰痛を起こす疾患のおおもとの原因から考える

先ほど述べたように腰痛を起こす疾患は様々ですが、それではこれらの疾患が起きるおおもとの原因は何なのでしょうか?

非常に簡単に説明すると、次のような発生原因で腰痛が生じます。

・**筋・筋膜性腰痛**……腰部の筋に炎症や損傷が生じるため
・**椎間関節性腰痛**……椎間関節に炎症や損傷が生じるため
・**変形性腰椎症**……腰椎と腰椎の間に過剰な動き（不安定性）があったり、筋力でカバーできない程度の負荷が長期にわたり加わったりするため
・**腰椎分離症**……腰椎の後方にある椎弓《ついきゅう》部に、体を反ったりひねったりした際に過剰に負荷が加わるため

このように簡単に発生原因を整理すると、腰痛の予防のために必要な非常に単純な考え方がみえてきます。

腰痛予防のために非常に重要なこと。それは腰椎に隣接した構造物（関節）である胸椎や股関節の可動性を獲得し、腰椎そのものの安定性を獲得することです。

人間の体は関節によって「安定性が重要な部位」と「可動性が重要な部位」が交互に存在しているとされています。足関節は可動性、膝関節は安定性、股関節は可動性、腰椎は安定性、胸椎は可動性、肩甲骨は安定性という具合です。そして腰を反ったり曲げたり、ねじったりする際に、腰椎部の安定性が不足していて、腰でばかり動いてしまうために腰椎部に障害が起きるのです。

ではなぜ、腰椎でばかり動こうとするかと言えば、隣の関節である胸椎や股関節の可動性が足りず、こちらがあまり動いてくれないために、その分を腰で補おうとするからです。さらに言えば腰椎部の安定性（体幹筋力）が不足していることも腰椎部の不安定性の原因になります。

【胸椎の可動性について】

そこでまずは、胸椎の可動性獲得についてお話します。

胸椎の可動性を増すために一番シンプルなのは、胸椎の下に背骨の向きと垂直になるように丸めたタオルやストレッチポールなどを置き、その上で仰向けに寝て、上肢を挙上したり、深呼吸をしたりして胸郭を動かす方法です。これで肋骨と肋骨の間の肋間筋もほぐれますし、胸椎にダイレクトに動きを加えることができます。

そのほかには、ひざまずいた姿勢で両上肢を挙上し、前方に置いた椅子や台の上に肘が乗るようにして、その状態で地面に向かってみぞおちを近づけるイメージで背中全体を反らすというのも良いでしょう。

【股関節の可動性について】

股関節の可動性もシンプルな運動で改善させることが可能です。椎間板の障害の場合は、腰を曲げる負荷が強いと腰痛が生じるので、股関節を使って前屈できるように股関節後方の可動性を高めると良いです。

一方、椎間関節炎や腰椎分離症のように腰を反らすことで腰椎の後方要素への負荷が強いと腰痛が生じる場合は、股関

※腰は反らないようにしましょう。

節を使って後屈できるように股関節前方の可動性を高めるといいです。股関節の後方の可動性を高めるには、仰向けに寝て、片方の足を反対側の膝の上にあぐら姿勢となるように乗せて、その膝の下に回した両手を組んで引っ張ると股関節後方のお尻の筋が伸びます❶。また同じく仰向けに寝た姿勢から片方の膝を伸ばしたまま、その膝の裏で両手を組んでその脚を高く持ち上げるストレッチは股関節後方のハムストリングスという筋を伸ばすのに有効です❷。股関節前方の可動性を高めるには、片脚を前について、反対の脚はひざまずく形で後方につくと、前後の股割りのような姿勢になり❸、特に後方に引いた脚の股関節前方が伸びます。

【腰椎部の安定化について】

最後に腰椎部の安定化についてですが、これはいわゆる体幹トレーニングが重要になります。体幹筋の中でも腰椎と腰椎の間の安定化に寄与するインナーマッスルの強化が特に重要になります。ここでは簡単にできるトレーニングを2つお示ししたいと思

います。

　まず1つ目はドローインという運動で、仰向けに寝た状態で両膝を立てます。両手を腰の下に入れて手の平が一枚入る程度の隙間をつくります。手の平が入らなければ腰が丸まっていますし、肋骨の下まで手の平が入るようであれば腰が反っています。この一枚のスペースを維持したまま、おへそが背骨に近づいていくように口から息を「ハーッ」とゆっくり吐きます。このときに手の平一枚のスペースは維持したままお腹をへこませるのがポイントです。これは腹横筋や腹斜筋のトレーニングに良いとされます。

　もう1つは椅子に浅く腰を掛けた姿勢からできる限り手を前方に伸ばしていくような運動です。ポイントは両腕を地面に平行に保つことで、前方にリーチできればできるほど多裂筋《たれつきん》や脊柱起立筋《せきちゅうきりつきん》に良いです。

　以上のように胸椎、股関節の可動性、そして体幹の安定化、これらのポイントをおさえて腰痛を予防していきましょう。

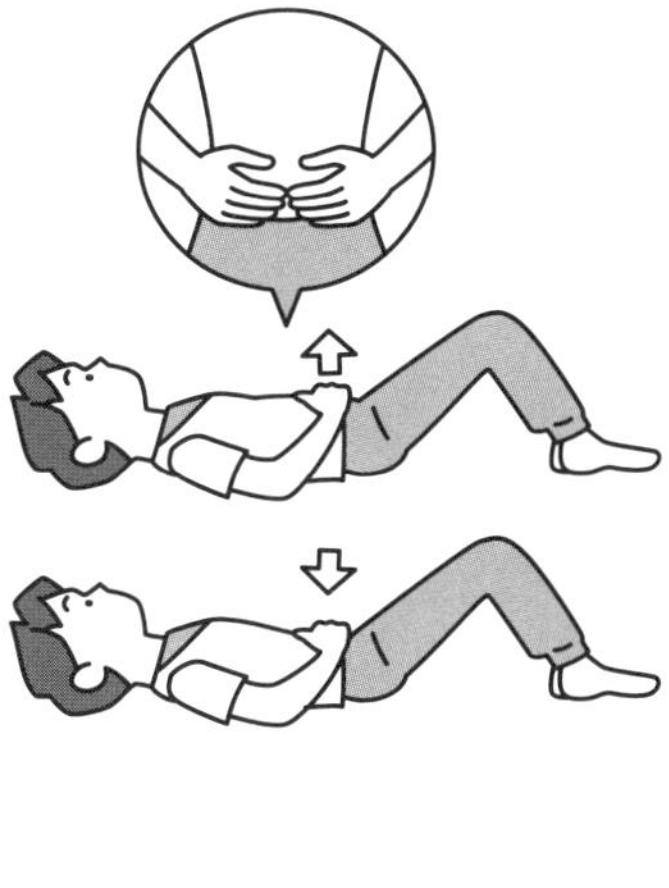

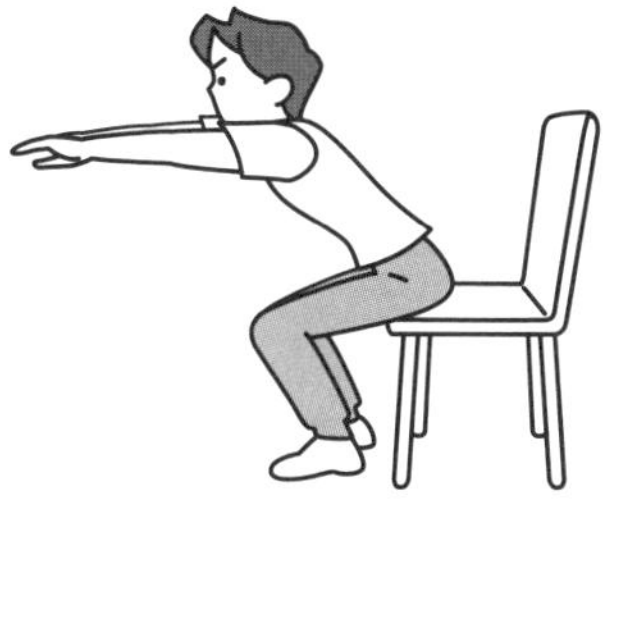

LET'S TRY
やってみよう

腰痛予防のための エクササイズ

[胸椎の可動性の改善]

チェストオープナーストレッチ

目標／各 20 秒キープ× 2 セット

1

POINT

・胸（胸椎）から動かす。
・指先までしっかり
伸ばす。

2

▶やり方

❶頭の下に枕を入れて、横向きに寝ます。
❷両膝、両手をそろえて身体をまっすぐにしましょう。このとき、両膝の位置はおへそのあたりに来るようにします。
❸息を吐きながら、指先が遠くを通るように反対側に開いていきます。このとき、目線も指先を追うようにしましょう。

NG

評価ポイント

・骨盤ごと開いてしまい、胸（胸椎）ではなく腰（腰椎）から動いてしまっている。

[股関節の可動性の改善]

とかげストレッチ

➡ 腰を反ると痛い方におすすめ

目標／各3～5秒キープ×5～10回

注意点

股関節に痛みがある場合は、中止しましょう。

2

1

▸やり方

❶後ろ脚の股関節に伸びを感じる程度に片脚を一歩前に出し、同じ側の肘もしくは手を床につけます。
❷股関節の付け根に伸びを感じたところで3～5秒ほどキープします。
❸床につけた側の手をゆっくりと天井に向かって開いていきます。
❹このとき、目線は指先に向けていきます。
❺さらに股関節が伸びたところで3～5秒ほどキープします。
❻これを5～10回行いましょう。

POINT

・心地よく伸びを感じる程度に動かす。
・背筋はしっかりと伸ばすように意識する。

NG

評価ポイント

・背中が丸まっている。

NG

評価ポイント

・左手に体重をかけすぎている。

[股関節の可動性の改善]

ジャックナイフストレッチ

➡ 腰を屈めると痛い方におすすめ

目標／5～10秒キープ×5～10回

1

2

POINT

・膝をゆっくりと伸ばしていく。
・胸と太ももが離れない範囲で行う。
・つらい場合は足幅を広くしてもOK。

▶やり方

❶足を肩幅程度に開き、踵を地面につけてできるだけ腰を落とします。
この際、両手で足首をつかみ胸と太ももの前面をくっつけるようにします。
❷胸と太ももが離れない範囲で、膝を徐々に伸ばしながらお尻を高く上げていきます。
太ももの裏がしっかり伸びたところで5～10秒間キープし、もとの姿勢に戻ります。
❸これを5～10回行いましょう。

NG

評価ポイント

・胸と太ももが離れてしまっている。

[腰椎の安定性の改善]

レッグリフト

目標／片脚５回×２セット

1

2

3

POINT

・骨盤ニュートラルで腰部を安定させた状態を保ちながら、股関節を分離して動かしていく。

▶やり方

❶仰向けに寝て膝を立てます。そして骨盤ニュートラルポジションを確認します。（両手を腰の下にいれて手の平 1 枚入る程度の空間の確認）
❷息を吸いながら、股関節を使って脚が 90 度になるまで上げていきます。このとき股関節以外は動かさないように意識しましょう。
❸息を吐きながら、足をもとの位置に戻していきます。

NG
評価ポイント

・股関節を曲げすぎており、
骨盤ニュートラルが保てていない。

NG
評価ポイント

・膝の曲げ伸ばしが起きている。
（動かすのは股関節）

[腰椎の安定性の改善]

サイドブリッジキープ

目標／片側 10 ～ 20 秒キープ× 2 セット

▸やり方

❶膝を伸ばして横向きになり両脚を重ねます。
❷肩の真下に肘を置き、前腕部と足で体を支えて腰を浮かせます。正面から見て頭からつま先までが一直線になるように姿勢を整えます。
❸呼吸を止めずにそのポジションを 10 ～ 20 秒キープします。

POINT

・肩を痛めないように肩の真下に肘がくるようにする。
・肩が力みすぎないように注意する。
・腰を反らないように意識する。

NG

評価ポイント

・肘の位置が高すぎる。
（肩を痛める可能性あり）

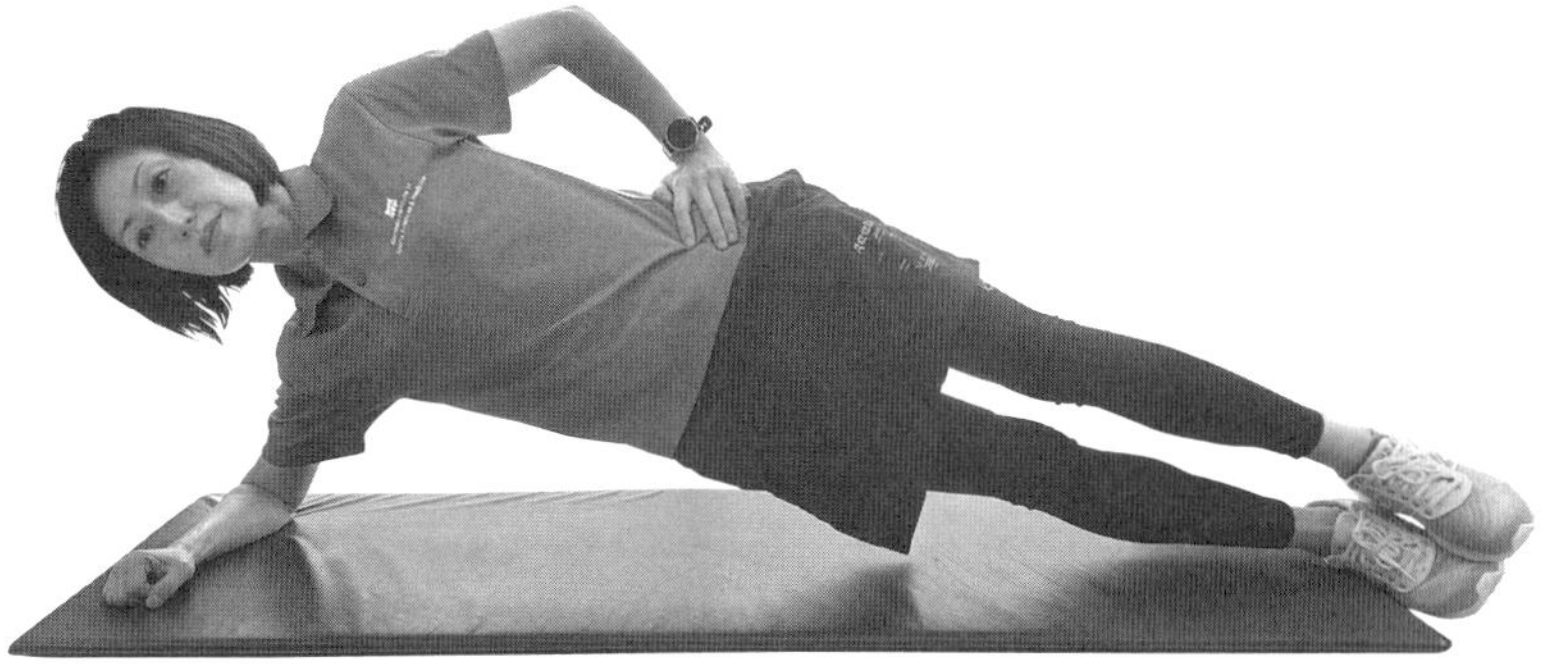

NG

評価ポイント

・上体が前に倒れている。

[腰椎の安定性の改善]

バードドッグキープ

目標／片側５秒キープ×５回

▶やり方

❶四つ這いの姿勢になり、片腕を前に伸ばしたら反対側の脚を後ろに伸ばします。
❷この姿勢を５秒間キープします。
❸これを５回繰り返しましょう。

POINT

・背中や腰が丸まらないよう意識する。
・手先から足先までが一直線になるように意識する。
・手足を上げた際に、腹部に力を入れバランスを取るようにする。

NG
評価ポイント

・腰が反る。

NG
評価ポイント

・背中が丸まる。
・手足が下がる。

[腰椎の安定性の改善]

ブリッジ

➡ 腰を反ると痛い方におすすめ

目標／5回×2セット

▶やり方

❶仰向けに寝て膝を立てます。そして骨盤ニュートラルポジションを確認します。（両手を腰の下にいれて手の平１枚入る程度の空間の確認）この際、膝と脚の幅はこぶし１個分にしましょう。
❷鼻から息を吸ったのち、口からゆっくり息を吐き続けながら、骨盤を傾けしっぽの骨（尾骨）から背骨をひとつひとつ巻き上げるように床から離していきます。
❸トップポジションで、息を吸いお尻をキュッと締めます。息を吐きながら、上から背骨をひとつひとつ下ろしていきます。

POINT

・肩や首はリラックスする。
・動作中に顎を動かさない。
・トップポジションでは腰は反らずにニュートラルを意識する。

NG
評価ポイント

・お尻ではなく、腰を反って上げている。

NG
評価ポイント

・顎が上がって、上半身に過剰な力が入っている。

[腰椎の安定性の改善]

スワン

目標／5回

➡ 腰を屈めると痛い方におすすめ

1

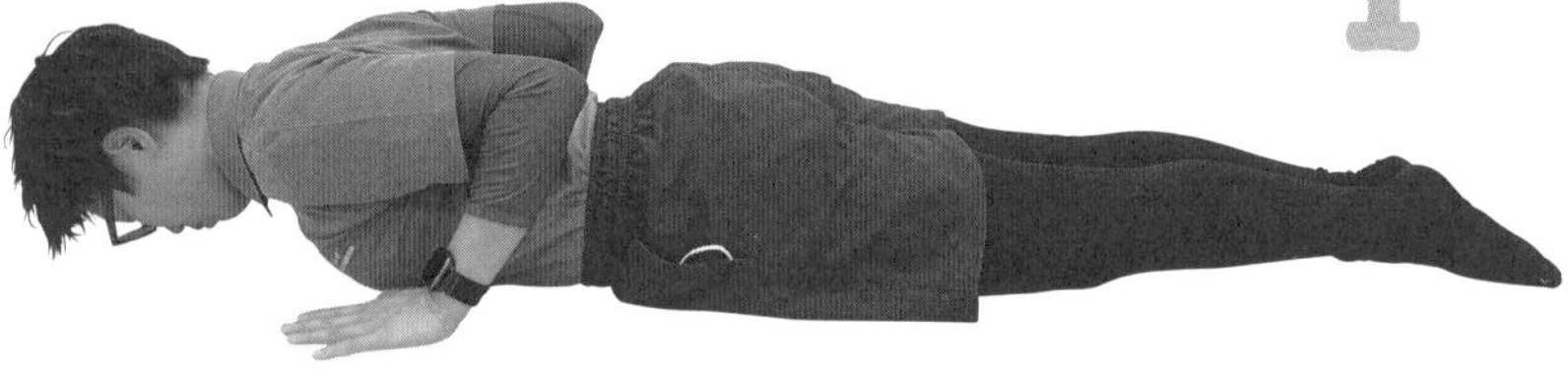

2

POINT

・腰ではなく胸から反らせる。
・腰・骨盤はニュートラルで安定させたままを意識する。

▸やり方

❶うつ伏せなり、手を胸の脇につきます。
❷おへそを背骨に引き込むイメージで骨盤ニュートラルをつくります。
❸脇を締め、肘を天井に向かって立てます。このとき、鼻から息を吸い、背骨の伸びを意識しましょう。
❹息を口から吐きながら、背骨をひとつひとつ持ち上げるイメージで首、胸の順に上げていきます。
❺腰が反りすぎないように、骨盤ニュートラルを保ったままおへそのあたりまで持ち上げたら、息を吸います。
❻息を吐きながら、おへそ側から背骨を順番にひとつひとつ下ろしていきます。
❼これを 5 回行いましょう。

NG

評価ポイント

・背骨が滑らかなカーブではなく、首と腰を過剰に反らせている。

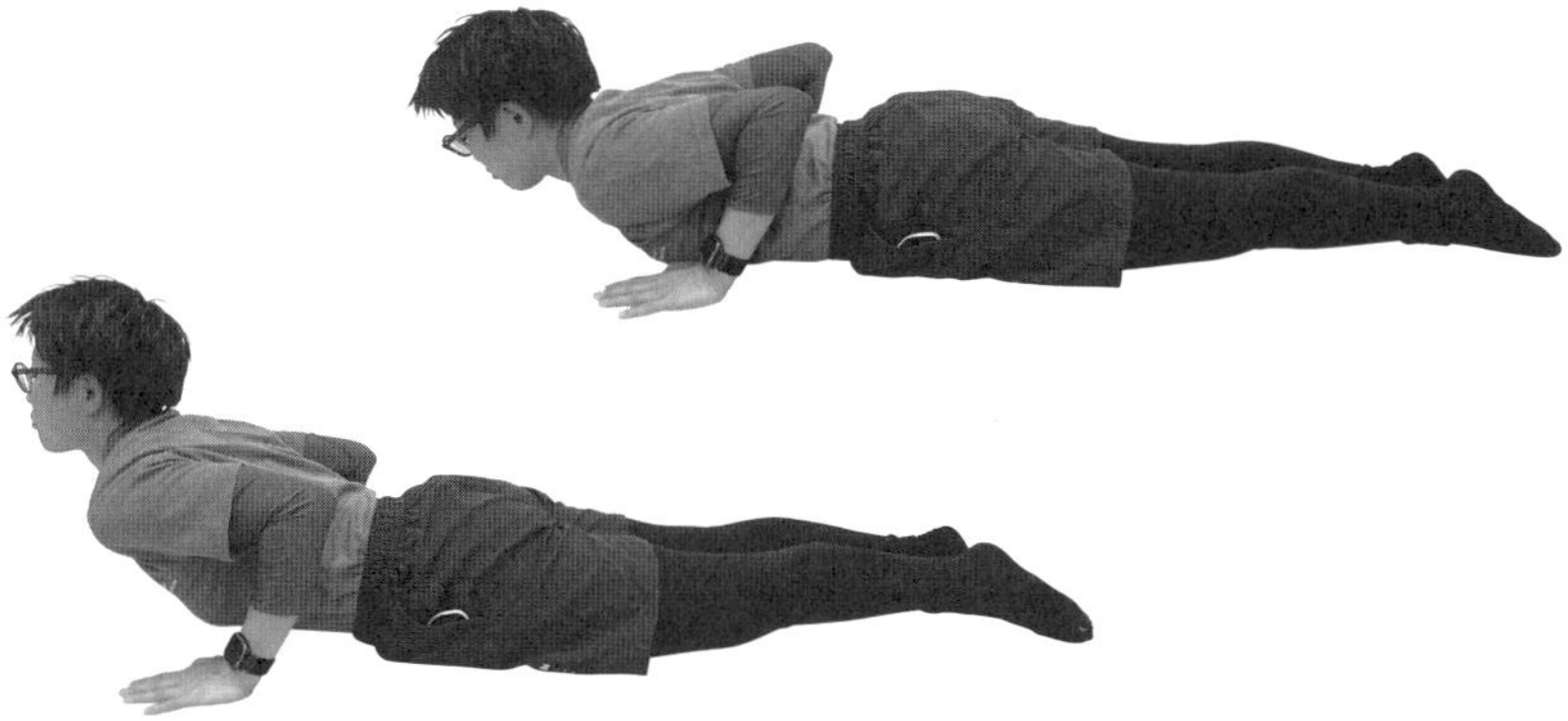

■膝痛予防

膝の痛みは関節内に器質的な問題が生じて起きる痛みと、そのような構造上の問題がない機能的な痛みに大きく分けられます。前者の代表としては半月板損傷、前十字靭帯損傷、内側側副靭帯《ないそくそくふくじんたい》損傷、関節軟骨損傷などがあり、後者の代表としては膝蓋大腿関節《しつがいだいたいかんせつ》障害、ジャンパー膝、ランナー膝などがあります。

◆器質的な問題から生じる痛みの予防はケガをしないこと

まず器質的な問題に由来する膝痛に関してですが、このような痛みを予防するためにはこのようなケガをしない（器質的な問題を生じない）ようにするしかありません。

半月板損傷は膝に荷重《かじゅう》した状態でねじれの力を加えると生じやすいです。こういったことから股関節の柔軟性や足関節の柔軟性を高めて、一方で膝関節周囲筋（大腿四頭筋やハムストリングスなど）の強化をすれば予防できるとされています。

また前十字靭帯や内側側副靭帯はジャンプからの着地やフェイントのような「切り返し」動作の際に膝が内側に入る（この肢位《しい》を「ｋｎｅｅ　ｉｎ」といいます。２１０頁のイラスト参照）

ことで受傷することが多いため、これを予防する必要があります。このためには、股関節の外旋《がいせん》ストレッチや股関節の外旋筋の強化をして股関節が内側にねじれないようにするとともに、足関節が硬くなると、足首を反らしたときにすね（脛骨《けいこつ》）に対して足部が少し外側に（がに股方向に）ねじれて結果的にｋｎｅｅ ｉｎ姿勢になるので、足関節背屈（反る動作）の柔軟性を獲得することが重要です。

　関節軟骨損傷も生じる原因が多岐にわたりますが、膝に衝撃やねじれが加わることで発生することが多いので、これによる膝痛を予防するためには、やはり股関節の内旋《ないせん》・外旋（ねじれ）の柔軟性を高め、足関節の柔軟性を高めて、膝周囲筋（大腿四頭筋・ハムストリングス）の強化をするということになります。

　以上が関節内に器質的な問題がある場合の膝痛改善方法ですが、多くの場合、このような構造上の問題がある場合は、関節鏡手術などの適応になります。

◆器質的な問題がない場合は運動療法が有効

　一方、関節内に器質的な問題がない膝痛（機能的な問題、もしくは関節外（例えば筋腱《きんけん》）に問題がある場合）に対しては、運動療法にて膝痛予防が可能なことがほとんどです。

【膝蓋大腿関節障害】

例えば、膝蓋大腿関節障害というのは膝の前方に痛みが出るもので、お皿の骨（膝蓋骨）と大腿骨の関節で不安定性がある場合に起こります。若い女性の膝痛の原因として非常に多いです。この疾患は、膝蓋骨が外側にずれたり、外側に傾いたりするのが原因となるのですが、これを予防するために４つ重要な運動に取り組むことが推奨されています。

・内側広筋（お皿の内側についている大腿部の筋肉）の強化
・腸脛靭帯《ちょうけいじんたい》（お皿の外側についているスジ）のストレッチ
・ｋｎｅｅ ｉｎを予防するために股関節の柔軟性と筋力強化
・足関節の柔軟性

特に最初の2つは内側に引っ張る筋力を強化して、外側に引っ張る力を緩めることで外側へ膝蓋骨がずれるのを予防します。またｋｎｅｅ ｉｎすると膝蓋骨の下についている膝蓋腱と膝蓋骨の上についている大腿四頭筋のけん引力が一直線上でなくなるのでこれら

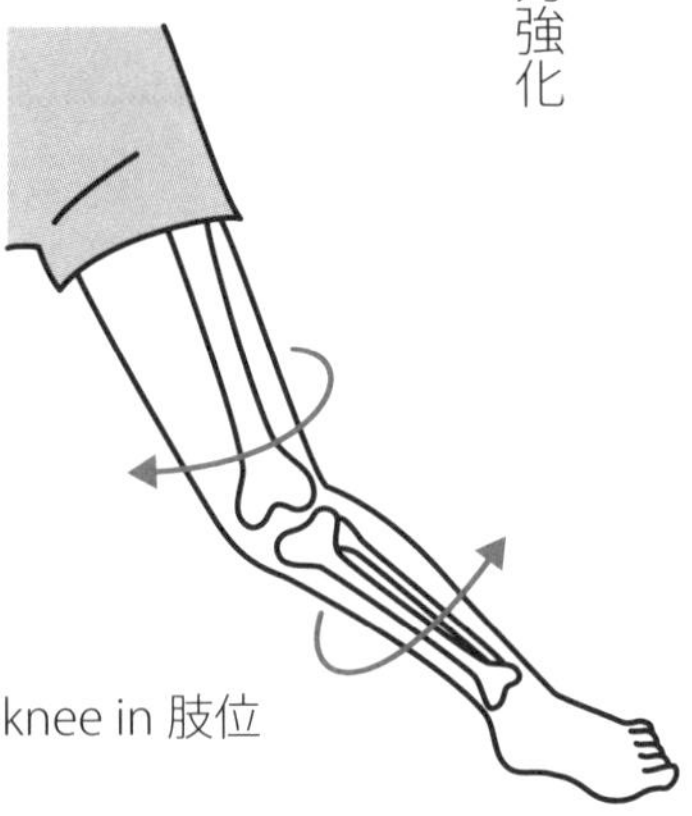

knee in 肢位

の張力によって膝蓋骨が外側に引っ張られてしまいます。これを予防するために股関節と足関節の柔軟性が重要になります。

【ジャンパー膝】

ジャンパー膝やランナー膝の膝痛予防はもっとシンプルに考えられます。まずはジャンパー膝についてお話します。

ジャンパー膝では膝蓋腱が膝蓋骨に付着する箇所、もしくは大腿四頭筋が膝蓋骨に付着する箇所に炎症性疼痛が生じます。なぜこの部位に疼痛が生じるか理解するために、コンセントに差し込む電源コードを思い浮かべてみてください。電源コードの一番先は太く、硬くなっていますよね。一方、コードそのものは柔らかくてくねくね曲がります。そして、その間の部分をみると必ず何かしら補強された構造になっていませんか？ 携帯電話の充電コードもそうです。コンセントに差し込む四角い部分のすぐ手前、あそこに必ず少し補強がされていますよね？ 補強されていてもあの部分が切れてしまったりして、充電器を

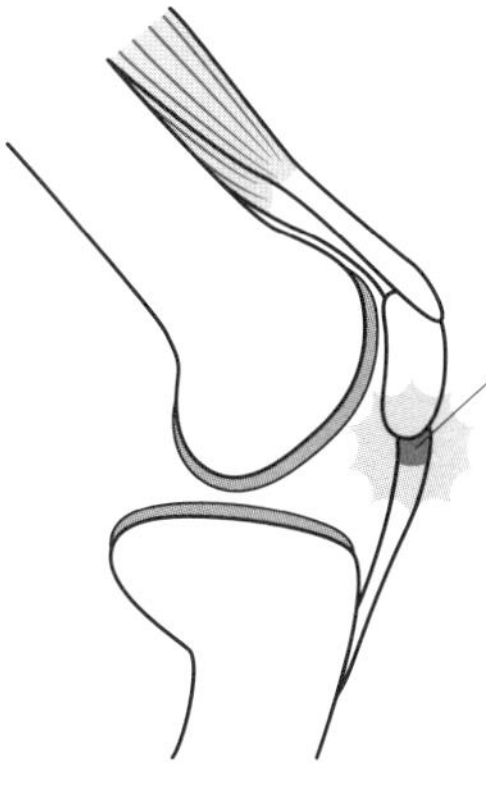

大腿四頭筋、膝蓋骨、膝蓋腱が連続していて膝関節を伸ばす作用がある。ジャンパー膝では、この部位に炎症が起き、痛みを生じる。

買い替えた経験がある人もいると思います。
　人間の体もまったく同じで、硬い膝蓋骨に柔らかい大腿四頭筋や膝蓋腱が付着する部分に負荷が集中してしまいます。そして、このためにこれらの付着部に炎症性疼痛が生じるというわけです。大腿四頭筋は膝蓋骨、膝蓋腱に連続していて、このため大腿四頭筋が収縮すると膝蓋骨、膝蓋腱に牽引力が作用して膝が伸びます。そこで大腿四頭筋にタイトネスがあると膝蓋骨上下に強い牽引力を加えてしまい、結果的に炎症を同部に生じてしまいます。ここに過剰な牽引力が作用しないように大腿四頭筋のストレッチが重要になります。このようにしてジャンパー膝の膝痛は予防できます。

大腿四頭筋のストレッチを行うことでジャンパー膝が予防できる。

【ランナー膝】

　ランナー膝は太ももと膝の外側に走行している腸脛靭帯の炎症で腸脛靭帯炎とも呼ばれています。この靭帯は脛骨（すねの骨）の近位外側に付着しているため、脛骨が内旋（内側にねじれること）することで牽引され、その際に牽引力で靭帯に炎症を生じたり、ピンと張った靭帯が大腿骨の外側にこすれて炎症を生じたりするとされています。特にランナーでは地面に足を着くたびに足の縦アーチ（土踏まず）が衝撃でつぶれ、そのときに脛骨の内旋が起こります。また、膝の曲げ伸ばしを繰り返すために腸脛靭帯が大腿骨の前後に移動し、そのたびにこすれるために炎症が起こりやすいです。

このような機序で生じるため、腸脛靭帯そのものをストレッチポールなどでケアして柔軟性を獲得するのも予防になりますし、足の縦アーチがつぶれて脛骨が内旋しないようにインソールを使用するのも予防になります。

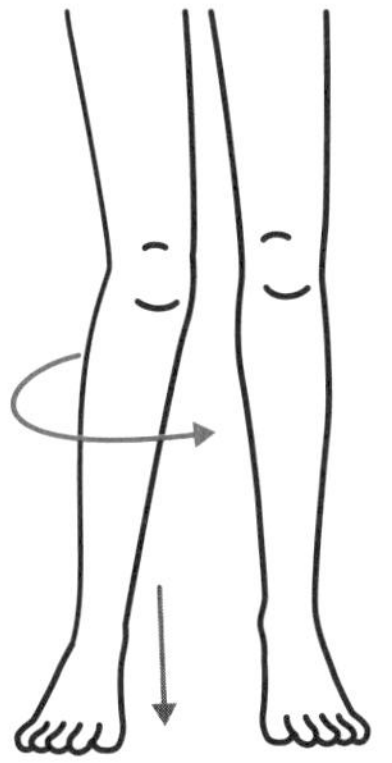

足部の縦アーチがつぶれて偏平足になると脛骨は内旋する

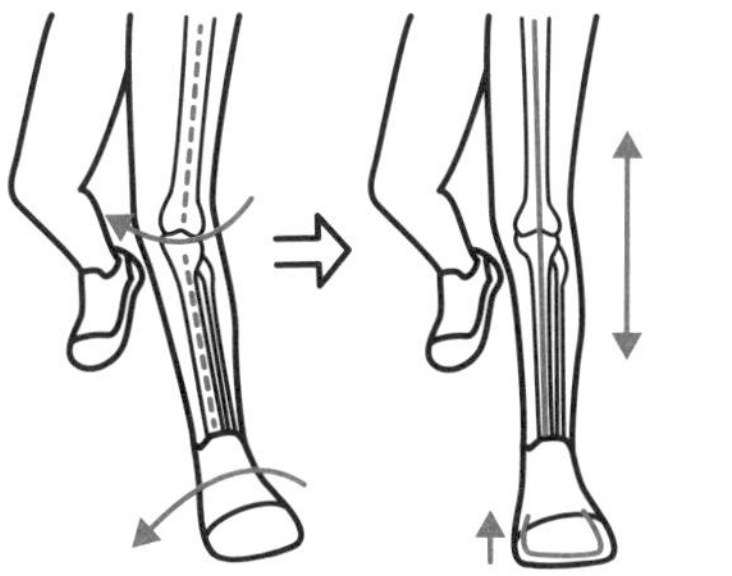

足の縦アーチをサポートするためのインソール

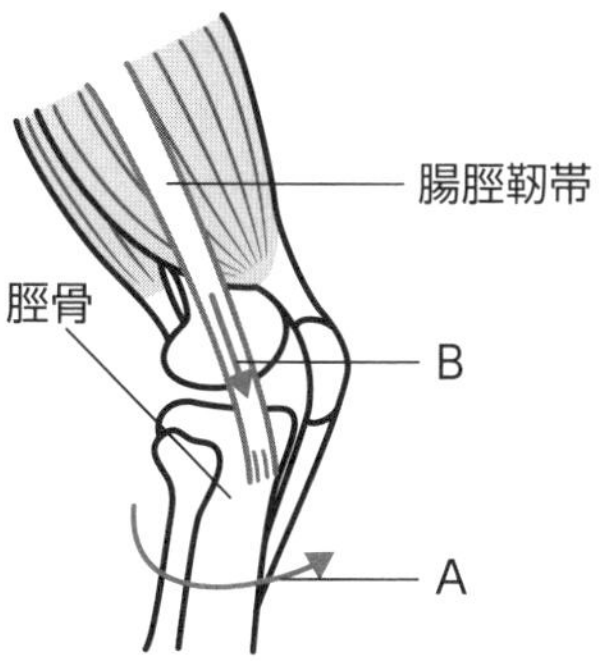

脛骨が内旋(A)すると腸脛靭帯に牽引力が作用する(B)

LET'S TRY
やってみよう

膝痛予防のための

エクササイズ

クアッドセッティング

目標／片脚 15 ～ 20 回× 2 セット

やり方

❶背筋を伸ばした長座姿勢になり、膝の下にバスタオルを丸めて置きます。
❷足首にしっかりと力を入れ、つま先を上に向けます。
❸膝の裏でタオルをしっかり押し込み、踵が床から浮くように力を入れます。この状態を 5 秒キープし、15 ～ 20 回繰り返します。これを 1 日 2 セットを目標に行いましょう。

POINT

・肩の力を抜き、背筋は伸ばすようにする。
・膝が浮いたり、腰を反らせたりしないように意識する。
・膝の前内側の筋肉に力が入っていることを確認しながら行う。

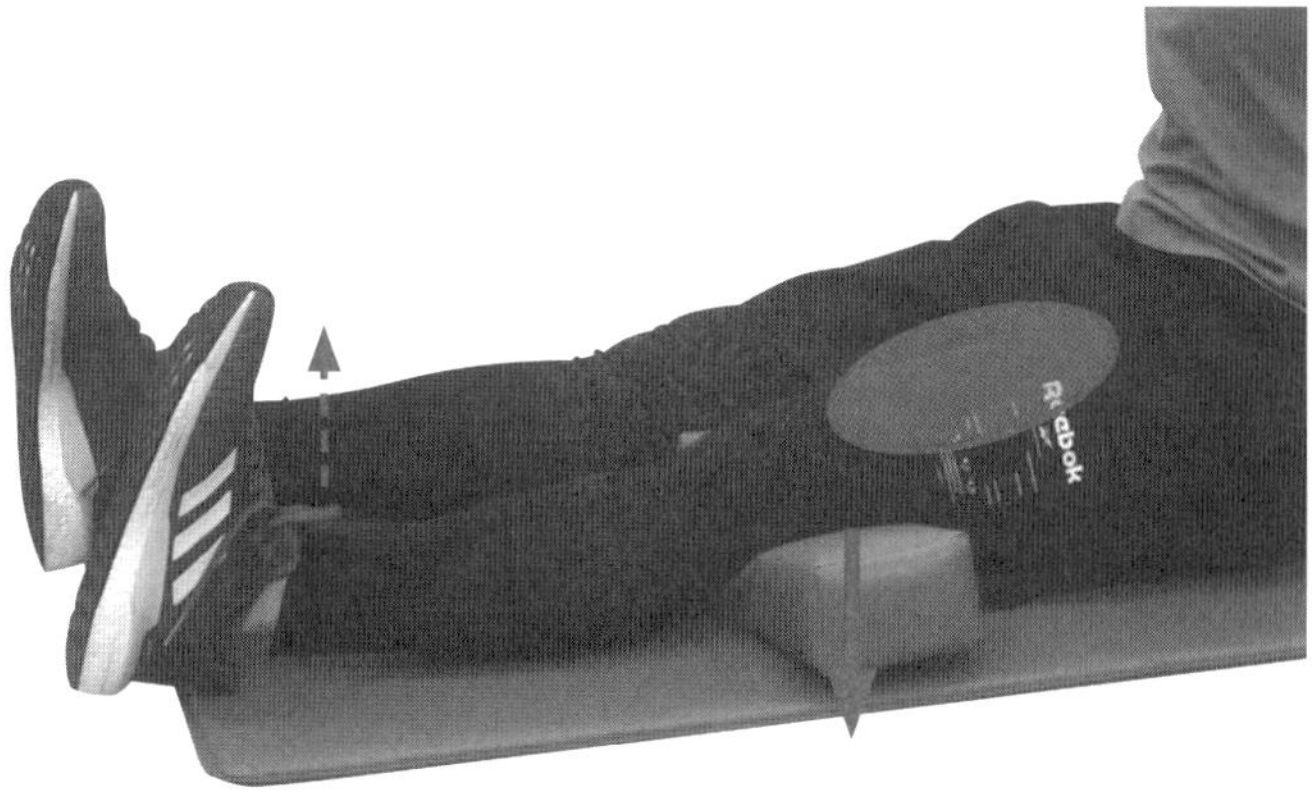

NG

評価ポイント

・背中が丸まる。
・肩が力む。

SLR

目標／片脚 10 ～ 15 回

1

2

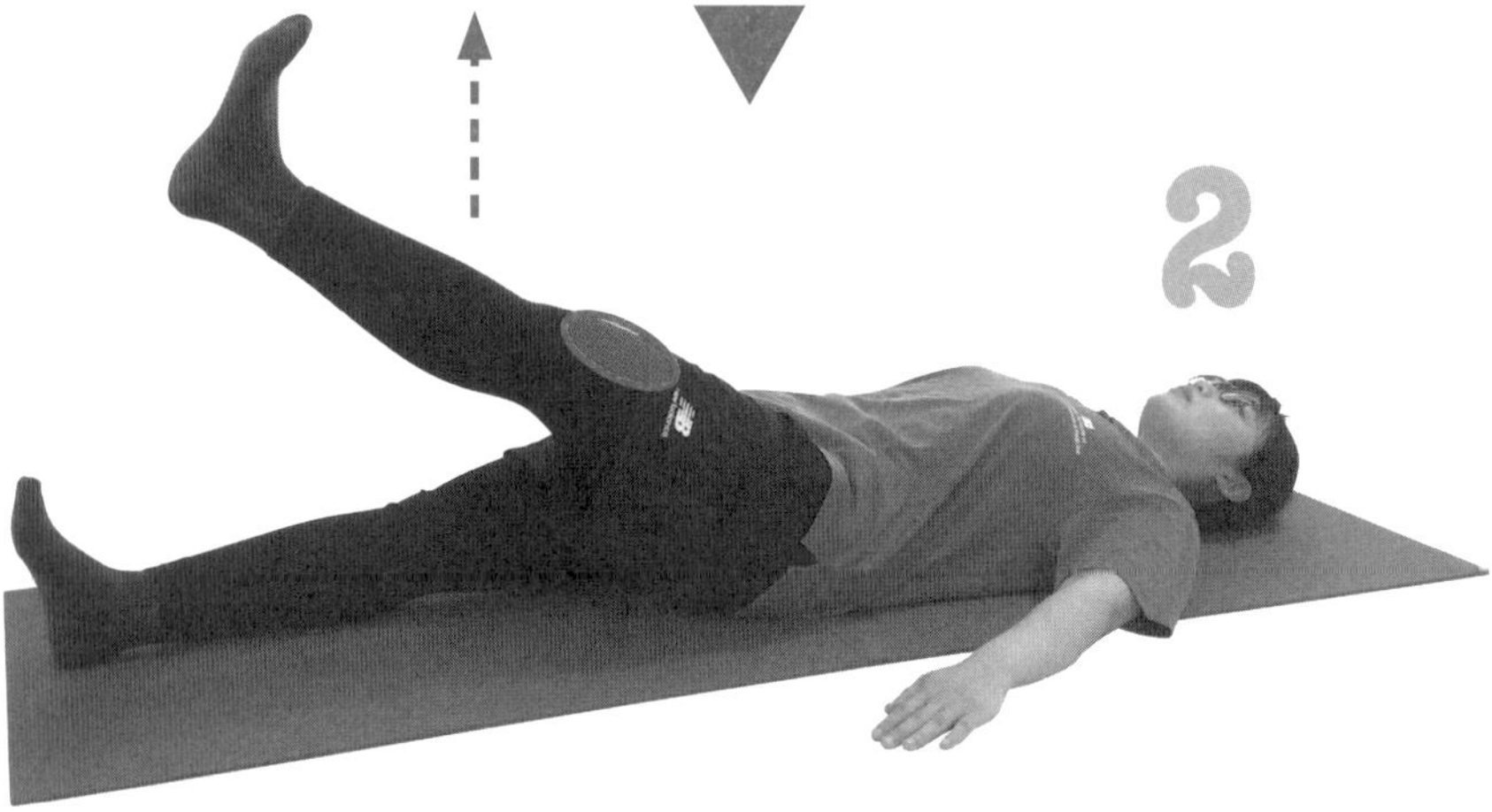

▸やり方

❶膝を伸ばし仰向けになります。
❷足首にしっかりと力を入れ、つま先を上に向けた状態で、膝を伸ばしたままゆっくりと脚を持ち上げていきます。
❸大腿表の筋に力が入っているのを確認しながら１～２秒キープし、ゆっくりと下ろします。
❹これを 10 ～ 15 回行いましょう。

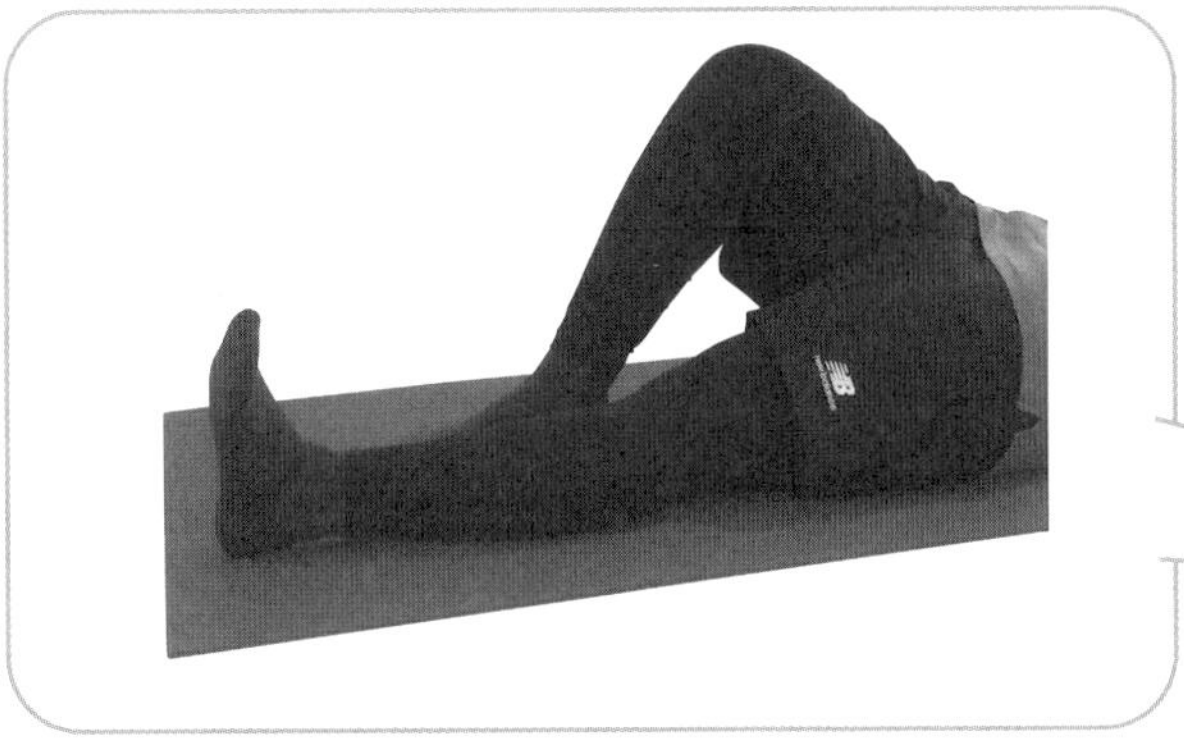

注意点

腰に痛みが出る場合は、運動しない側の膝を曲げて行ってみてください。

POINT

- 脚を持ち上げていくときに、膝が曲がらないようにする。
- 腰が反ったり、骨盤が浮いたりしないように注意する。

NG

- 膝が曲がる。
- 腰が反る。
- 背骨が浮く。

評価ポイント

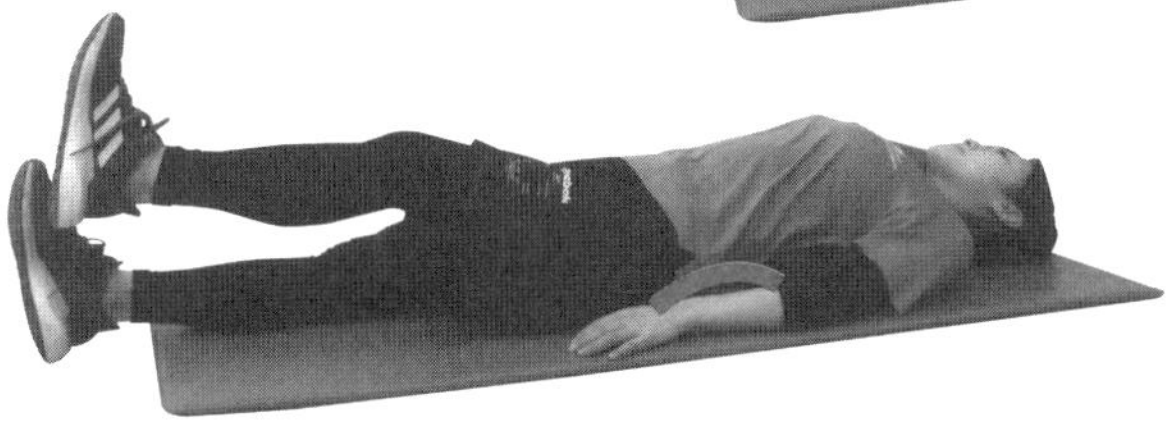

クラムシェル

目標／片脚 10 ～ 15 回

1

スタートポジション

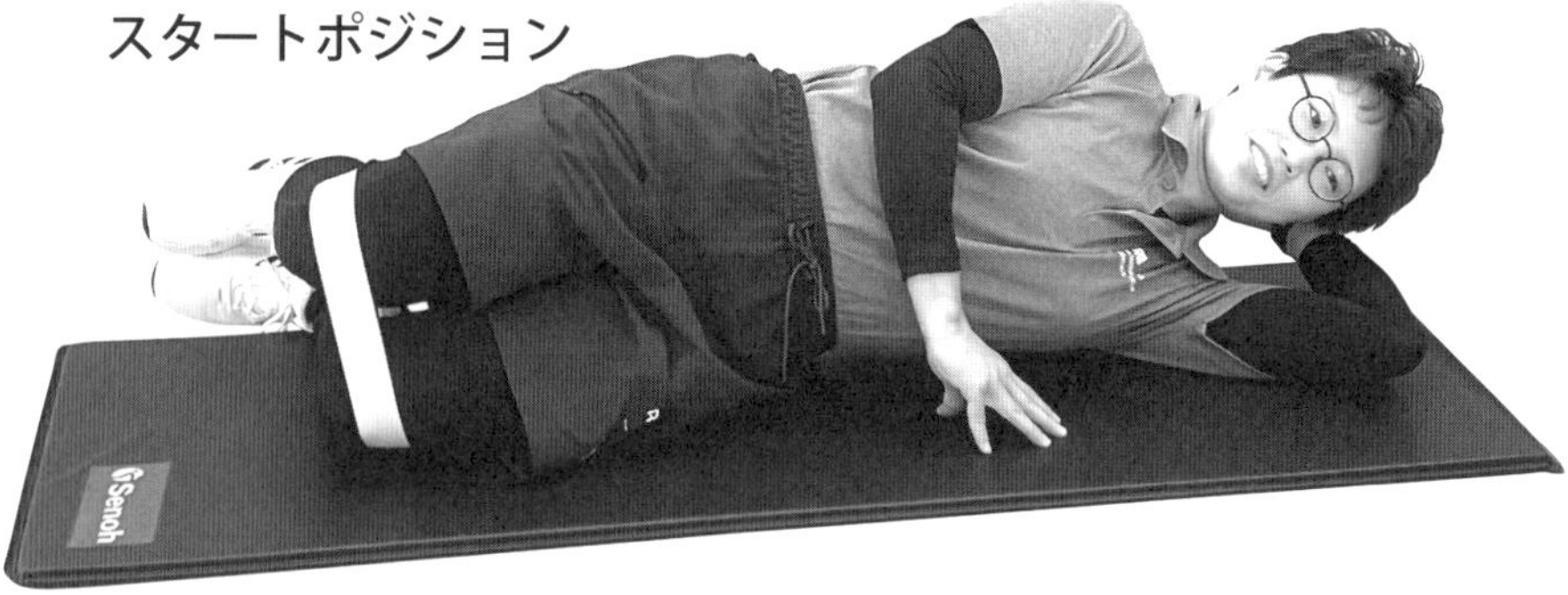

2

膝を開く

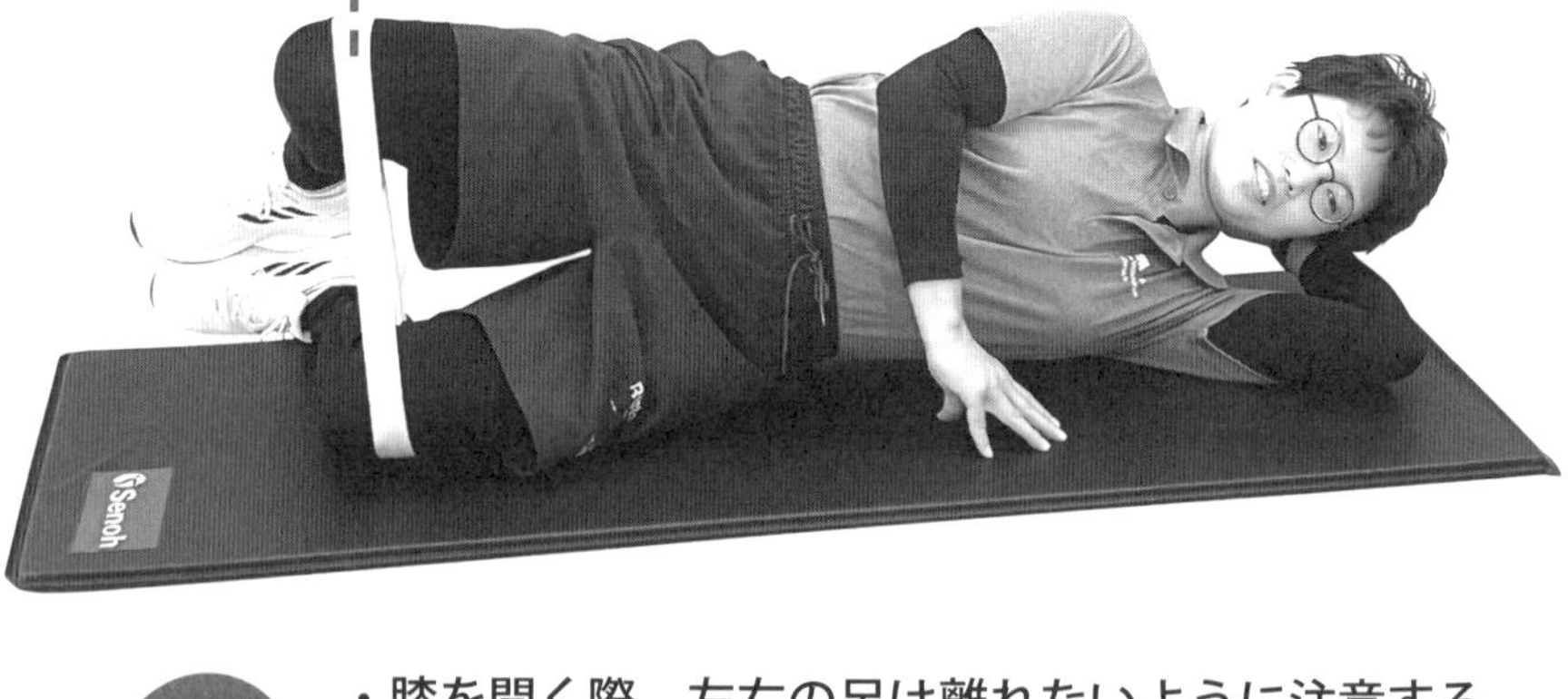

POINT

・膝を開く際、左右の足は離れないように注意する。
・膝を開くと同時に、骨盤が後ろに倒れないように意識する。
・上側の手でしっかりと床を支える。

▸やり方

❶チューブを膝の上に巻き、膝を 90 度くらいに曲げて横向きになります。
❷足首・股関節・肩・頭を一直線にします。
❸ここからゆっくりと貝殻が開くように上側の膝を開いていきます。
❹上まで上げきったら、ゆっくりと脚を閉じていき、スタートポジションまで戻ります。
❺これを 10 ～ 15 回行いましょう。

NG
評価ポイント

・膝を開くときに骨盤も一緒に後ろへ倒れてしまう。

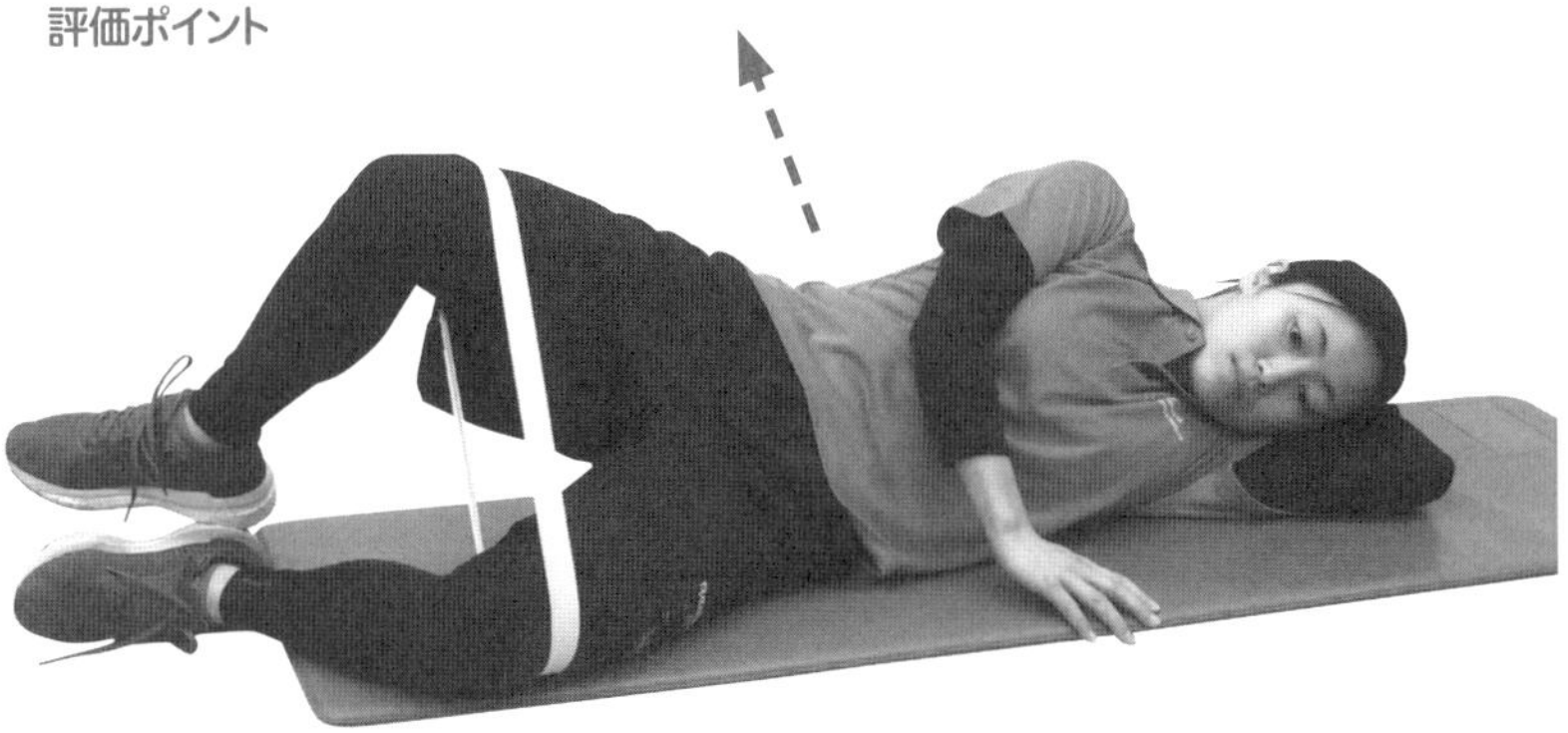

チェアスクワット

目標／10～15回

POINT

・左頁のNGのような動きにならないように、注意する。
①つま先は正面を向いているのに対して、膝が内側に入っており、膝にねじりが生じている。
②つま先が外を向いているのに対して、膝が正面もしくは内側に入っており、膝にねじりが生じている。
③体重が左右均等でなく片側に偏ってかかっている。
④背中が丸まり、腰部や背中に負担のかかった姿勢となっている。

3

▶やり方

❶足は肩幅に開き、背筋を伸ばして椅子に深く座ります。
❷足の幅はそのままで椅子からゆっくりと立ち上がります。
❸背すじを伸ばしてしっかりと立ち上がって止まります。
❹これを 10 ～ 15 回行いましょう。

NG

評価ポイント

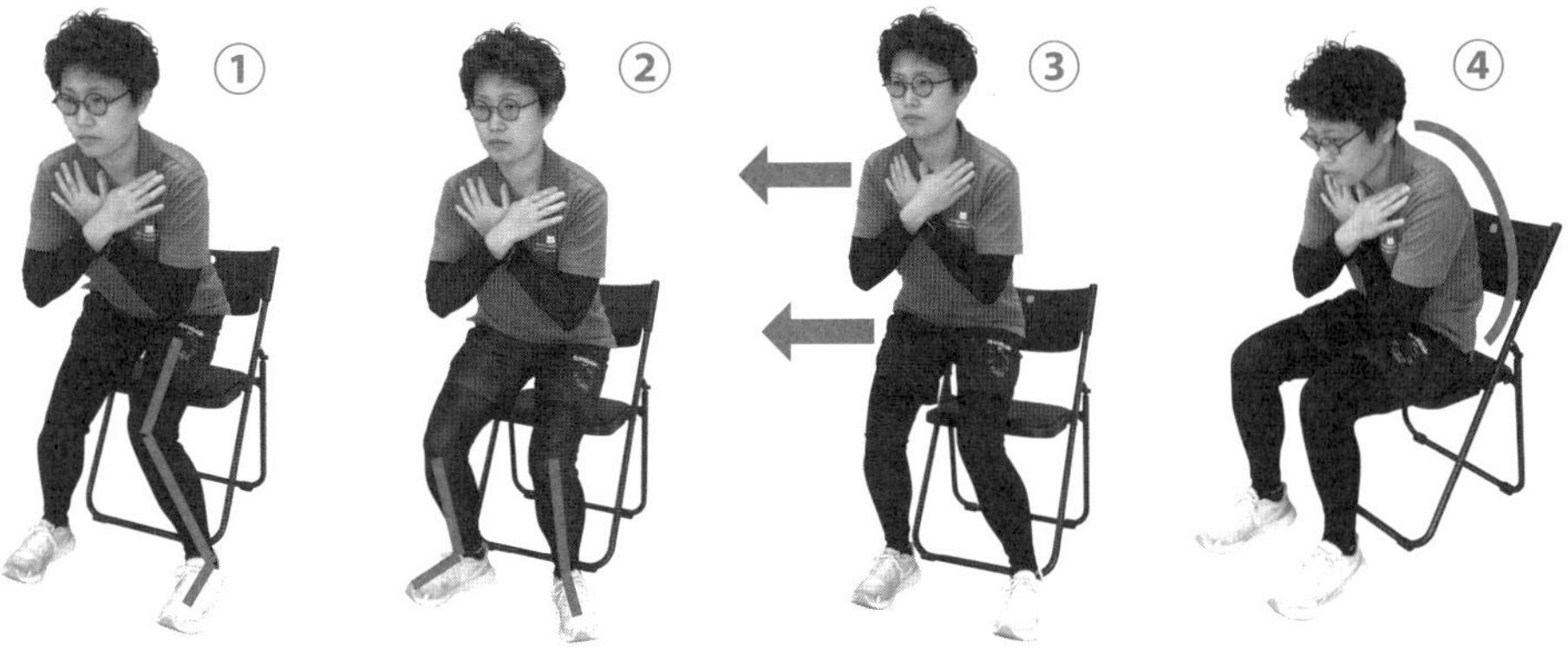

■ 肩こり予防

肩こりと一言にいっても症状は様々ですが、ここでは僧帽筋《そうぼうきん》や肩甲挙筋《けんこうきょきん》の部分に張りやコリ、痛みがある症状を肩こりと定義してお話し、首の疾患からくる神経症状や頸部の筋緊張からくる後頭部の痛み、頭痛などについてはここでは言及しないこととします。

◆最大の原因は上肢の重量を僧帽筋、肩甲挙筋が支えようと働きすぎること

では、なぜ肩こりが生じるかということからお話したいと思います。このことがわかると肩こりを予防するために何が重要なのか、おのずとわかってくると思います。

肩こりが生じる最大の原因は上肢（上腕や前腕、手）の重量を僧帽筋、肩甲挙筋が支えようと働きすぎて炎症が起きるためです。では、なぜ僧帽筋と肩甲挙筋に過剰な負荷が加わってしまうのでしょうか？

上肢は肩甲骨を介して胸郭（肋骨）に連結していますが、本来この肩甲骨を安定させる筋として重要なのは僧帽筋や肩甲挙筋のように肩甲骨を上方に引き上げる筋以外にも肩甲骨の内側にある菱形筋《りょうけいきん》や肩甲骨を前方に引き寄せる前鋸筋《ぜんきょきん》といった筋などもあります。それが姿勢が不良にな

り、背中が丸まり、猫背になり、肩甲骨が前方に傾いてしまうと菱形筋、前鋸筋が作用できず、結果的に僧帽筋や肩甲挙筋でのみ肩甲骨を安定させようとして、上肢の重みがすべてこれらの筋にかかってしまいます。そしてさらに、もとをただすと姿勢が不良になって背中が丸まる大きな原因は体幹筋力の低下です。このため、肩こりの症状に悩まされている人が最初に取り組まなければいけないのは姿勢改善、そして体幹筋強化です。この体幹が働かないと肩甲骨が安定しない、という現象を実感するために次のことを試してみてください。

- まず椅子に座って、わざと腰を丸めた姿勢で背もたれに背中を付けてみてください。肩甲骨を互いに引き寄せて胸を張ろうとすると変な感じがして胸が張れないですよね。

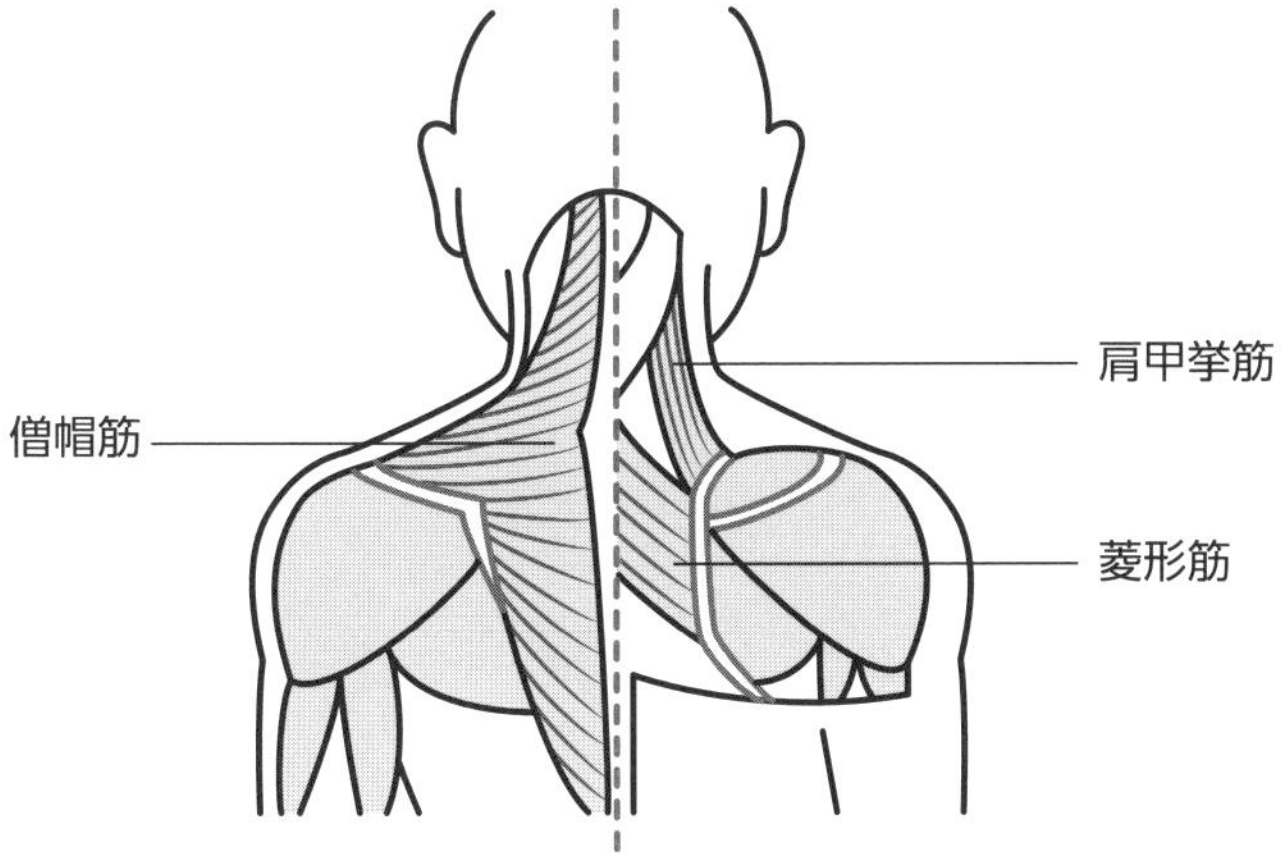

・今度は椅子に浅く座り、少し骨盤を前に傾けた（おへそを前方に突き出すようにして）姿勢をとってみてください。胸が張りやすく、肩甲骨同士が寄せやすいことを実感できますよね。

このため、肩こりのひどい人はまずは姿勢改善、体幹強化から始めましょう。それには、例えば両肘と両つま先をついて体を一枚の板のように安定させるプランクや、横向きで肘と足をついてお尻を浮かせた状態で体幹を一枚の板のように安定させるサイドプランクなどがおすすめです。

◆次のステップは菱形筋、前鋸筋のトレーニング

体幹トレーニングができてきて、普段の姿勢も意識できるようになったら、いよいよ菱形筋、前鋸筋のトレーニングを行うと良いでしょう。これらの筋のトレーニングの方法はいろいろとありますが、これらの筋肉の使い方を忘れてしまっている人には、次の方法をおすすめしています。

まず肩を上にすぼめて、次に肩をすぼめたまま肩を後ろに引き、最後に肩を後ろに引いたまま下げる、という「回り道」をして菱形筋の下の方の線維を重点的に収縮させる方法です。その際、肩甲骨を後ろに引き寄せるために腕で肩甲骨を後ろに「押す」形をとってしまう人がいますが、これでは菱形筋が使えていないので良くありません。肘を体の横、もしくは前で手を組んだ状態

で肩甲骨を後ろに引き寄せるのが大切です。

図1のように、まず肩をすぼめ、ついで肩甲骨を後ろに引き寄せ、最後に後ろに引き寄せた肩甲骨を引き下げる、という順番で行うと菱形筋や前鋸筋が意識しやすいです。この際、両腕は体の横に自然に垂らすか、両手を体の前で組むのが良いでしょう。

図2のように肘を後ろに引くことで肩甲骨をお互いに「押し付ける」ような運動では肩甲骨の内側にはっている菱形筋のトレーニングになりません。

ここまでお話したように体幹筋の強化ができて、姿勢が改善して、肩甲骨がお互いに引き寄せられるようになると、肩甲骨を含めた上肢の重みが、菱形筋、前鋸筋、僧帽筋、肩甲挙筋というように多くの肩周りの筋肉に分散します。その結果、僧帽筋や肩甲挙筋に負担が加わりすぎることにより生じる肩こりが予防できます。

【図1】

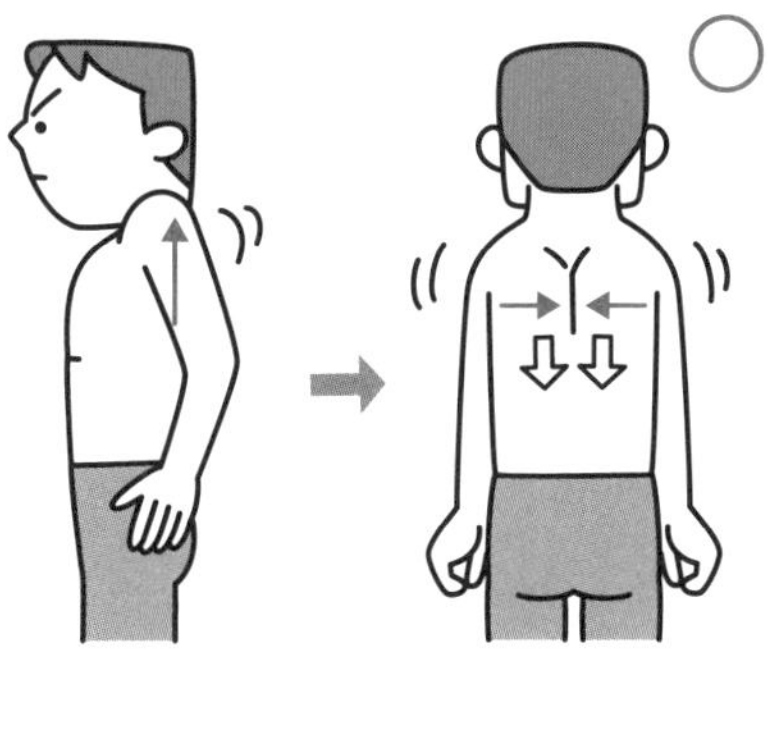

【図2】

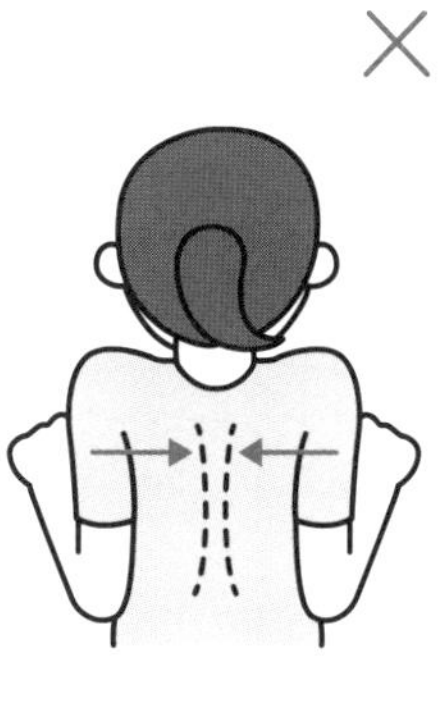

LET'S TRY
やってみよう

肩こり予防のための
エクササイズ

Cat-Cow エクササイズ

目標／10回

▸やり方

❶肩の真下に手首、股関節の真下に膝がくるような四つ這いの姿勢になります。

❷息を吸いながら、お尻を天井の方に突き出すイメージで肩甲骨を寄せながら胸を開いていきます。目線は天井へ向けていきます。

❸次に、息を吐きながら両手のひらで床を押し、肩甲骨は左右に開くイメージで背中を丸くしていきます。この際、目線はおへそを覗き込むようにします。

❹呼吸にあわせて 10 回行いましょう。

POINT

- 首や肩に過剰な力を入れず、リラックスして行う。
- 脊柱の曲線が均一になるように意識する。
- 肩甲骨と骨盤を意識し、スムーズに動かしていく。
- 呼吸のタイミングが逆にならないように気をつける。

NG

評価ポイント

- 肩に力が入る。
- 肘が曲がる。

- 肩に力が入る。
- 肘が伸びすぎる。

チェストクローズ＆オープン

スタートポジション

目標／15回

▶やり方

❶肩の力を抜きリラックスした状態で立ちます。
❷下を向きながら肩甲骨を引き離すイメージで両腕を身体の前で交差させます。
❸肩甲骨を引き寄せ胸を開くイメージで顔を上に向けながら両腕を左右に広げていきます。
❹肩甲骨の動きを意識しながら、呼吸を止めずにスムーズに行いましょう。
❺これを15回行いましょう。

POINT

・肩の力は抜きリラックスする。
・胸の筋肉の伸び縮みと、肩甲骨の動きを意識する。
・胸を開く際に腰を過度に反らせないように注意する。

○

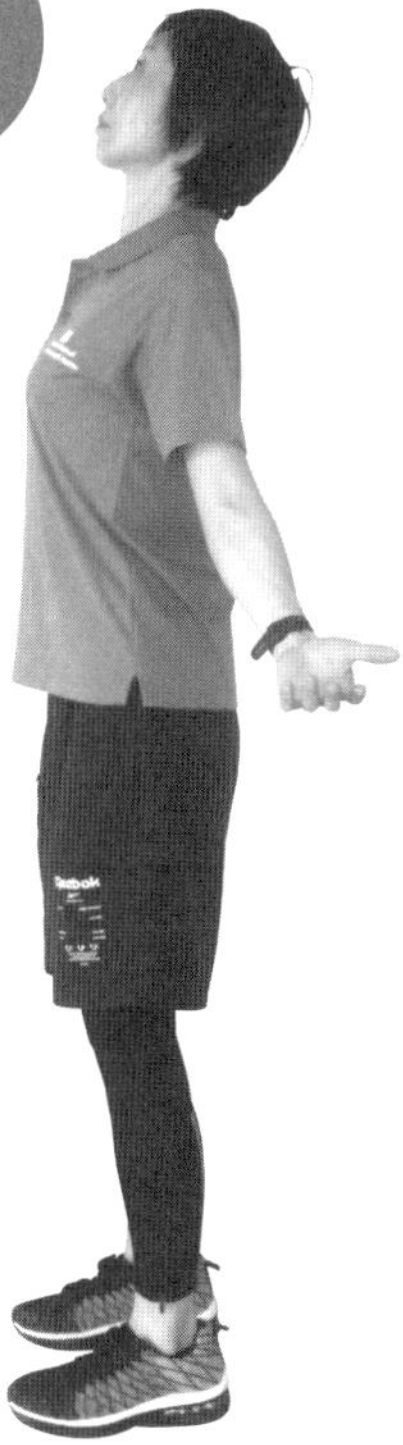

NG

評価ポイント

・膝が曲がり胸を開く際に腰が反る。

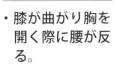

肩甲骨アームツイスト

目標／ 10 ～ 15 回

▸やり方

❶肩の力を抜いてリラックスして立ちます。
❷肘を 90 度を目安に曲げ、上げた手の甲と下げた手のひらで後ろの壁を押すように左右の腕を交互に上下させていきます。
❸これを 10 ～ 15 回行いましょう。

POINT

・肩の力は抜いてリラックスして行う。
・肘の位置が下がりすぎないように意識する。
・上げた手のひらが正面を向くように意識する。

NG

評価ポイント

・肩がすくむ。

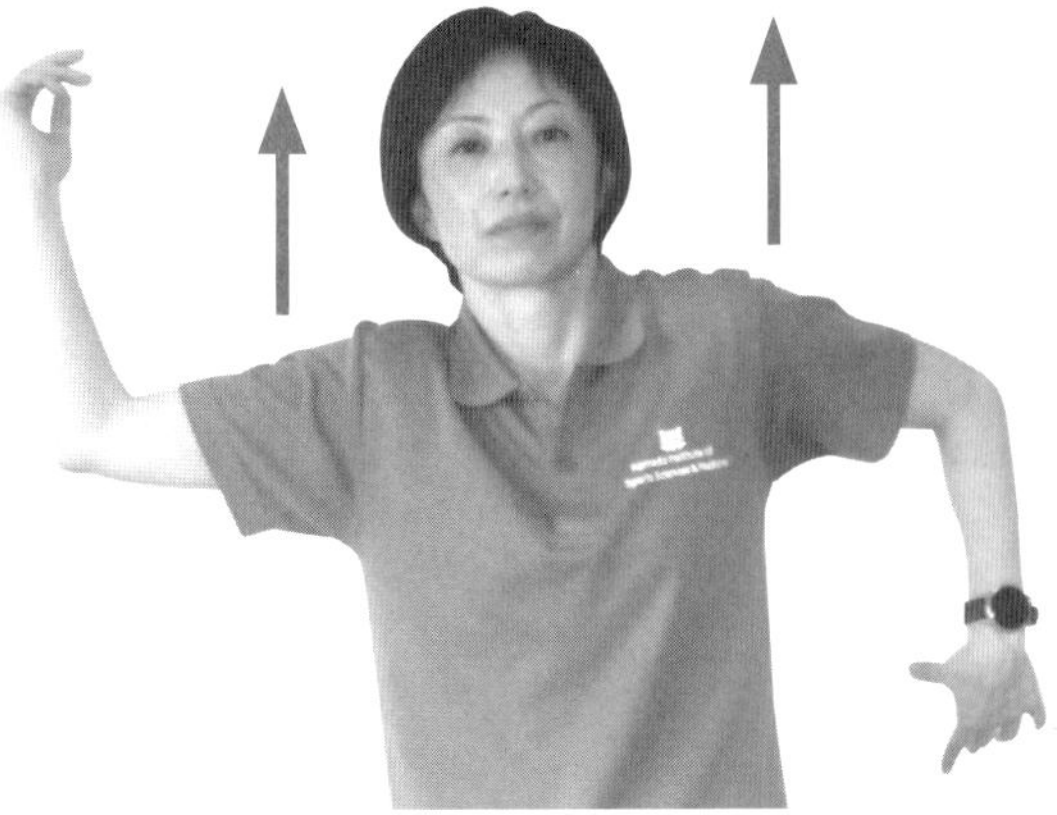

NG

評価ポイント

・肘が下がる。

チューブプルダウン

目標／15～20回

▸やり方

❶肩幅より少し広めでチューブを持ちます。
❷チューブを引っ張りながら肩甲骨を中央に寄せ、肘を体側につけるようにします。
❸肩の力を抜き、大きく息を吐きながら肩甲骨を寄せていきます。
❹これを 15 ～ 20 回行いましょう。

POINT

・腕でチューブを引くのではなく、背中を使うように意識する。
・手⇒肘⇒頭⇒肘⇒手で W を描くようなイメージで行う。
・チューブは頭ギリギリの場所で下ろしていく。
・背中を丸めたり、腰を反らせないように注意する。

NG
評価ポイント

・肩が力む。
・背中が丸まる。

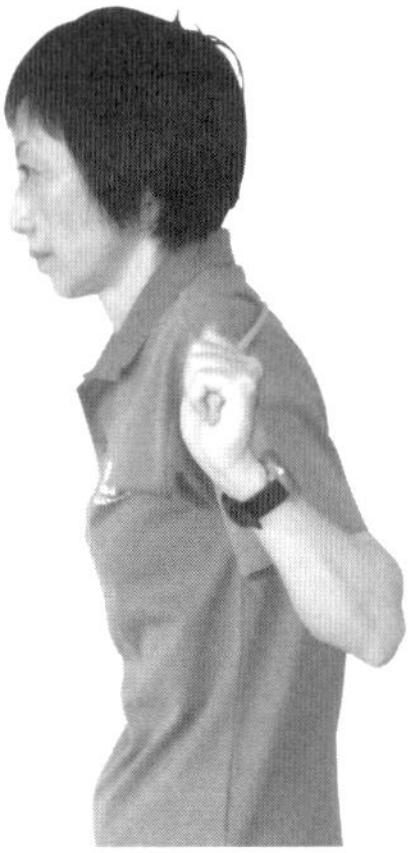

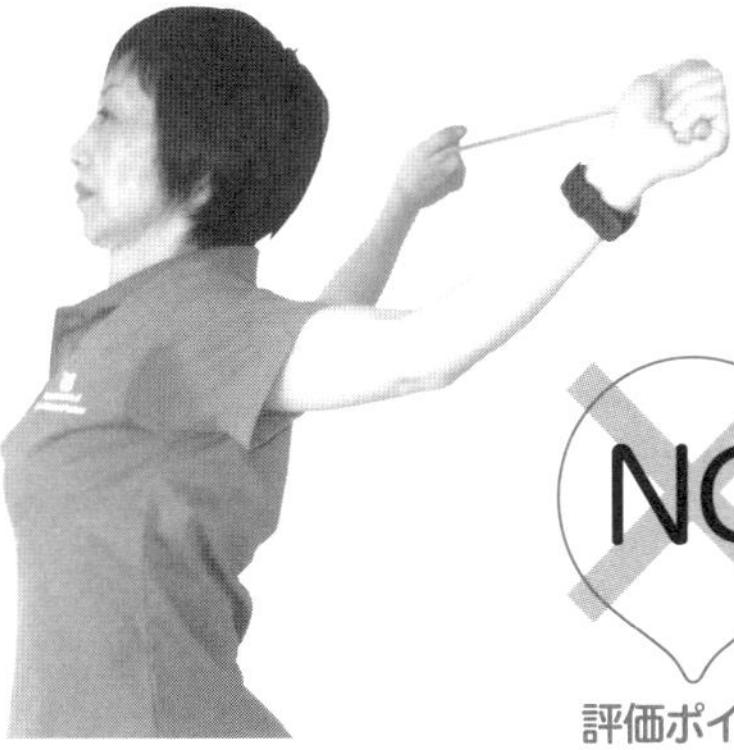

NG
評価ポイント

・腰が反る。
・チューブが体から離れすぎる。

タイプⅢ

スポーツ愛好家向け

日頃から体を動かしているスポーツ愛好家の場合、より高い効果を得るための運動を望まれると思います。

そこで、そんな人に向けて

- 筋力向上
- 持久力向上
- スピードアップ

の３つの目的に合うエクササイズをご紹介します。

■筋力向上：筋力トレーニングについて

「筋力トレーニング」は「レジスタンストレーニング」や「ウエイトトレーニング」などとも呼ばれますが、広く一般的には「筋トレ」と呼ばれることが多いのではないでしょうか？

この筋トレはアスリートがトレーニングの一環として行うだけではなく、近年では、一般の人も健康増進や疾病予防のために行う機会が増えてきました。そこで、まず筋力向上についてお話していきます。

◆筋力とは筋肉が発揮できる力のことで、身体運動の原動力

そもそも筋力とは何でしょうか？

筋力とは筋肉が発揮できる力のことで、身体運動の原動力とされています。筋力は筋肉の横断面積（筋線維の太さ）に比例することが生理学的に証明されており、筋肉の横断面積が大きくなる（筋肉が太くなって筋肉量が増える）と、それに比例して筋力が向上します。筋トレは、一般的にこの筋力を鍛えることを目的としています。

ここで、筋力と似ている概念について整理をしておきましょう。

●パワー……パワーは、筋力を速いスピードで発揮することを示します。

●ストレングス……ストレングスは、筋力とほぼ同じ意味を示します。筋肉が発揮できる力を示すので、その力が発揮される速度は含まない概念です。

●筋持久力……筋持久力は、筋肉が長い時間働き続けられる力を示します。すなわち筋肉のスタミナを示す概念です。

◆目的を明確にした方が効果的に行える

筋トレでは、下記の5つのトレーニング条件を設定することで、筋力を向上させるのか、パワーを向上させるのか、筋持久力を向上させるのか、筋肥大をさせたいのかなど調整することができます。

スポーツの種目やポジション、競技レベルによって、筋トレの目的は異なります。筋トレを行う際は、まず目的を明確にし、その目的に応じたトレーニング条件を設定することで効果的な筋トレを行うことができるでしょう。

5つのトレーニング条件

1．どれくらいの負荷をかけるのか

2．連続して何回繰り返すのか

3．セット間にどれくらい休息するのか

4．合計何セット行うのか

5．1週間に何日トレーニングするのか

また、加齢に伴い筋力（ストレングス）やパワー、筋持久力は低下しますが、特にパワーが衰えやすいとされます。パワーは低下すると、椅子から素早く立ち上がることが難しくなったり、転びそうになったときに転倒を回避するために瞬発的に力を発揮することが難しくなったりします。パワーを向上させたい場合は、数週間重点的に筋力（ストレングス）を強化したら、すばやく体を動かすメニューを取り入れると良いでしょう。

目的に応じたトレーニング条件の目安

トレーニングの目的	負荷強度＋反復回数＋セット間休息（インターバル）	セット数	週頻度
最大筋力の増加	高強度＋低回数＋長インターバル	3〜5セット	週1〜2回（筋肉の回復に時間がかかるため、頻度は少な目に）
筋肥大と筋力強化の両方	中強度＋中回数＋短インターバル		
筋持久力の増加	低強度＋高回数＋短インターバル	2〜3セット	週2〜3回

◆筋肉は老化に抗うことができる唯一の器官

筋肉には４つの役割があります。筋トレは、筋肉の負荷をかけることで、この４つの役割の能力を向上させることができます。

筋肉は20歳代から徐々に減少し、40歳をこえると減少のスピードが高まることが知られています。しかし、同時に「筋肉は老化に抗うことのできる唯一の器官」とも言われます。筋トレが必要なのはアスリートだけではありません。筋トレをすることで４つの役割を向上させることができるのです。

１つ目の身体を動かす機能を向上させることで、階段昇降や荷物の持ち運びなどの日常生活がより楽に行えるようになります。また、筋トレは2型糖尿病などの生活習慣病を予防・改善したりする効果も証明されています。ただし、個人差はありますが、息をこらえて高重量を上げるような無酸素運動を行うと血圧が急上昇するため、特に高血圧の方は注意が必要です。筋力トレーニングは決して無理をせず、正しいフォームで呼吸を止めずに行うことが安全に実施するポイントです。スポーツにおけるパフォーマンス向上やケガの予防だけでなく、健康な身体を作り維持していくためにも生活の中に筋トレを取り入れていきましょう。

筋肉の４つの役割

1. 身体を動かす	2. 身体を守る（衝撃の吸収）
3. 熱を発生させる	4. 血液の巡りを助ける

■持久力向上

運動やスポーツなどの場面において、一定の負荷を長時間維持し続ける能力のことを持久力といいますが、2つの種類があるのをご存じですか？

持久力は、全身持久力と筋持久力の大きく2つに分類されます。全身持久力は全身の筋を動員して動かし続けられる能力で、心臓や肺の機能に起因するため心肺持久力とも言われます。一般的に「スタミナがある」と表現されるときは全身持久力が高いことを指しています。これに対し、筋持久力とは特定の筋肉が一定の力を発揮し続けられる能力です。ここでは、全身持久力についてお話しします。

◆全身持久力を高めることで、ある一定強度の運動をより長い時間継続できる

全身持久力の鍵となるのは①酸素摂取能力、②呼吸循環器系能力、そして③筋の代謝能力の3つです。

これらの能力を高めることで、身体がある一定強度の運動をより長い時間継続できるようになります。

持久力の評価指標は最大酸素摂取量やAT（無酸素性作業閾値）／LT（乳酸性作業閾値）とされており、これらの数値をもとにトレーニング効果を出すために重要な強度を設定していきます。

しかし、これらの測定には専門的な機器が必要になってきます。そのため、特別な機器を用いずに、心臓が1分間に拍動する回数を示す心拍数を使って強度を設定する場合も多いです。

その際に用いられるのが目標心拍数です。年齢と安静時心拍数を考慮した「カルボーネン法」を用いると、簡単に目標心拍数を計算することができます。しかし、心拍数は極めて個人差が大きいということを理解しておく必要があります。

カルボーネン法は、1分間の安静時心拍数から自分の目標とする心拍数（目標心拍数）を割り出し、運動強度の目安とする表示法のひとつです。年齢と安静時

全身持久力の決定要因

酸素摂取能力

酸素を体内に取り込む能力。

→1分間当たりに体内に取り込む酸素の最大値を最大酸素摂取量といいます。

呼吸循環器系能力

必要な酸素を体内に取り込み、それを体中の筋肉に運ぶ能力。

筋の代謝能力

筋肉に運ばれた酸素を消費して、エネルギーを作り出す能力。

心拍数がわかれば、簡単に目標心拍数を算出することができます。カルボーネン法の特徴となるのが「予備心拍数」という概念です。これは心臓がどれだけ〝余分〟に働くことができるかの指標で、最大心拍数と安静時心拍数との差になります。最大心拍数は「２２０－年齢」という式で推測するのが一般的です。そのため、予備心拍数は「最大心拍数－安静時心拍数」で計算されます。この予備心拍数に何％の運動強度をかけるか設定することで目標心拍数を算出することができます。最大心拍数に関しては、「２２０－年齢」の式は単純で使いやすいのですが、個人差が大きいことが問題でした。そこで近年ではアメリカスポーツ医学会が２００７年に発表したより正確な予測式、「最大心拍数＝２０６・９－（０・67×年齢）」を推奨し始めました。実際には使いやすさと正確性のどちらに重きを置くかで予測式を選択する必要があります。高齢者の

カルボーネン法による「目標心拍数」の計算式

目標心拍数

＝

（最大心拍数－安静時心拍数）× 目標運動強度（％）

＋ 安静時心拍数

トレーニングには正確性が求められますが、リスクの低い健康な一般人やスポーツ愛好家の全身持久力向上トレーニングのためには、「220−年齢」の式が取り入れやすいでしょう。

個人差はありますが、目標強度の目安は一般的に次のようにされています。（運動処方の指針第8版）

1．健康維持のため……40％〜55％
2．シェイプアップのため……60％〜70％
3．一般の人の全身持久力アップのため……65％〜80％
4．スポーツ選手の全身持久力アップのため……70％〜85％

ひとつ具体的に例をあげてみましょう。

・年齢30歳の既往歴のない健康な会社員
・安静時心拍数……52拍／分
・趣味であるランニングのタイムアップのための運動強度を70％に設定

この場合、予備心拍数が（220−30）−52で138拍／分となります。よって、目標心拍数は１３８×0.7＋52で１４８拍／分となります。つまり、１４８拍／分を目安にトレーニングを行うことで全身持久力の向上が期待されます。

◆自覚的作業強度を用いて強度を設定する場合も多い

有酸素運動の強度設定を行う際、心拍数を用いることは手軽で数値管理がしやすいですが、心拍数は個人差が大きく、体調や気温などにも影響を受けやすいとされています。また、心拍数を抑える薬を服用している場合は注意が必要です。そのため、個人の「きつさ」の度合いを点数化する自覚的作業強度（ＲＰＥ：The Rating of Perceived Exertion）を用いて強度を設定する場合も多いです。ＲＰＥではきつさの度合いを「安静状態＝６点」とし、「最もきつい限界の状況＝20点」としています。

一般的には、生活習慣病の改善のためには11～13、シェイプアップのためには12～13が適するとされています。スポーツにおける全身持久力の向上のためには15～17などきつさの度合いが高い強度でトレーニングを行うことで心肺機能の向上が期待できるでしょう。ここ数年では心拍数計測機能付きウェアラブルデバイスも普及し、気軽に心拍数が計測できるようになってきました。全身持久力の向上には、個人の目的に応じた強度設定が効果的なトレーニングの鍵となります。心拍数やＲＰＥを活用しながら段階的に強度を上げ、トレーニング効果を確認してみてください。

RPE（自覚的作業強度）

きつさの自覚度	RPE	心拍数の目安 （拍／分）
限界	20	200
非常にきつい	19	190
	18	
かなりきつい	17	170
	16	
きつい	15	150
	14	
ややきつい	13	130
	12	
楽である	11	110
	10	
かなり楽である	9	90
	8	
非常に楽である	7	70
安静	6	60

■スピードアップ（速度・敏捷性・俊敏性の向上）

多くの運動や競技スポーツに要求される「スピード」（速さ）ですが、種目やポジションによって必要とされる「スピード」の質は異なるのをご存じですか？　例えば、100m走のスタートダッシュに必要なスピードとバスケットボールでディフェンスをかわしてパスを受けるためのフェイントのスピードは別物です。競技スポーツにおける「スピード」は加速、方向転換、減速の3つの能力が重要になります。

例えば、100m走であれば減速（停止）はなくタイムをできる限り短縮するための100%の速さを向上させることが求められます。これに対し、バスケットボールではスピー

スピードに関わる3つの能力

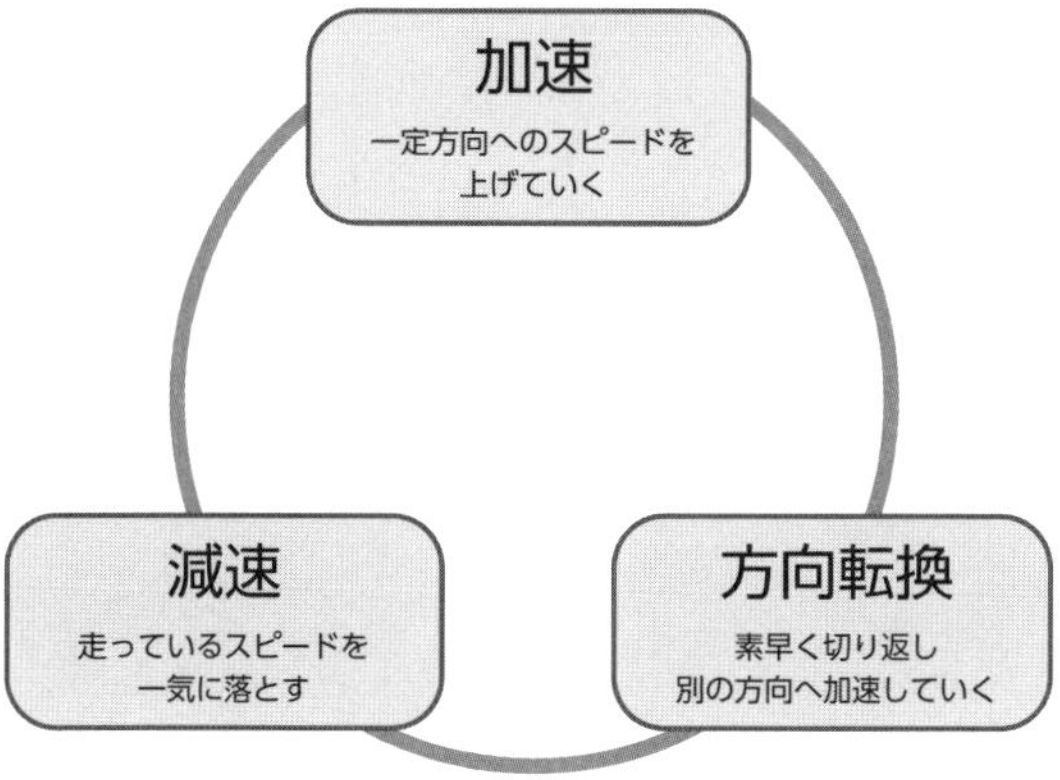
加速
一定方向へのスピードを
上げていく
減速
走っているスピードを
一気に落とす
方向転換
素早く切り返し
別の方向へ加速していく

ドや方向を自在に変化させることができるプレーにつながる速さや、リバウンドを取るために相手より素早くボールに反応し高く跳ぶという速さの向上が求められるでしょう。

そのため、スピードアップのためのトレーニングも筋力トレーニングなどと同様に、要求されるスピードの要素に焦点をあてたトレーニングが必要になります。

◆素早い動きを身に付けるためのＳＡＱトレーニング

１９９０年代前半にアメリカから日本に伝わった素早い動きを身に付けるためのトレーニング方法がＳＡＱトレーニングです。これは、スポーツにおいて求められる「速さ」を細分化し、Speed（スピード）・Agility（アジリティー）・Quickness（クイックネス）の大きく３つに分類して体系化したトレーニング方法です。この３つの要素の頭文字がＳＡＱになります。

ＳＡＱトレーニングはすべてのスポーツの土台となるすばしっこさ、バランス能力、柔軟性、コーディネーション能力（行動調整能力）などに代表される基礎能力を高めることを目的としています。各スポーツにおける専門の動きをするためには土台となる基礎的な動きの能力を築いておく必要があります。様々な器具を用いてＳＡＱトレーニングを多角的に行うことで基礎能力という土台を固めていくことができます。また、スポーツ種目やポジションによって必要とされる「スピード」の要素はかわってきます。専門的なスポーツパフォーマンス向上のためには、スピード、アジリティー、クイックネスのどの要素に焦点をあてるのかを意識してトレーニングすると、必要な能力をより効率的に伸ばすことができるでしょう。

「スピード」を向上させるためには、前項の柔軟性や筋力を高めていく必要があることを忘れてはいけません。ケガを予防しパフォーマンスを向上させるためには、それぞれの能力を単独で考えずバランスよくトレーニングするようにすることが重要です。

SAQ　各要素のイメージ

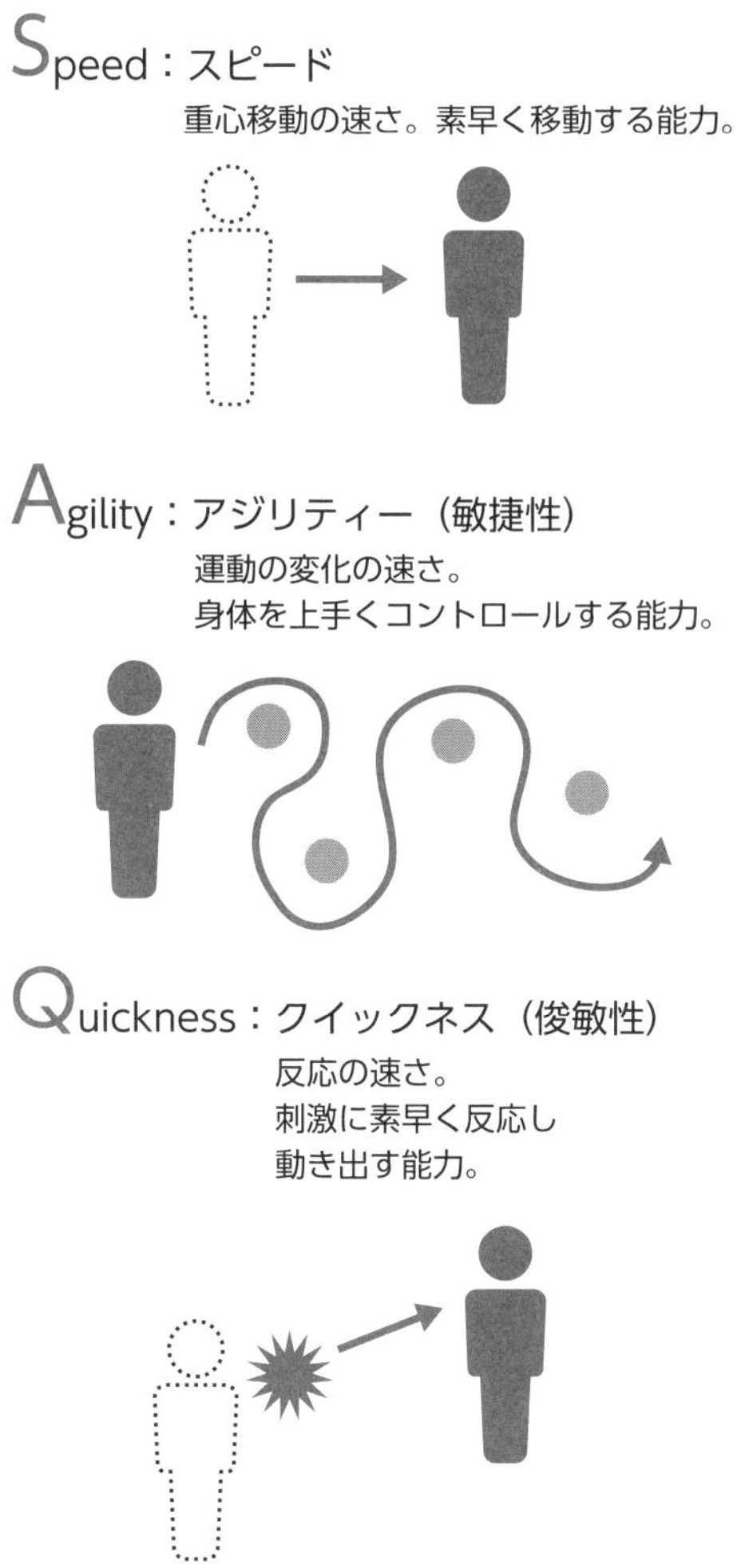
Speed：スピード
重心移動の速さ。素早く移動する能力。
Agility：アジリティー（敏捷性）
運動の変化の速さ。
身体を上手くコントロールする能力。
Quickness：クイックネス（俊敏性）
反応の速さ。
刺激に素早く反応し
動き出す能力。

LET'S TRY
やってみよう

スポーツ愛好家のための

体幹トレーニング

プランク手伸ばし（キープ）

目標／片腕 10 回

やり方

❶うつ伏せの状態から、肘を 90 度に曲げて、肩の真下になるように床につけます。このとき、膝と膝の間にボールを挟みます。ボールを挟むことで体が安定しやすくなります。
❷前腕、肘、つま先を地面につけて体を浮かせ、頭から踵までが一直線になるように姿勢をキープします。（プランク姿勢）
❸その姿勢をキープしたまま、片手を前に伸ばします。
❹伸ばした手は親指を上に向け、できるだけ肘を伸ばし耳の横まで引き上げるようにします。
❺息を止めずに自然な呼吸で、この位置で 3 秒キープします。
❻これを左右交互に 10 回行いましょう。

POINT

・肩は力を抜きリラックスする。
・背中や腰が丸まらないように意識する。
・肩と骨盤は床と平行になるように意識する。
・腕の力だけでなく、肩甲骨周囲の筋肉で腕を持ち上げてみる。

NG

評価ポイント

・背中が丸まる。
・腕が上がりきらない。
・肩が力んでしまう。

NG

評価ポイント

・肩と骨盤が平行を維持できない。
・腕を上げる際に肩から回旋してしまう。

かえるプランク

目標／左右交互に 20 回

▶やり方

❶うつ伏せの状態から、肘を 90 度に曲げて、肩の真下になるように床につけます。
❷前腕、肘、つま先を地面につけて体を浮かせ、頭から踵までが一直線になるように姿勢をキープします。（プランク姿勢）
❸その姿勢をキープしたまま、片側の膝を同側の肘に向かって引き寄せます。
❹引き寄せたまま 2 ～ 3 秒キープします。これを左右交互に 20 回行いましょう。

POINT

・肩は力を抜きリラックスする。
・背中や腰が丸まらないように意識する。
・肩と骨盤は床と平行になるように意識する。
・膝を肘に向かって引き寄せる際は、反動をつけないように。

NG

・背中が丸まる。
・頭が下がる。
・反動を使って脚を引き寄せる。

評価ポイント

グルーツサイドブリッジ

目標／片側 10 ～ 15 回

▶やり方

❶チューブを膝の上に巻き、膝を 90 度くらいに曲げて横向きになります。このとき膝から肩までが一直線になるようにします。
❷左膝を天井に向かって開き、左足首も膝と同じ高さになるように持ち上げます。
❸この姿勢をキープしたまま、右肘と右膝を支点に身体を持ち上げていきます。
❹しっかりと上まで上げきったら、その姿勢を 3 ～ 5 秒キープします。
❺これを 10 ～ 15 回行いましょう。

POINT

- 肩を痛めないように、肘は肩の真下にくるようにする。
- 肩から膝までは一直線、膝と足首は同じ高さをキープする。
- 肩の力は抜き、しっかりと胸を張るようなイメージを意識する。

NG

評価ポイント

- 肘が肩の位置より頭側にあり、肩に負担がかかる。
- 股関節が曲がり、膝が肩よりも前に出てしまう。

オブリーク トータッチ

目標／片側 8 ～ 10 回

1

スタートポジション

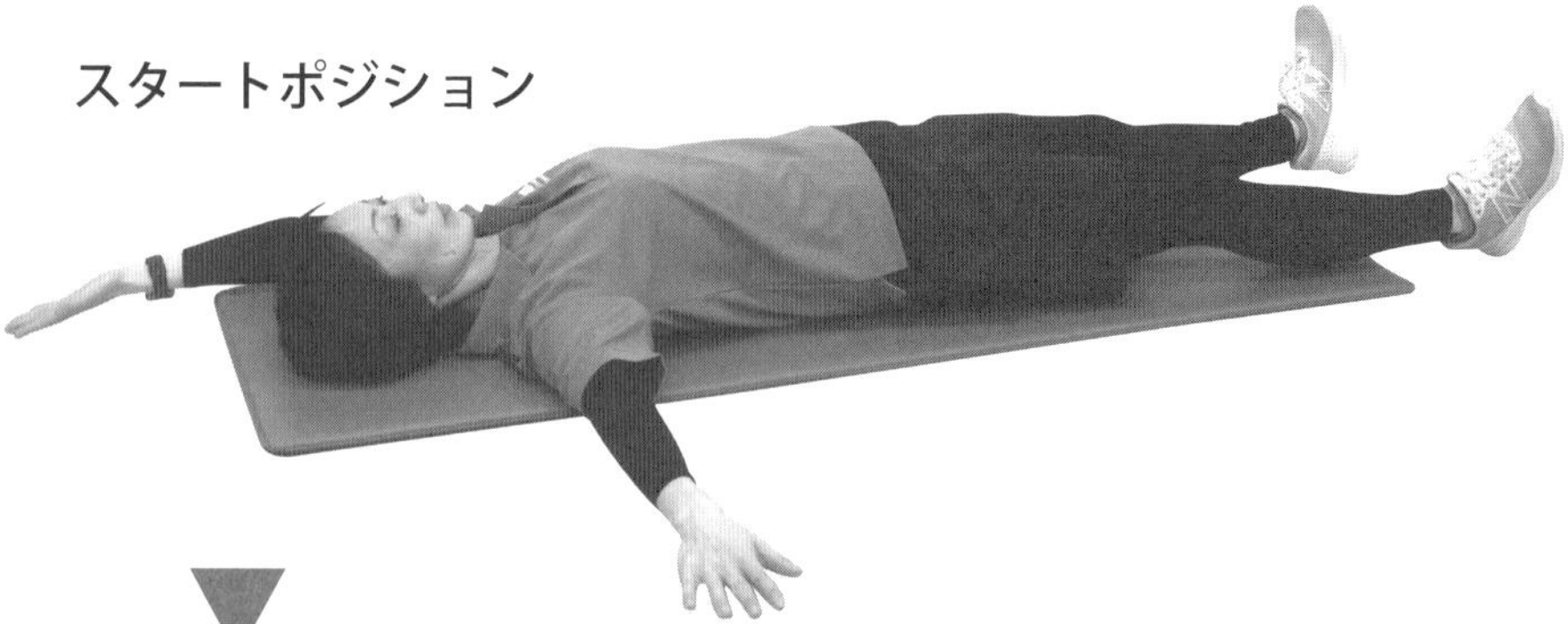

2

▸やり方

❶両脚は楽に伸ばし、左手をバンザイ、右手は真横に開きます。（右手の手のひらは床向き）
❷右足を天井の方向にゆっくりと持ち上げながら、同時に、顎を引きながら左手で右のつま先をタッチするようにゆっくりと手足を引き寄せます。
❸タッチしたまま１～２秒キープし、ゆっくりと、スタートポジションに戻ります。
❹同側を続けて８～10回行いましょう。

POINT

・できるだけ反動を使わず、ゆっくりと手足を引き寄せる。
・膝はできるだけ伸ばすようにする。
・支持側の手足は床から離れないように意識する。

つま先までタッチできない場合は脛でもかまいません。つま先で楽に実施できる場合は、外くるぶしをタッチするようにしてみましょう。

NG

評価ポイント

・膝が曲がり肩や首が力む。

四つ脚ヒップサークル

目標／片側6～8回

スタートポジション

NG

評価ポイント

・肘が曲がり背中が大きく丸まる。
・肩が力む。

POINT

・肩は力を抜きリラックスする。
・背筋は常に直線をキープするようにする。
・肘が曲がらないように注意する。
・脚は股関節からしっかりと動かす。

・肘が曲がり、体幹が平行を保てない。

・腰が反る。

▸やり方

❶四つ這いの姿勢になり、片方の膝を真っすぐ胸の方に引き寄せていきます。
❷そこからゆっくりと膝を股関節の高さまで持ち上げます。このとき膝は 90 度、内ももと下腿は床と水平を目指します。
❸次にゆっくりと左足を後ろに伸ばし、頭からつま先までが一直線になるようにします。
❹そこから、再び膝を胸に向かって引き付けていきます。この流れを 6 ～ 8 回行いましょう。
❺それぞれのポジションで 3 秒キープするようにします。

LET'S TRY
やってみよう

スポーツ愛好家のための

フロアトレーニング

バックランジ

目標／片脚 10 ～ 15 回

やり方

❶背筋をしっかりと伸ばして立ちます。そこから、左膝を引き上げ片脚立ちのポジションをとります。
❷左足を大きく後ろに一歩引きます。
❸つま先を地面につけた後、膝を地面に近づけていきます。
❹大腿部前面と臀部に刺激がくるまで下げ（床ギリギリのレベル）2 秒キープします。
❺ゆっくりと足をスタートポジションに戻します。
❻これを左右交互に 10 ～ 15 回行いましょう。

POINT

- 目線は前方をキープする。
- 前脚に体重の８～９割、後ろ脚に１～２割を目安に体重をかける。メインは前脚。
- 骨盤と肩は左右平行になるようにする。
- バランスを崩さないよう、しっかりとコントロールする。

NG
評価ポイント

- 重心が後ろ脚にかかりすぎる。

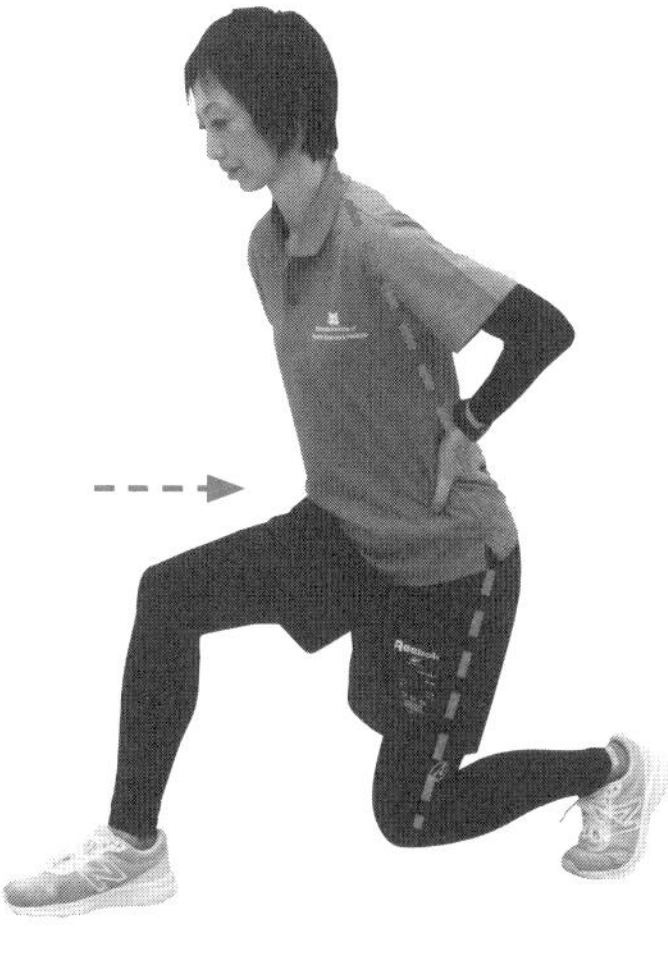

NG
評価ポイント

- 骨盤と肩が平行を保てない。
- 後ろ脚の膝が内側に入る。

クロスバックランジ

目標／片脚 10 ～ 15 回

やり方

❶足を軽く開いて立ち、右脚を左斜め後ろに一歩引きます。
❷右踵は軽く浮かせた状態で体重を前脚にかけながら重心を下ろしていきます。
❸左の内もも、前もも、臀部にしっかりと力が入る位置で 2 秒キープします。
❹ゆっくりともとのポジションに戻ります。
❺これを 10 ～ 15 回行いましょう。

POINT

- 目線は前方をキープするようにする。
- 背中が丸まったり、上体を前に倒し過ぎないように注意する。
- 膝の位置はつま先より前に出ないように股関節を引くようにする。
- バランスを崩さないよう、しっかりとコントロールする。

NG
評価ポイント

- 背中が丸まる。
- 上体が前に倒れすぎる。

NG
評価ポイント

- 前脚の膝が前に出すぎる。

T－シングルレッグバランス

目標／片側 10 ～ 15 回

やり方

❶手の親指を上にし、真横に開きます。足は軽く開いた状態から、左膝を股関節の高さまで引き上げます。
❷背筋を伸ばし胸を少し張った姿勢を保ったまま、脚の付け根（股関節）から上半身を曲げていきます。それと同時に、床から離している脚をまっすぐ後ろへ伸ばします。
❸頭・背中・脚が一直線になり、胸が地面と平行になるまで下ろしていきます。
❹そのポジションを 2 秒キープし、もとのポジションに戻ります。
❺これを 10 ～ 15 回行いましょう。

POINT

- 肩の力は抜き、肩甲骨を中央に寄せるようなイメージで手を広げる。
- 背中が丸まったり腰が反ったりしないように意識する。
- 支持側の膝は軽く曲げるようにする。
- バランスを崩さないよう、しっかりとコントロールする。

NG
- 背中が丸まる。
- 肩と首が力む。

評価ポイント

NG
- 首や腰が反る。
- 手が下がる。

評価ポイント

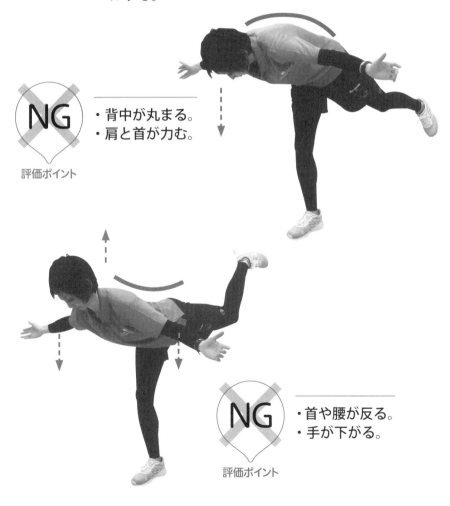

チェアコンボ
(片脚スクワット+ランジ)

目標／片脚５回

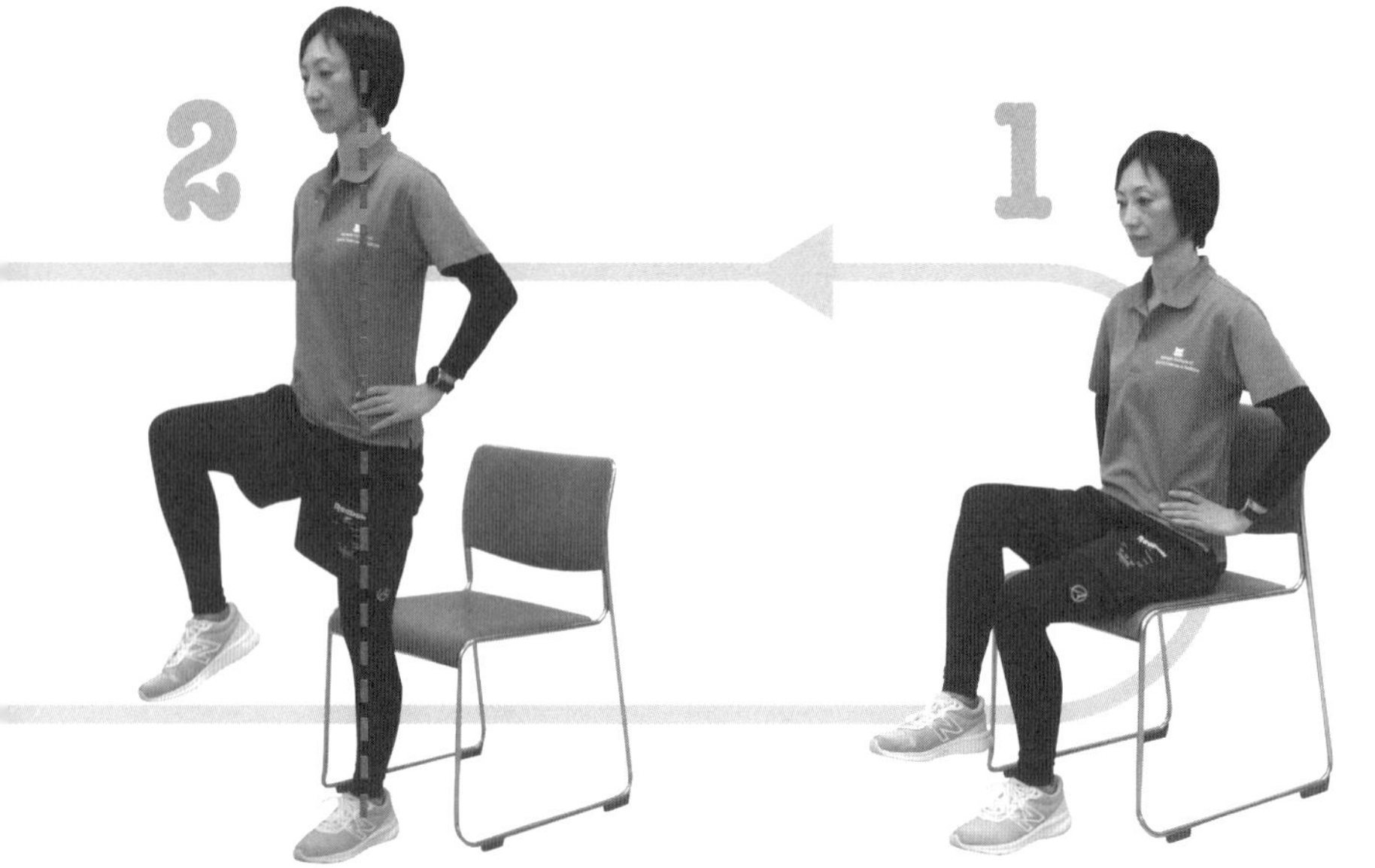

▶やり方

❶椅子に背筋を伸ばして座り、膝を引き上げて右脚を浮かせます。
❷左脚で立ち上がり２秒キープします。このとき、脚から頭までが一直線になるようにします。
❸そこから右脚を一歩前に踏み出ししっかりと体重を支えます。踏ん張った状態を２秒キープします。
❹右脚で床を押し片脚立ちのポジション❷に戻ります。ここでも２秒キープします。
❺ゆっくりとコントロールしながら腰を下ろし❶の姿勢に戻ります。
❻この流れを５回行いましょう。

NG
評価ポイント

・3 で前脚の踵が浮き、前膝が前に出すぎる。

・2 で一直線が保てない。（背が丸まる、膝が曲がる）

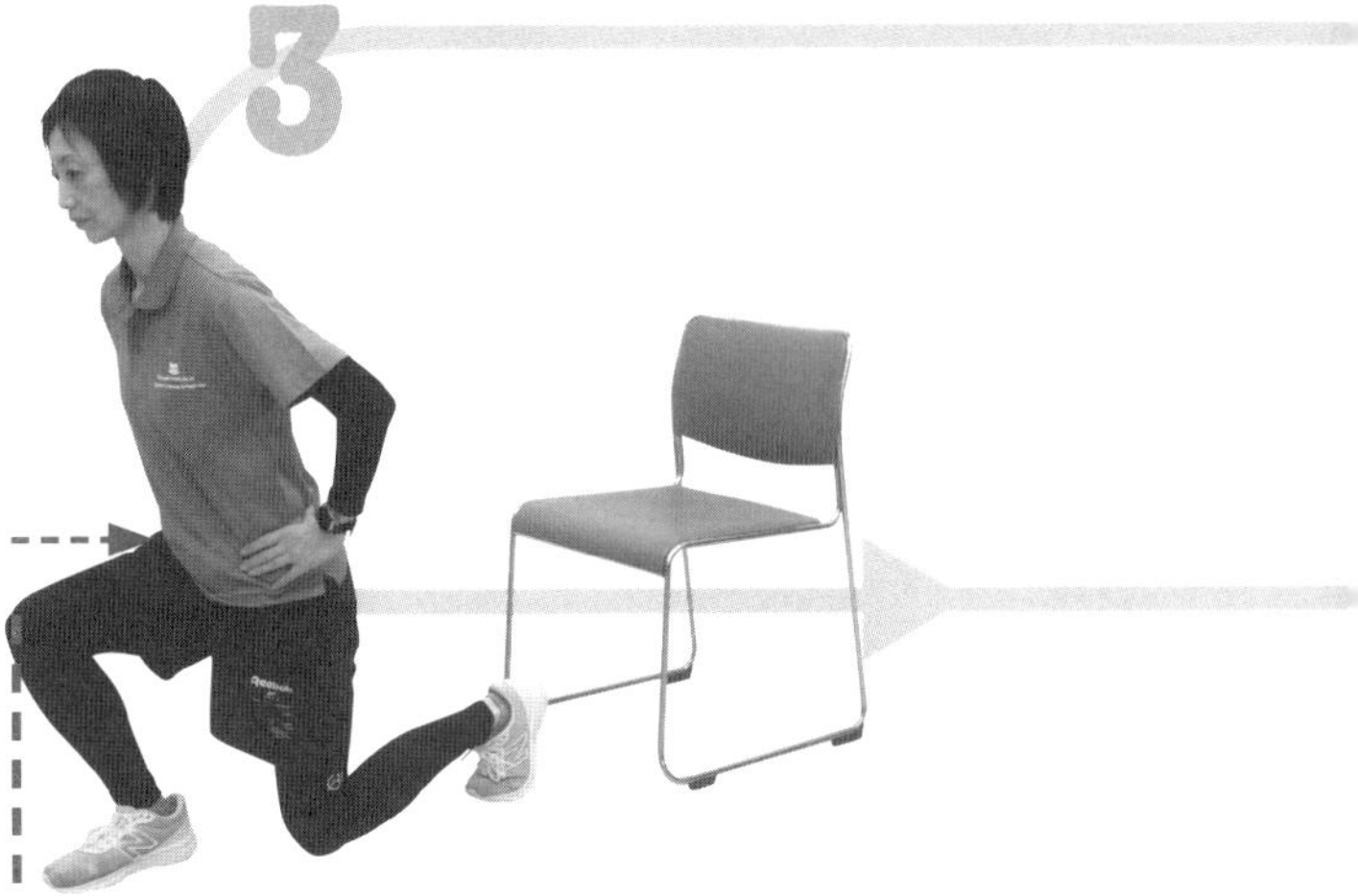

POINT

・2 では膝を伸ばし、脚から頭までが一直線になるように意識する。
・3 では、膝の位置はつま先を越えてしまわないように股関節をしっかりと引いて下に沈む。
・3 では、前脚の踵が浮かないように意識する。
・3 から 2 に戻る際は、腰を反らせないようしっかりと体幹にも意識を向ける。

グルーツステップ

目標／ 20 ～ 30 秒

1

スタートポジション

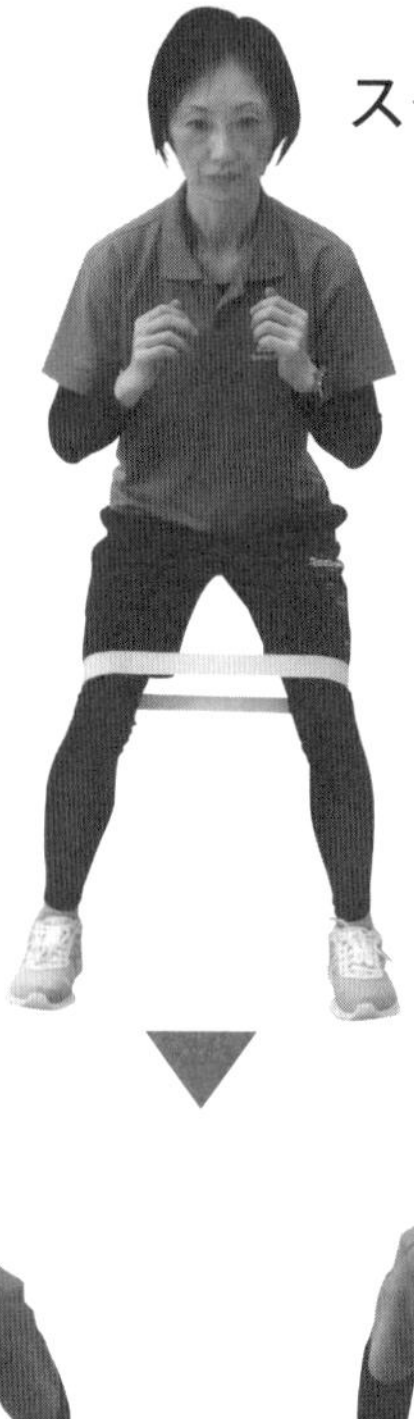

2

▶やり方

❶チューブを膝の上に巻き、脚を肩幅より少し広めに開き軽く腰を落とします。
❷チューブの強さに負けないように脚幅をしっかりとキープしたまま、その場で足踏みをします。
❸この際、しっかりと背すじは伸ばした姿勢をキープします。
❹がんばって 20 ～ 30 秒足踏みを行いましょう。

POINT

・身体の軸は支持側にのるようにコントロールする。
・頭の位置は上下せず、動かないようにする。
・足首からではなく、膝の外側から脚を持ち上げるように意識する。
・キツくても背中を丸めて上体が前に倒れたり、腰を反らせて上体が起きすぎたりしないように意識する。

NG
評価ポイント

・チューブに負けて膝が内側に入る。
・背中が丸まる。

COLUMN

ＨＩＩＴ（High Intensity Interval Training）とは？

「医師から定期的に運動しなさいと言われているけど、なかなかスイッチが入らない」
「昔は運動していたけど忙しくてなかなか時間がとれない……」

こんな声、身に覚えがある人も少なくないのではないでしょうか？
そんな皆さん、ＨＩＩＴ（ヒット）という運動方法はご存じですか？

◆高い強度の運動と休息を短いスパンで交互に繰り返す独特の運動方法

ＨＩＩＴとは「High Intensity Interval Training」の略で、高い強度の運動と休息を短いスパンで交互に繰り返す独特の運動方法です。これは、実際１００年ほど前から一部のアスリートの間で用いられてきたトレーニング方法だそうですが、２０１６年頃より科学的なエビデンスが増え始め、２０１８年頃にはアスリートだけでなく一般の人への健康増進のためにも有効であるとして注目されるようになってきました。

HIITの最大の特徴は「時間効率の良さ」です。2015年の内閣府による世論調査[*12]によると、ここ1年間で運動をしなかった理由の第1位が「仕事（家事や育児を含む）が忙しく時間がない」で、42・6%にも及びました。まさに現代人にとって「時間」は大きなハードルになるでしょう。

そこでHIITです。HIITの特徴は運動の「量」よりも短時間集中という運動の「密度」を重視するというところです。この運動方法は、基本的に「20秒間の運動×10秒の休息」を8セット行います。つまり、1回4分だけ。これを、まずは週2～3回行っていきます。4分なら時間を見つけられそうではないでしょうか？

◆高い効果・効能

東海大学の川田浩志教授は著書[*13]の中でHIITの効果・効能を271頁の図のように述べています。しかし、20秒という短時間とはいえ〝高強度〟というと少し躊躇してしまう人もいるかもしれません。ですが、実はHIITも大きく2つの種類に分けられます。

1つ目は「極限まで力を出し切るタイプ」、2つ目は「最大心拍数の70～80%の負荷をかけるタイプ」です[*13]（最大心拍数に関しては、239頁「持久力向上」の項をご参照ください）。

このうち1つ目は主に日常から激しいトレーニングを積んでいるアスリートが対象となり、立命館大学の田畑泉教授が考案したＴＡＢＡＴＡ（タバタ）プロトコルが有名です。これに対し、２つ目はあまり運動習慣のない人が始めていくのに適しています。多くの研究から最大心拍数の70～80％での強度で実践しても効果は十分に得られることが証明されていますのでご安心ください。安全かつ継続できる強度からまずは始めてみましょう。

さらに、ＨＩＩＴは短時間で刺激が変わり、挑戦的な要素を含むため、ジョギングなどの中等度の持続運動よりも運動を楽しく感じやすく、離脱率も低いという報告もあります。[*14] 忙しい現代人にとって非常に魅力的なＨＩＩＴ。ぜひ、試してみてはいかがでしょうか？

参考文献

＊12 平成27年度東京オリンピック・パラリンピックに関する世論調査（概略版）.p.22

＊13 川田浩志『世界一効率がいい　最高の運動』（かんき出版、２０１９年）

＊14 Heisz JJ, Tejada MM, Paolucci EM, et al. Enjoyment for high-intensity interval exercise increases during the first six weeks of training: Implications for promoting exercise adherence in sedentary adults. PLoS One. 2016;11（12）：e0168534.

HIIT にはこんな効果がある！

- 体力・持久力の向上
- ダイエット効果
- 筋トレ効果
- 血糖コントロール効果
- 血管の若返り
- 脳の老化予防

＊参考文献 13 を基に著者一部改変

■スポーツ復帰へのポイントと注意点

スポーツ復帰と聞いてまず思い浮かべる状況は、ケガをしてしまい練習や試合から離脱した後の復帰ではないでしょうか？「スポーツとケガは紙一重」という言葉もあり、スポーツの世界ではケガからの復帰を目指すケースは数多くみられます。しかし、スポーツへの復帰には別の側面もあります。それは、受験や諸事情により身体は元気だけれど、運動から離れた期間を経ての復帰です。特に近年では、感染症拡大防止のため部活動やチーム活動が長期間制限される事態も発生しました。そのような期間を経てスポーツへ〝復帰〟する場合にも注意点はあります。これら2つのケースについて〝復帰〟の際に知っておきたいポイントを説明していきます。

◆ケガによる離脱後に復帰する場合

まずはケガによる離脱後の復帰についてみていきます。「いつ復帰できるの？」「復帰の目安は？」――これらは多くのアスリート・保護者・指導者が抱く疑問です。ケガをしてしまった後の復帰に要する時間は、身体のどの組織をどの程度痛めてしまったのかによって異なります。痛んだ組織が修復していくにはある程度の時間がかかるということを忘れないようにしましょう。患部については、医師や理学療法士、柔道整復師の下で治療や施術を受けて、しっかり治していくことが大切です。その一方で、状態にあわせてアスレティックトレーナーの下で競技特性を考慮したアスレティックリハビリテーション（リコンディショニング）を段階的に行いながら、受傷前のレベルに戻すための準備をしていくことも非常に重要になります。

　病院で医師の診断を受けた上でスポーツ参加の中断を指示された場合は、医師による復帰許可が必要となりますが、スポーツ復帰の際は、損傷した組織が修復されていることに加え、疼痛《とうつう》や不安感がないこと、および筋力・持久力・バランス能力が十分に回復していることが求められます。ケガをした部分の筋力や柔軟性がしっかりと回復しないまま復帰してしまうと、その部分を〝守ろう〟として周囲の組織が過剰に働かなければならなくなります。その結果、同じ部位を再び痛めてしまうだけでなく、周囲の別の部位を痛めてしまう可能性も出てきます。競技復帰の目安は、受傷したプレーもしくは動作が、痛みや不安なく行えることです。最終的に医師のゴーサインを得てから復帰しましょう。

◆離脱中の期間の過ごし方がスムーズなスポーツ復帰への鍵

　受傷から復帰までの期間は身体的にも精神的にもつらいものです。真っ先に考えるのはケガで痛めてしまった部位の治療でしょう。しかし、実はそれと同じくらい大事なのが「離脱中の期間をどう過ごすか？」です。これがスムーズなスポーツ復帰への鍵となります。これは自分自身で取り組めることです。頭や首を除く多くのケガの場合、「練習に参加できない」ことは「何もしてはいけません」ということではありません。患部以外の動かせる部位は積極的に動かしておくことが重要です。アスレティックトレーナーなどの運動指導者は患部だけでなく患部外トレーニングに関しても専門的な知識を持っていますので、何をどのくらい行ったらいいかアドバイスを求めるのもひとつの手です。

　練習に参加できない時期に、患部に直接関わりのある部分の治療や柔軟性の向上・筋力強化だけでなく、患部以外の部分にどれだけ目を向けられるか？　これがより良い状態でスポーツ復帰するためのキーポイントになるでしょう。

　実際は、ケガがなく本練習や技術練習などの全体練習に参加できているときであれば、ストレッチや筋トレ（基礎・体幹）などの補強運動が二の次になってしまうことが少なくないかもしれません。しかし、ケガをしてしまい全体練習ができない期間中、今だからこそできることは何か考えてみてください。普段後回しに

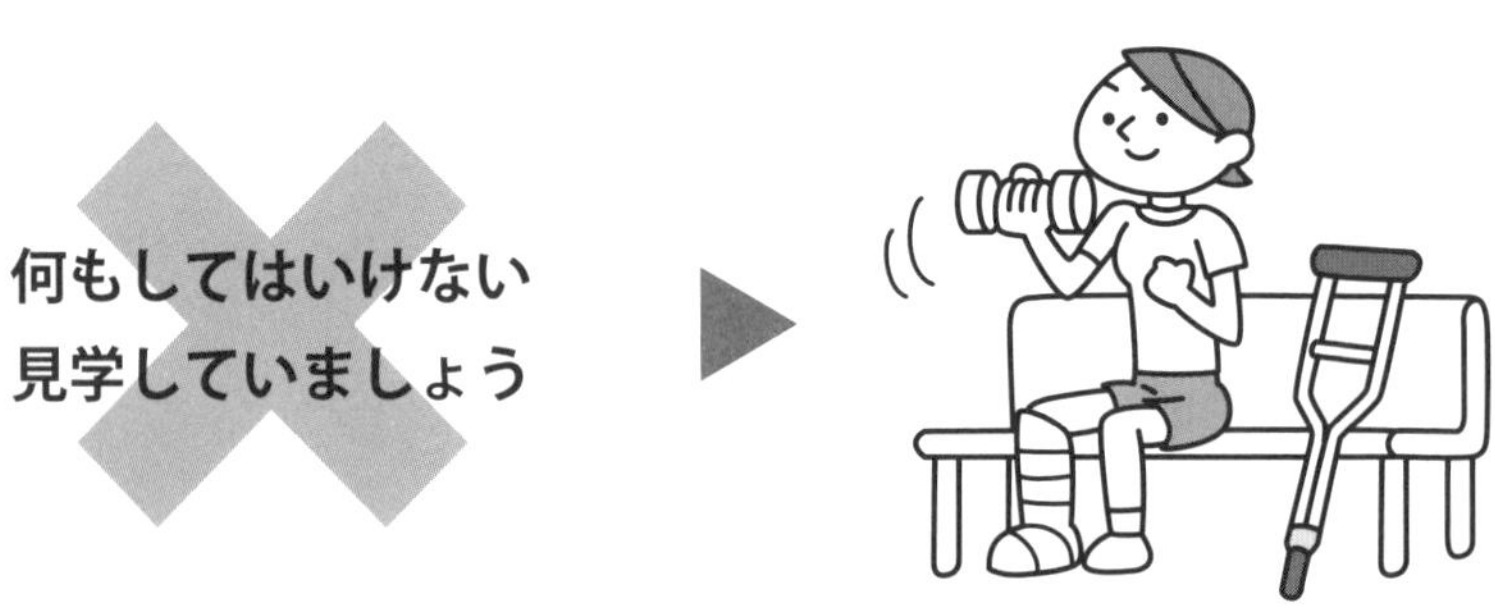

患部以外のトレーニングはできる場合が多い

してしまっている患部に影響のでない部分の基礎トレーニングやストレッチを今まで以上にしっかり積み重ねることができたらどうでしょうか？　受傷前よりも何かプラスの状態で復帰することができると思います。ケガをして練習に参加できないのはつらいことですが、それをプラスにとらえて受傷前のレベル以上の状態を作って復帰に繋げていくことが理想的です。

しかし、同時にケガをして練習に参加できない焦りから必要以上にがんばってしまい、患部に負荷をかけてしまうケースもあります。患部に関してはやり過ぎは禁物です。やり過ぎることによって患部組織の修復が遅れてしまいます。患部のトレーニングは、医師指示のもとアスレティックトレーナーなどの専門家が提案・作成するメニューを守りましょう。「これはやっても大丈夫？」「もう少しできないかな？」など疑問に思ったことはどんどん質問してみてください。不安や焦りはあって当たり前。上手に向き合ってスムーズな復帰につなげていけると良いですね。

◆運動を中断した期間を経て再開する場合

続いて、「受験や諸事情により身体は元気だけど運動を中断した期間を経ての再開」における注意点についてみていきましょう。最近ではＣＯＶＩＤ－19の感染拡大に伴い世界中で部活動を含むチームスポーツ活動が自粛となりましたが、海外のプロ選手でも、リーグ再開後の受傷が多く、メディアを通して問題提起されていたのは記憶に新しいところです。

休み明けの練習ではケガが起きやすいとされています。その主な原因として考えられるのは体力や筋力の低下、体重の増加でしょう。いくらがんばっていても個人で取り組めるトレーニングには限度があり、チーム活動中と同じ量と質を保持し続けるのは容易ではありません。

２０１６年の報告[*15]では、自分が行っているトレーニングよりも一気に負荷が1.5倍上になるとケガの発生リスクが急激に増加するとされています。ケガをせずに身体を慣らしていくためには、お休み期間中に実施していたトレーニングの0.8～1.3倍の負荷から再開していくのが良いでしょう。練習負荷は1週間単位を目安に徐々に増やしていくことをおすすめします。

以上のポイントをふまえ、安全にスポーツ活動に〝復帰〟していきましょう！

参考文献

＊15 Gabbett TJ. The training-injury prevention paradox: should athletes be training smarter and harder? Br J Sports Med. 2016 Mar;50 5 :273-80.

● 離脱中だからこそできること

ストレッチ

補強運動

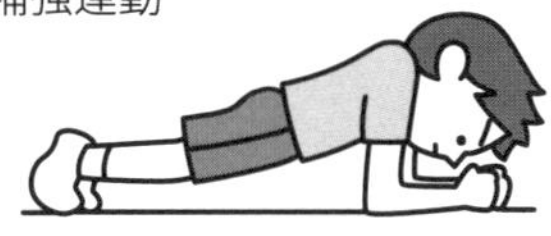

クロストレーニング

その他

例
- 仲間へのアドバイス
- 雑務を積極的にこなす
- コミュニケーションをはかるなど

第６章

どこか痛めてしまったときはどうすればいい？

ちょっと痛めてしまったとき、病院へ行くべきなのか迷うこともあるのではないかと思います。運動をしていると、いくら安全に気をつけて取り組んでいたとしても、思わぬケガをしてしまうこともあります。そこで、そんなときにどうすればいいかの目安について、お話ししていきたいと思います。

どこか痛めてしまったときはどうすればいい？

ここまで安全に取り組めるエクササイズを紹介してきましたが、もしかしたら、がんばって取り組みすぎてしまうあまりに、どこか痛めてしまうというようなことが起こるかもしれません。そこで、どこかを痛めてしまったときには、どうすればいいのかについてお話ししていきたいと思います。

■外傷・障害について

スポーツをしているときには、いろいろなケガをする可能性があります。一回の外力によるケガを「外傷」と我々は呼んでいます。コンタクトスポーツであれば相手選手との接触で大腿の筋を打撲したり、無理な腕の姿勢から肩を脱臼したり、ということが考えられます。相手と接触しないノンコンタクトスポーツだからといって外傷がないわけではなく、ジャンプからの着地で足を捻挫したり、フェイントしようとして膝をひねったり、という受傷が非常に多いです。

そもそも一回の外力による外傷以外にもケガをする原因が存在します。単純に毎日のトレーニングを通して体に負担が加わり続けて、オーバーユースの状態になることも考えられます。こういったものを「外傷」に対して「障害」と我々は呼んでいます。

では、外傷や障害はスポーツに限られたものかというと決してそうではありません。家でケガをしたことがある人はきっと大勢いらっしゃることでしょう。階段を踏み外したり、家具に体をぶつけたり、と外傷も起こりますし、一方で家事に伴う雑巾絞りのし過ぎで肘が痛くなったり、洗濯物を毎日干していて肩を痛めてしまったり、と障害も起こります。

そこで、ここでは外傷や障害が起こったときに、どんな応急処置が行われるのかと、どんなときに受診したらいいかの目安をお伝えしたいと思います。

■障害の応急処置（オーバーユース）

今述べたように、そもそも障害とは長時間、繰り返しの同一動作などが原因で起きるケガのことを言い、一回の大きな外力で生じた外傷と分けて考えられています。このため、障害はいつから症状が出たのかはっきりしないことが多いです。そういう意味では障害に対しては「応急」処置と呼べるような処置はないことも多いのですが、ここでは「症状に気づいてからすぐにとるべき処置」という意味合いでお話しします。

◆障害にはいろいろな症状が含まれる

まず障害にはいろいろな症状が含まれます。もちろん外傷などと同様に痛み、腫れ、変形もあるのですが、むしろこれらの症状は出づらいか、出たとしても軽い痛み、ちょっとした腫れや変形ということの方が多いです。典型的な主訴としては、「普通にしていれば痛くないが、走ると痛い」といったようなものです。

また、これら以外に意外に多いのがずれる感じ、不安定感、さらにひっかかる感じといったような症状です。関節がずれる感じや不安定感が出るのは慢性的に関節の靭帯損傷が生じていたり、関節周囲の筋力低下が起きたりしている場合です。ひっかかる感じが出るのは関節内で骨や軟骨の遊離体がころころ移動しているような関節ネズミがある場合や、関節の土手の役割をしている軟骨（膝なら半月板、肩なら関節唇といったようなもの）が断裂してしまって関節にはさまりこむとき、さらには関節の袋を裏打ちしている脂肪体（滑膜《かつまく》と呼びます）が関節で骨と骨の間にはさまるときなどです。

◆原因によってとるべき処置が変わってくる

このように障害では外傷とは多少異なった様々な症状が特徴的なのですが、それぞれの原因によってとるべき処置は変わってきます。それではそれぞれの症状が出たときにすぐにとるべき処置について書いてみたいと思います。

【軽い痛みやちょっとした腫れや変形が出た場合】

筋肉や腱など軟部組織の炎症や損傷、疲労骨折などが考えられると思います。その場合、痛みや腫れ、変形がある部位をよくアイシングして圧迫することで炎症や腫脹を抑えると良いです。その上で筋腱の炎症であれば、筋腱のストレッチをして筋腱に過剰な負荷が加わらないようにします。疲労骨折の場合もひとつの骨に過剰に負荷が加わらないように、隣接関節の柔軟性を獲得したり、体の使い方を改善したりすることが大切になります。筋腱の完全断裂であれば手術になることもありますし、疲労骨折から完全骨折に移行することもあるので、いずれの場合もなるべく早く専門医を受診することが勧められます。

【ずれる感じや不安定感がある場合】

靭帯の効きが悪い、もしくは筋力が弱いという状態が想定されるので筋力強化をすることで関節の安定化をはかるというのが基本的な考え方になります。すぐに筋力強化の効果を出すのは困難なので、初期には装具やテーピングといった応急処置も重要になります。関節内靭帯の断裂がある場合は手術を行わないと関節の安定化が得られないことも多く、いたずらに長く保存療法をするのでなく、手術に踏み切る判断も重要です。

【ひっかかる感じがする場合】

関節内に骨軟骨片（関節ネズミ）が存在する場合や膝の半月板、股関節の関節唇、などの断裂片がはさまっていることが多いです。このような場合、応急的にはひっかかりを解除しようとします。関節の力を抜いてやさしく関節を内外旋してみたり、やさしく屈曲伸展してみたりすることで関節ネズミが移動したり、はさまっている関節軟骨片（半月板、関節唇）が解除されることがあります。そこでコクン、と解除されれば疼痛も軽減するので数日以内に病院を受診すれば良いでしょう。一方ひっかかりが解除されない場合、関節を曲げようとしても伸ばそうとしても疼痛が非常に強いので、救急外来に受診する形になると思います。そして病院で麻酔下にひっかかりを解除しようとします。これがうまくいかなければ緊急の手術になることがあります。

このように各種障害に対してはそれぞれの症状によってとるべき初期応急処置が変わってきます。

■外傷の応急処置（骨折、脱臼、打撲、靭帯断裂、肉離れ）

外傷の場合、これまではまず何よりも基本はＲＩＣＥといわれてきました。

・Ｒｅｓｔ……………安静を保つ
・Ｉｃｅ………………アイシングする、冷やす
・Ｃｏｍｐｒｅｓｓｉｏｎ……圧迫して腫脹をおさえる
・Ｅｌｅｖａｔｉｏｎ………患部を高く挙上して同部に血液がうっ滞しないように、腫脹しないようにする

この４点が大切とされてきました。

しかし、その後、歴史的に少しこの考え方も変化してきました。もともとはＲｅｓｔが重要視されていたのですが、固定しているだけではダメで、患部の保護もしなければならない、という考えからＰＲＩＣＥに代わりました。ここでの最初のＰは「Ｐｒｏｔｅｃｔ：保護する」になります。いくらＲｅｓｔできていても、患部に負担のかかる状態であれば病変は悪化してしまうので、そうならないようにきちんとＰｒｏｔｅｃｔした状態でＲｅｓｔさせてあげることが大切だ、

という考えです。

しかし、これにも問題がありました。人間の体はケガしたときに固定、安静だけだと組織修復が起こりにくいということがわかってきたのです。例えば足首の骨折をしてしまったとき、良い足関節角度でギプス固定をしていればいいかというと、そうではありません。適度に足関節を動かさないと関節内で関節液が関節全体に広がらず、関節軟骨（関節の骨の表面を覆っている軟骨）の変性、損傷がどんどん進みます。また足関節を動かすときに下腿の前後の筋肉が交互に収縮するのですが、これによって血液を循環させるポンプの役割を果たします。足関節を動かさないとこの機能を使わないために下肢に静脈がうっ滞する原因となり、ケガした部位の修復にも悪影響を及ぼします。また、適度に荷重をしないと、そもそも骨は荷重負荷で強度が増すので、足関節部の骨密度がどんどん低下してしまいます。

◆患部をしっかり保護しつつも適度な負荷を加えることが重要

そこで出てきた新しい考え方がPOLICEです。ここでのPは先ほどと同じProtectで、Ice、Compression、Elevationはいずれも先ほどと同じなのですが、OLが「Optimal Loading：適度な負荷」になります。逆にRestが消えたわけですね。

このように現在は患部の安静が大切なのではなく、患部をしっかり保護しつつも適度な負荷を加えることが重要、とされています。ここでいう負荷とは荷重負荷のみならず、可動域訓練や筋力強化を行うことによる負荷も含んだ広い意味での負荷です。

■こんなときは病院を受診

「痛いんだけど、病院には行くべきかなぁ……」と悩むこと、よくありますよね？

外傷の場合は痛みが強かったり、腫れたりすることも多く、そのような場合は皆さんすぐに病院受診の判断をされるのですが、長い経過で少しずつ痛みが増した障害の場合などは特に病院受診の判断に迷う人が多いようです。私もよく友人から、「病院受診した方がいい？」と相談を受けます。

そこで、ここでは「こんなときは病院を受診してください」と私が普段お話ししている内容をご紹介します。なお、整形外科的なケガと思っていても、それ以外のケガや病気のこともあるので総務省消防庁作成の全国版救急受診アプリ「Q助」を参考にされるのも良いですね。

こんなケガのときは病院を受診
「5＋1」大原則

1．痛みやしびれがある

→　強い炎症や神経障害が考えられます。

2．腫れや変形がある

→　骨折や軟部組織の損傷などが考えられます。

3．普通にしていると痛くないが骨をこぶしで叩くと響くように痛い

→　疲労骨折などが考えられます。

4．関節のずれる感じ、不安定な感じがある

→　靭帯損傷や軟骨損傷などが考えられます。

5．関節の引っかかるような感じ、動きの悪さがある

→　関節内の骨軟骨損傷、筋腱関節包の硬さや癒着などが考えられます。

6．子供が痛いなど何らかの症状を訴えている（おまけ）

→　私自身も自分の子供で経験がありますが、よく大人は自分の子供が痛いと訴えていても腫れなどがなさそうだと「大丈夫よ」と我慢させてしまいます。しかし、子供は正直なので、何かしら訴えている場合は必ず何か原因があると思って詳しく診察することが大切です！

第７章

日頃の生活から心掛けておきたいこと

運動を続けることで、体の調子が良くなることと思いますが、それ以外にも快適な毎日を送るために、日頃から心掛けておきたいことがあります。最後にそれをご紹介していきます。

体の不調を減らすために心掛けておきたいこと

ここまでスポーツ医学的に正しいエクササイズに関することをご紹介してきましたが、この章では体の不調を減らすために、日頃から心掛けておきたいこととして、「姿勢」「ＮＥＡＴ（運動以外の日常生活活動で消費されるエネルギー）」「靴」「ウォーキングとジョギングの実施のポイント」の４つについてお話ししておきたいと思います。

■姿勢に気をつけよう

「姿勢が悪い！」と子供の頃からよく親や先生に怒られていた記憶がある人も多いのではないでしょうか？

一言に「姿勢が悪い」といっても、次のようにいろいろなパターンがあります。

・椅子に座って背中を丸めてスマホを眺める
・足を組んで骨盤を傾けて座る
・いつも片方の足にだけ体重をかけて立つ

そんな不良姿勢ですが、ただ単に見た目が悪いだけでなく、体にとって様々な悪影響を及ぼすということもわかっています。そんな中でもここでは、

・肩こり
・頭痛
・腰痛
・呼吸機能低下
・誤嚥
・胃食道逆流症
・バランス能力低下

などについてお話ししたいと思います。

◆肩こり

まず肩こりですが、姿勢が悪いということは体幹筋がうまく機能していないということです。そうなると肩こり予防のところでも触れましたが、肩甲骨を互いに背中の後ろで引き寄せるときに働く菱形筋や前鋸筋が正しく機能できません。結果的に上肢の重みがすべて肩甲骨を介して僧帽筋、肩甲挙筋という肩こりの原因になる筋肉にかかってしまいます。当然そうなるとひどい肩こりに悩まされるわけです。

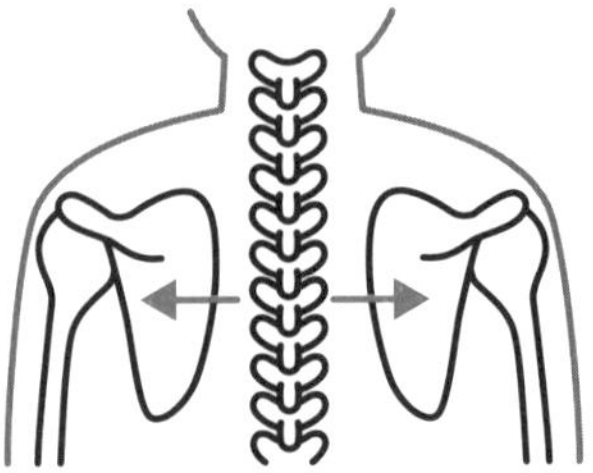

外側に開いた肩甲骨の位置

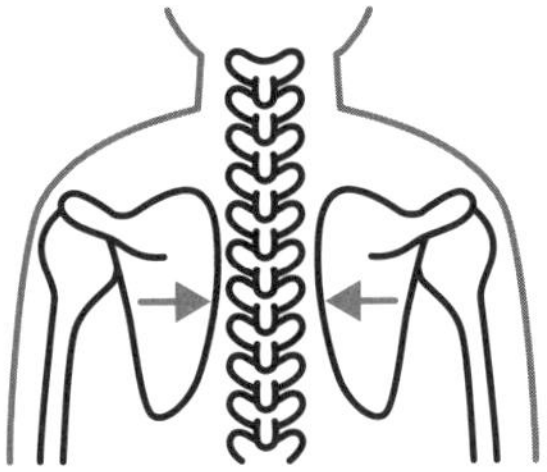

正常な肩甲骨の位置

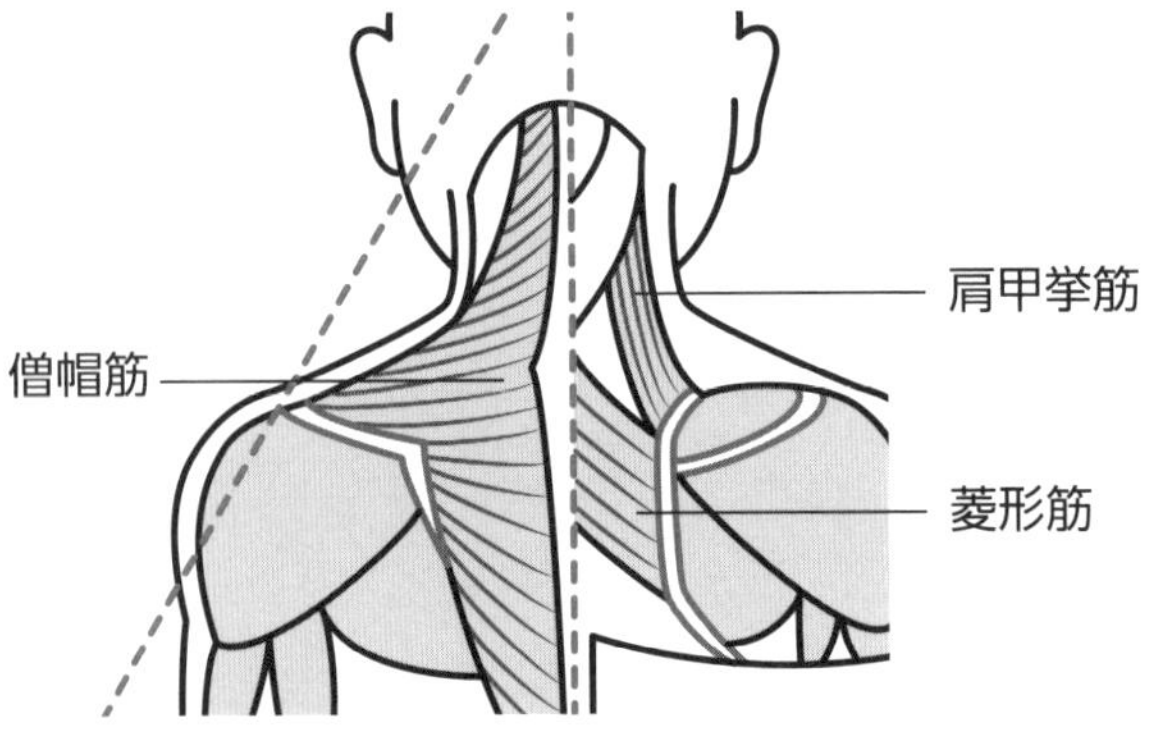

◆後頸部痛・頭痛

姿勢が悪いと多くの場合、腰椎から胸椎にかけて、正常の腰椎前弯（前方に凸のカーブ）、胸椎の後弯（後方に凸のカーブ）がくずれ、全体的に後弯傾向になります。そうなると重心が後方に移動するため、重心を保とうと無意識に顔を前方に突出させたような姿勢になります。

この姿勢になると本来の頸椎の前弯のカーブが消失し、頸椎がまっすぐ棒状に斜め前方に傾いた姿勢になります。この結果、頭の重みを支える頸部後方の筋群に過剰な負荷が加わり、後頸部痛、さらには後頸部の筋や後頭部の神経に炎症が起き、筋緊張性頭痛も起きてしまいます。

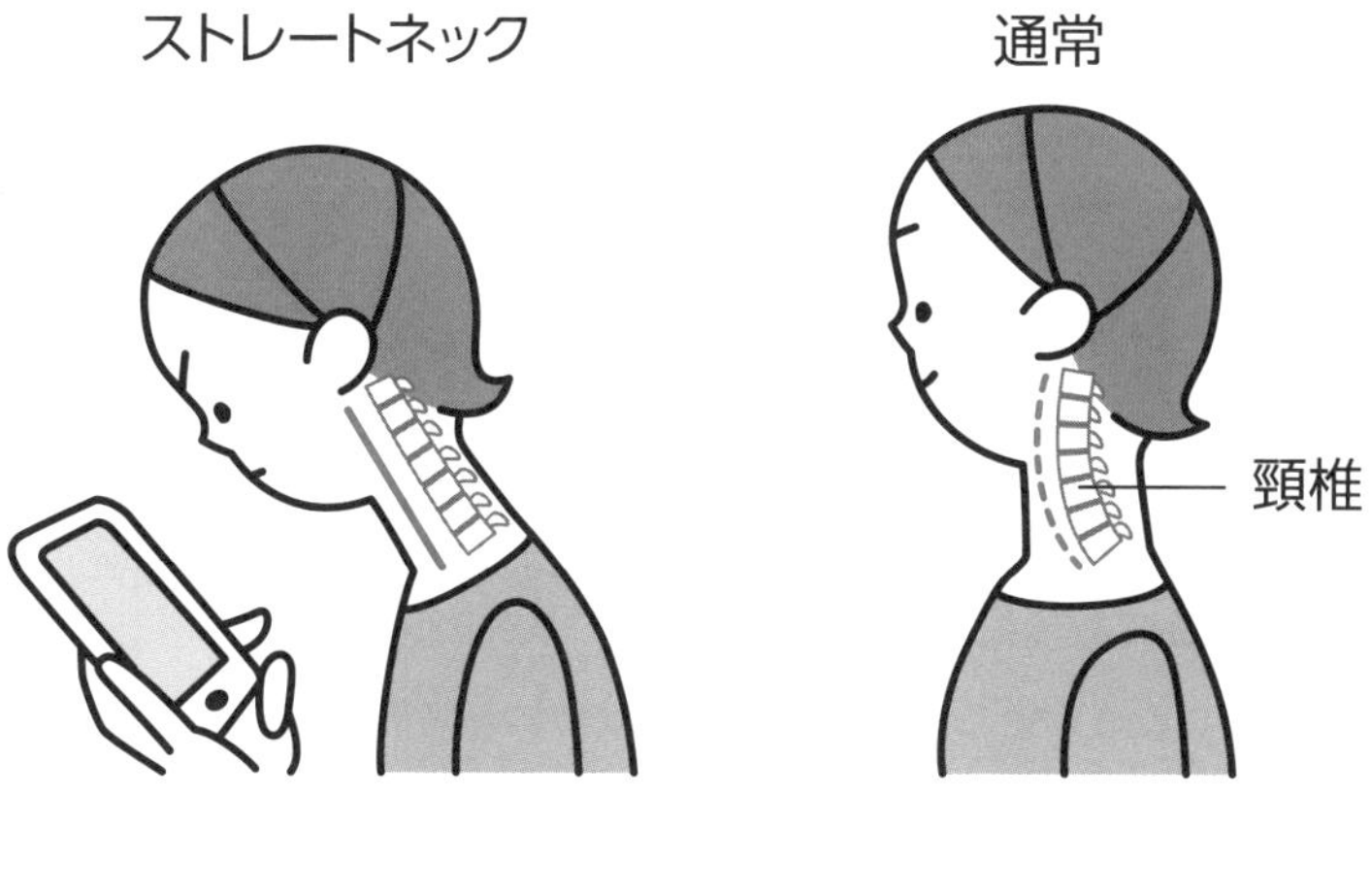

◆椎間板性疼痛

　姿勢が悪いときには先ほど述べた通り腰椎の正常な前弯が消失し、腰椎が後弯します。この姿勢のときには背骨と背骨の間に存在する軟骨のクッション（椎間板）に非常に高い負荷が加わっています。人間がまっすぐ姿勢よく立っているときに椎間板に加わる圧力を１００とすると椅子に腰を掛けるだけで椎間板には１４０の圧が加わるとされ、ここに加えて腰を丸めると１８５と、実に2倍弱の負荷が椎間板に加わります。

　このため姿勢が悪い状態が続くと当然椎間板の質が徐々に悪くなり（変性）、長期的には椎間板ヘルニアをはじめとした様々な椎間板性疼痛の原因を作ることになってしまいます。

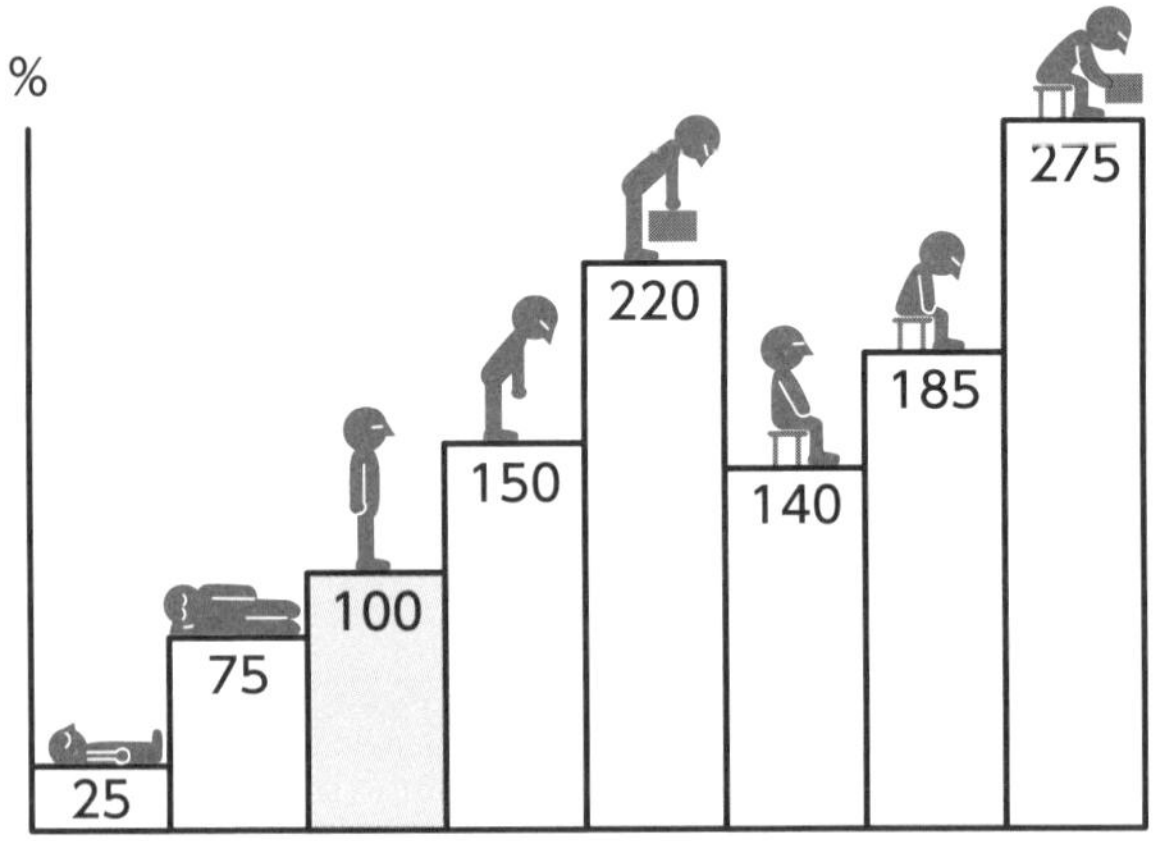

Nachemson, A. L.: The lumbar spine and orthopaedic challenge. Spine, 1:59-71, 1976.

◆呼吸機能の低下

姿勢が不良だと呼吸機能まで低下してしまいます。腰椎と胸椎、全体で後弯傾向になるということは先ほど述べましたが、胸腰椎の後弯が起きると肋骨と肋骨の間が狭まり、ここに存在する肋間筋の柔軟性が失われてしまいます。その結果どうなるかというと、息を吸うときに胸郭が十分に開くことができずに深呼吸ができず、肺の先の方に存在する肺胞にまで空気が届かない、いわゆる無気肺の状態になります。そしてこの状態が続くことで肺炎を起こすリスクも高まります。

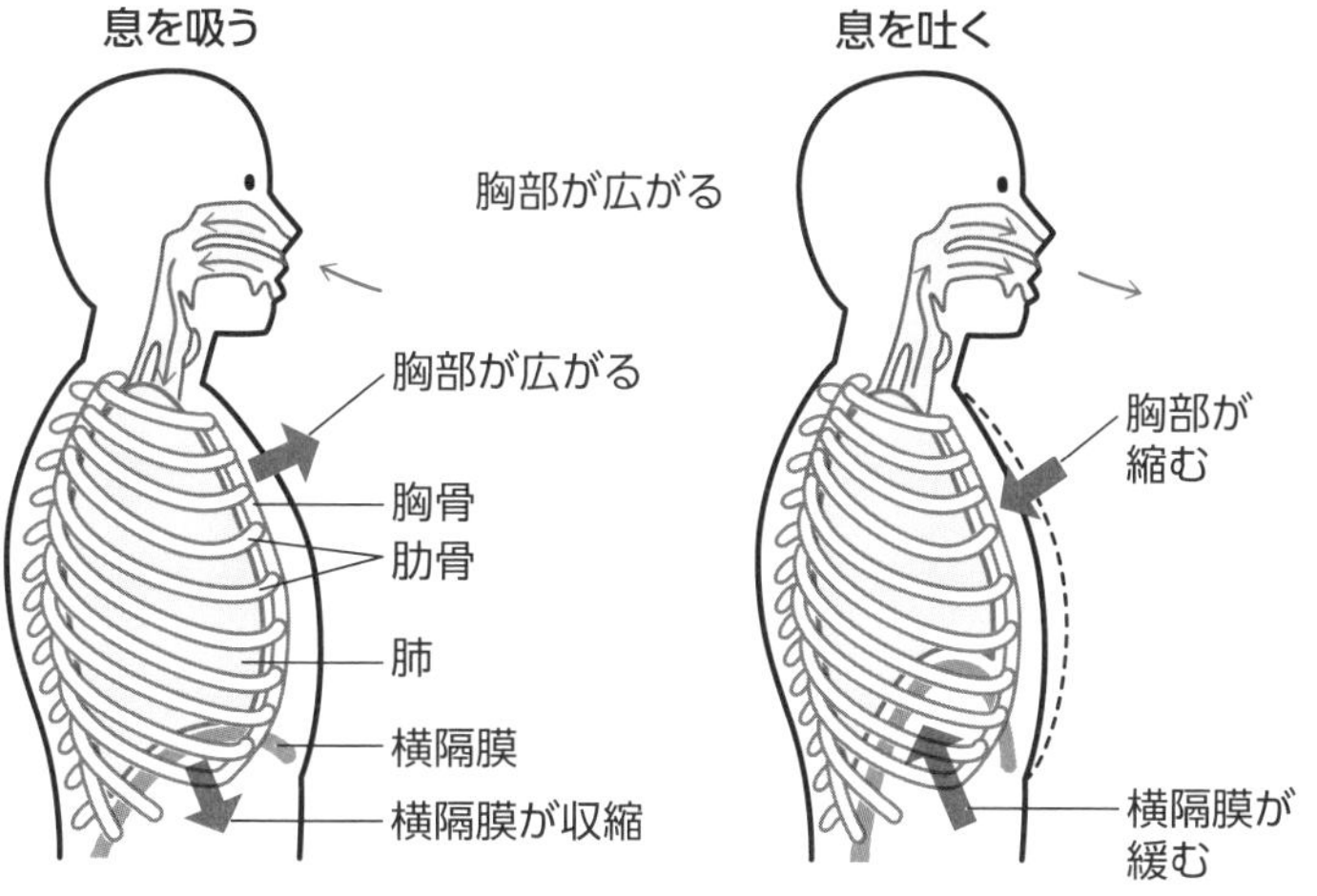

◆誤嚥性肺炎

姿勢が悪いと無気肺から肺炎になりやすい、と述べましたが、誤嚥による肺炎も起こしやすくなります。先ほどから述べているとおり円背《えんぱい》になると顎が前方に突出したような、顔が前に出た姿勢になります。そうなると顎が相対的に普段より上がり、それに伴い気道への通り道がまっすぐになり、そして広がり、何かを食べた際に食べ物が気道の方に入ってしまう、いわゆる「むせる」原因になります。試しにやってくださいとは言いませんが、上向きになって飲み物を飲もうとすると、むせそうになりますよね。その状態と思っていただければいいです。誤嚥から肺炎になると誤嚥性肺炎と呼びますが、誤嚥性肺炎が原因で毎年多くの人が亡くなっており、予防が必須です。

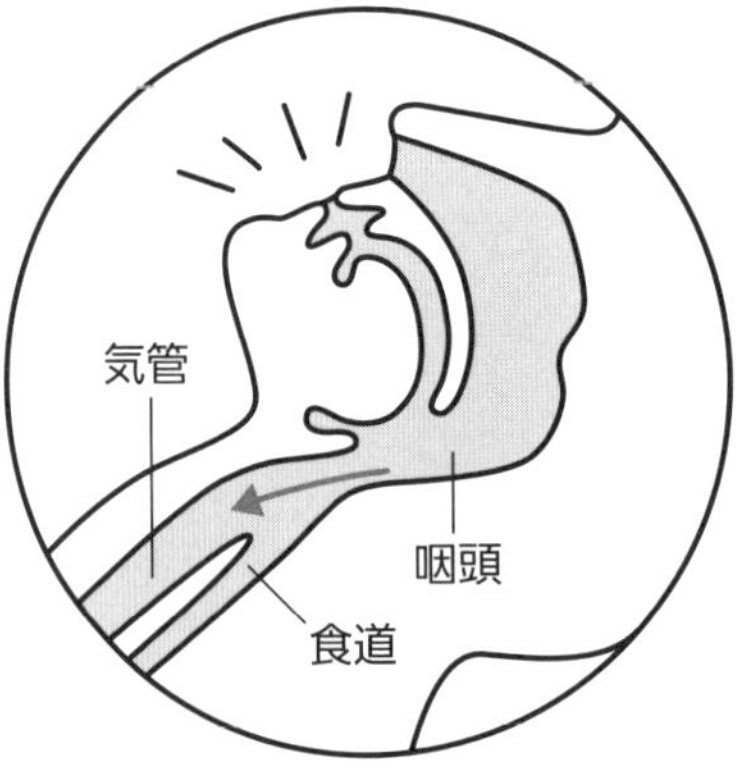

咽頭と気管が直線状になると、
誤嚥しやすい。

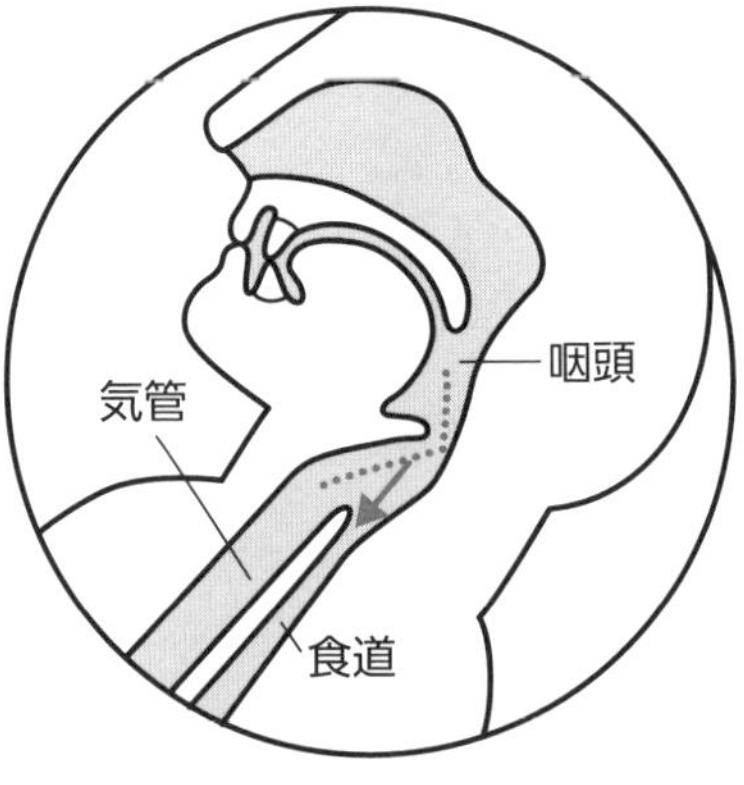

頸部を前屈することで咽頭と
気管に角度がつき、誤嚥しにくくなる。

◆胃食道逆流症

姿勢が悪いと呼吸器系のみならず消化器系にも悪影響が出ます。その中でも特に胃食道逆流症を起こしやすくなります。この理由は簡単で姿勢が悪くて前かがみの姿勢になっていると必然的に腹部が圧迫され、腹圧が高まります。これによって胃にいったん入った食物が食道へ逆流しやすくなります。胃食道逆流症は胸やけの原因になる以外にも、バレット食道といって食道の下方の細胞の形態が変化してしまい、食道がん発生のリスクとなってしまいますので良くありません。

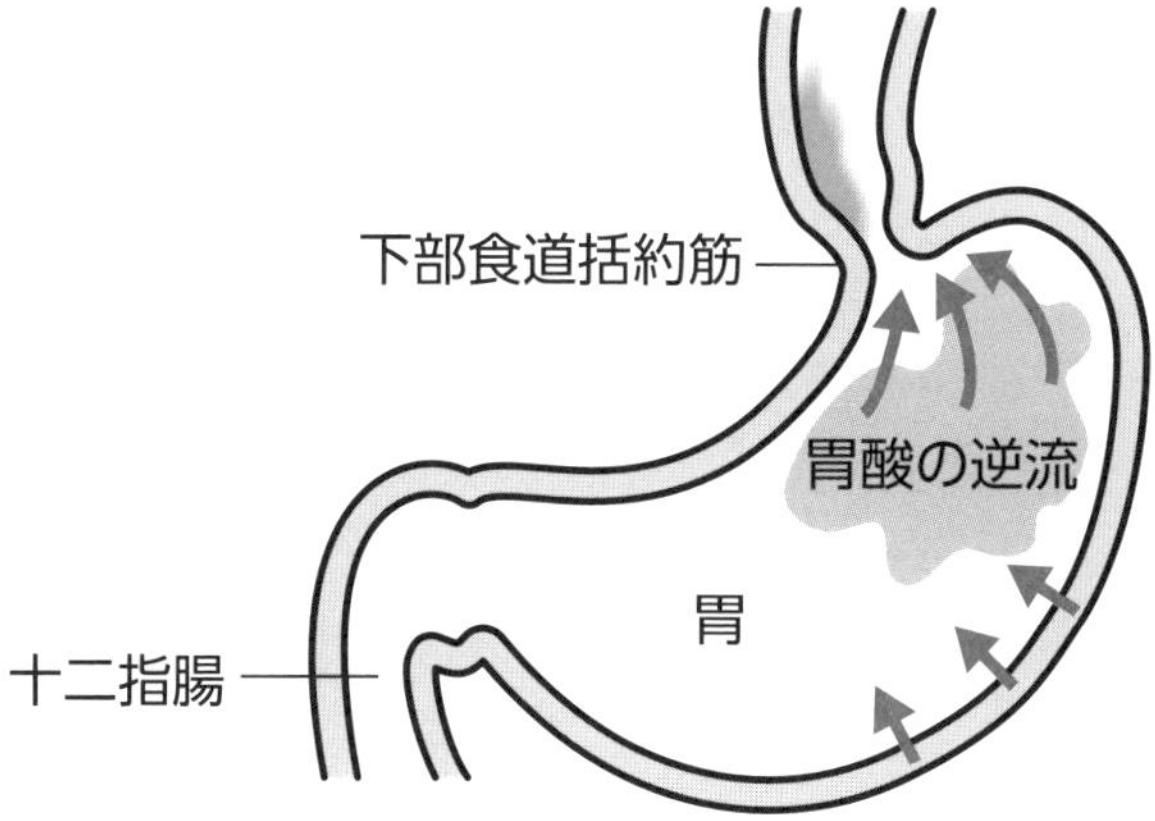

◆バランス能力の低下

最後にバランスもまた姿勢が不良だと影響を受けてしまいます。先ほど述べたとおり姿勢が悪くなって円背になると下顎が前方に突出したような、つまり顔を前に突き出したような姿勢になります。このように体の重心が腰椎で後方に移動して頸椎で前方に移動している状態では体を支えるために下半身の筋緊張が高まります。これにより常時緊張した下肢の筋は疲労し、ちょっとバランスを崩した際に適切に筋収縮して体を立て直す機能が低下するのです。この結果、ひどい場合は転倒してしまいます。

このように姿勢が悪いだけで様々な整形外科疾患、内科疾患が発症しやすくなってしまいます。ぜひ日々の姿勢を意識して体の健康を保っていきましょう。

■ＮＥＡＴを増やすことも大切

——運動時間がない人は座りすぎを減らしてＮＥＡＴを増やそう！

ここまでお読みいただいて、「運動の効果も方法もわかったけれども、いざ運動をしようと思っても、ちょっとハードルが高い」という人もいるかもしれません。そのような人におすすめなのが、座りすぎを減らしてＮＥＡＴを増やすことです。

◆健康へ悪影響をもたらす〝座りすぎ〟

近年、運動疫学や公衆衛生学などの分野では、喫煙や肥満と同様に、〝座りすぎ〟がもたらす健康への悪影響に注目が集まっています。〝座りすぎは〟、総死亡や心疾患・糖尿病・がんによる死亡や罹患のリスクファクターになることが明らかになっています。

また、長時間のテレビ視聴による座りすぎは、認知機能の低下と関連することも報告されており、『Sitting is the new smoking』（座りすぎは第二の喫煙）、『Sitting is killing you』（座りすぎがあなたを殺す）とまで言われています。そして、世界20カ国を対象にした平日の総座位時間に関する調査では、なんと日本が４２０分とサウジアラビアと並んでトップでした。ここで注意したいことは、座ることが問題なのではなく、長時間座り続けていることです。

座っている間は、全身の筋肉の60％以上を占める下肢の筋肉がほとんど活動しない状態になります。筋肉は糖代謝の重要な臓器ですので、糖尿病への影響があるわけです。特に第二の心臓といわれるふくらはぎが活動していないので、循環も悪くなります。まずは、30分に1回は立ち上がるようにしてみましょう！

◆日常生活活動でもエネルギーを消費させよう

次に、ＮＥＡＴとは、“Non-Exercise Activity Thermogenesis”の頭文字をとったもので、運動以外の日常生活活動で消費されるエネルギーのことです。

消費エネルギーは、基礎代謝・食事による熱産生・ＮＥＡＴ・運動によって構成されます。この中で、最も消費エネルギーが多いのは基礎代謝で、その次がＮＥＡＴです。痩せている人と太っている人のＮＥＡＴを比較すると、痩せている人は太っている人と比較して、座っている時間が短く、1日のＮＥＡＴによる消費エネルギーが約３５０kcal多いと報告されています。３５０kcalといえば、お茶碗にするとご飯二膳分です。たった３５０kcalといっても1か月では１００００kcalを超えます。体脂肪を1kg減らすのに必要なカロリーが約７０００kcalですから、結構な量ではないでしょうか？

NEATとは

Non-Exercise Activity Thermogenesis

日常生活行為によるエネルギー消費のこと

身体活動による熱産生は２つに分けられる

NEAT（生活活動）

運動

基礎代謝量

体を動かさずに、横たわっていたとしても、呼吸など生命活動を保つために必要となる代謝が基礎代謝で、そのエネルギー量が基礎代謝量です。

食事摂取による熱産生

食事をすると体内に吸収された栄養素が分解されて消費されるため、食事をした後は、安静にしていても代謝量が増えます。

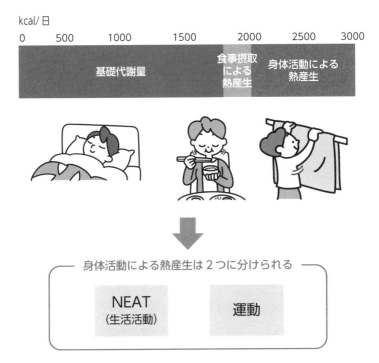

それでは、NEATを増やすにはどうすれば良いのでしょうか？　NEATを増やす方法は非常にシンプルで、こまめに動くことです。座っているよりは立っている、立っているよりは歩くこと。座っていても姿勢良く座っているだけでも違います。

◆身近にあって効果的に活用できるのが階段

NEATを増やすための生活活動のひとつとして、最も身近で効果的なものが階段です。最近は、エレベーターやエスカレーターがどこにでもあり、ついつい階段を敬遠してしまいがちです。しかし、身近にある階段を活用しない手はありません。運動強度を表す指標にメッツ（160頁参照）があります。安静時を1メッツとすると、通常の歩行は3メッツ、ゆっくりの階段上りは4メッツ、速い階段上りは8メッツとなります。この8メッツという強度はなんとランニングや水泳と同じ強度であり、通常歩行の2倍以上です。つまり階段上りは、非常に効果的な活動といえます。また、階段は心肺機能や脚筋力、脚筋持久力などを鍛えることにもつながります。ウォーキングよりも膝を上に引き上げる動作が加わることから、股関節前面の筋肉を鍛えることができるのです。これらの筋肉が衰えるとつまずきやすくなったり、お腹がぽっこりと出てきたりしてしまいます。若々しい歩きを保つためにも、これらの筋肉を鍛えることは非常に大切です。ただし、階段の下りは、上りよりも膝への衝撃が強いので、膝に痛みや不安がある人は、下りはエスカレーターやエレベーターを使うなど工夫をしても良いでしょう。どこにでもある階段は、実はとても優れたNEATを増やすエクササイズなのです！
今日から階段を積極的に使ってみてはいかがでしょうか？

【NEATを増やす一例】

□職場や外出先では、駐車場は遠くにとめる
□通勤は、1駅分歩く
□パソコンは机を工夫して、立って操作する
□会議や打合せは立ったまま行う
□2階までは階段を使う
□職場のトイレはひとつ上の階にいく
□犬の散歩はプラス10分
□力仕事は率先して行う

運動	生活活動（NEAT）	強度
通常の歩行		3メッツ
速歩 ラジオ体操第一	ゆっくり 階段を上る	4メッツ
ランニング 水泳	速く階段を上る	8メッツ

■靴を見直してみよう

人間が靴を履くようになった理由に関しては諸説あります。「文明の進化と共に土や葉っぱの地面から石の地面を歩くようになり、足の保護を目的に、また足からの熱放散を起こりにくくするために靴を履くようになった」などという説も有力です。いずれにしても、靴は現代人にとってなくてはならないアイテムであることに間違いありません。

◆目的に合った靴を選ぶことが大切

そんな重要な靴ですが、あらためてきちんとした靴選びをできているか考えてみましょう。皆さんは何を根拠に靴の種類を選び、どういった基準で靴のサイズを決めて、何をもって靴を買い替えていますか？　オシャレだからという理由だけで靴を選んでいませんか？　またちょっとサイズは合わないけどかっこいいからと少しきつい（あるいは大きい）靴でも我慢して買っていませんか？　ネットに「EEEの靴は幅が広くて日本人には合っている」と記載されていたからと幅の広い靴ばかり選んでいませんか？

まず靴の種類ですが登山をするなら登山靴を、バスケットボールをするならバスケットシューズを、ランニングをするならランニングシューズを、というように目的に合った靴を選ぶようにしてください。当たり前のことを言っているようですが、彼氏と遊園地でデートをする女性がヒールの靴を履いて1日中歩いていたり、ファッション性を重視した若者が町中でバスケットシューズを履いていたりする光景をよく見かけます。

「ヒールで長距離を歩いて、足関節が疲れてきて捻挫しないかなあ」とか「バスケットシューズで足首が固定されて、膝に負担がかからないのかなあ」などと心配になります。このようにファッション性だけで靴を選ぶのは決して良くなく、どのような作業、どのようなスポーツをするのかによって靴をきちんと使い分けるのが障害予防をする上で重要になります。

実際、自分の知っているプロサッカー選手などは車に乗って会場に向かうときは運動靴を、会場入りするときは車でオシャレ靴に履き替え、アップのメニューを行うときはランニングシューズを、ピッチでアップするときはスパイクを、試合中はまた別のスパイクを履いていました。ここまで履き替えるのはさすがに現実的でないかもしれませんが、靴をきちんと目的別に使い分けるのは重要なことです。

◆靴のサイズ

次にお話ししたいのが靴のサイズの選び方です。自分の足は25㎝だから「A社の靴もB社の靴もすべて25㎝！」とはなりませんね。靴のメーカーによって対応する足幅《あしはば》や足長《そくちょう》、足囲《そくい》がバラバラですので必ず履いて、自分の足に合っているのか確認しなければなりません。その際、足幅や足囲は感覚的にきついからよくない、など良し悪しを感じやすいのですが、足長に関してはどうやって考えればよいのかわからないという人が多いです。

時々見る間違いが「靴を履いて、つま先をトントンと蹴って、踵の後ろに指一本分の隙間があるからOK！」という選び方です。これは大きな間違いで、つま先をトントン靴の前の方に押し付けた時点ですでに足趾《そくし》が曲がってしまっているのです。このため靴の前につま先を合わせるのでなく踵側にトントンと踵を合わせ、つま先を靴の上からおさえて、一番長い足趾（母趾が一番長い「エジプト型」の足の人もいますし、２番目の足趾が一番長い「ギリシア型」の足の人もいます）をしっかり上から押さえて、その指の先端からさらに1横指《おうし》（指1本分）くらいのゆとりがある靴を選ぶと良いです。そしてさらに靴の中で足趾をよく動かしてみてある程度自由に動けば良いです。

間違ってはいけないのは大き過ぎる靴は良くないということです。しっかり靴ひもを締めても足が前に滑っていくような大きな靴だと、靴の先端の狭い空間に足の指がどんどん押し付けられていってしまい、「親指は外側に」「小指は内側に」おされて外反母趾、内反小趾の原因になってしまいます。

このことからもわかるようにきつい靴だけが外反母趾の原因になるのではありません。大き過ぎても小さ過ぎても靴は害になるのです。

◆買い替えのタイミングも重要

もうひとつ靴を考える上で重要なのが、どのタイミングで靴を買い替えるか、ということです。もちろん足に合わない靴しか持っていない、という人はすぐにでも買い替えてほしいのですが、きちんと足に合った靴でも長年履いていれば当然へたってきます。

通常、足が地面につくときは踵の外側から着くので多くの人の靴は踵の外側が摩耗してきます。この状態で履き続けていると、うち返し捻挫しやすくなったり、足関節外側の筋に過剰に負荷が加わったりしてしまいます。こうなってしまったら買い替え時です。

さらに最初はどんなにいい状態の靴でも、さすが

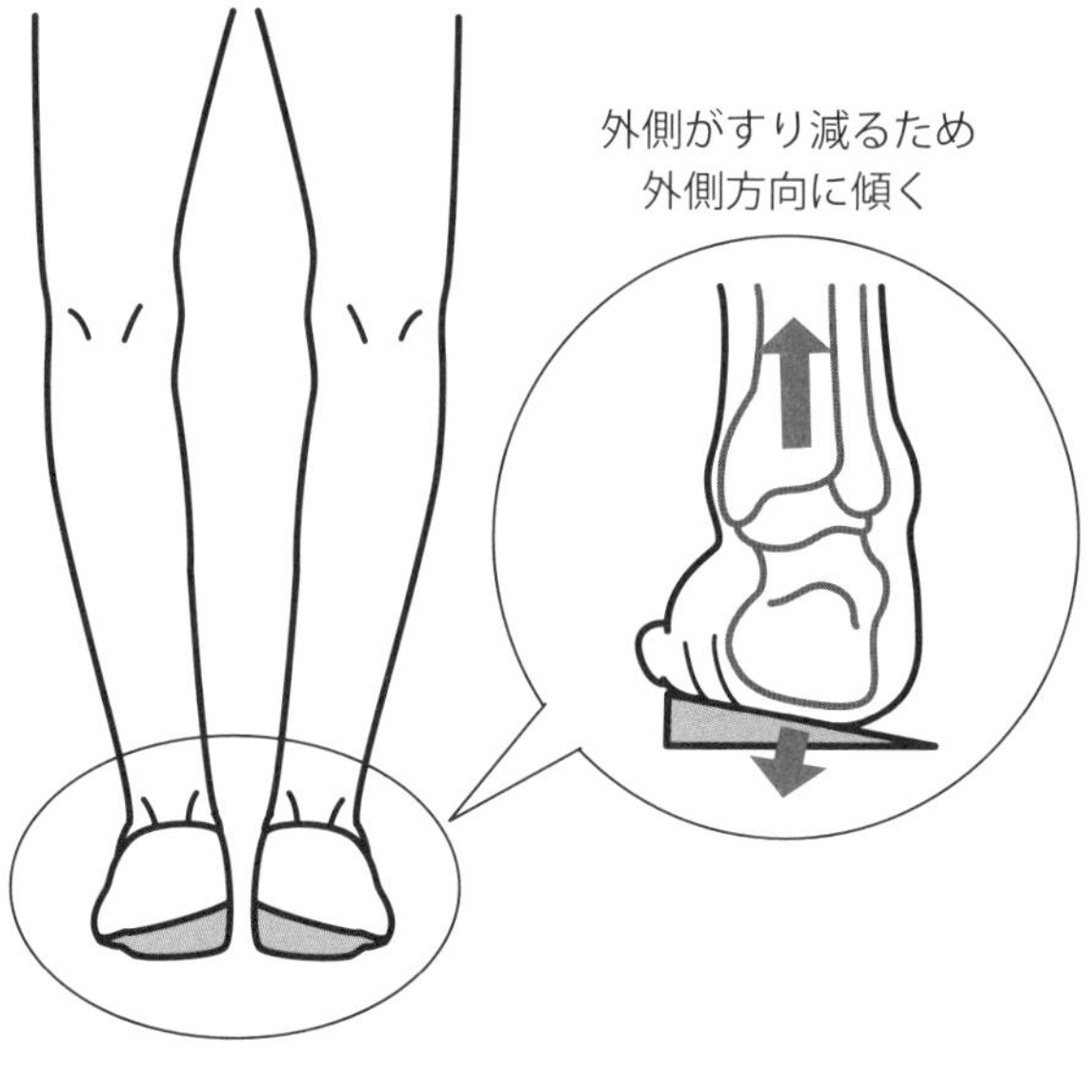

にずっと履いていると徐々にカウンターやソールが弱く、グニャグニャになってきます。踵のカウンターが機能しなくなると、踵を取り囲んだ脂肪体を中央の荷重部にまとめておくことができず、脂肪体が踵の幅いっぱいに広がってしまってクッションの役目を果たさなくなり、脂肪体炎や踵の疲労骨折などの原因になってしまいます。

　また、ソールには足底の構造を保護するシャンクとよばれる構造がある場合が多く、靴の踵側をつかんでつま先側を地面に押し付けるとソールの部分でなく、足趾の付け根の部分で曲がるのがわかると思います。ところがこのソールの部分のシャンクが機能を果たさなくなってくるとソールのど真ん中で靴が折れ曲がり、結果として足底腱膜炎《そくていけんまくえん》などの足底の痛みの原因になってしまいます。

　このように、我々の体の土台である足を支えてくれている靴の選び方や使い方を誤ると、知らず知らずのうちに体にとって悪影響が蓄積してしまいます。毎日履く靴だからこそ軽視するのでなく、オシャレはもちろんのこと、オシャレ以外の機能面についても意識した使い方ができるといいですね。

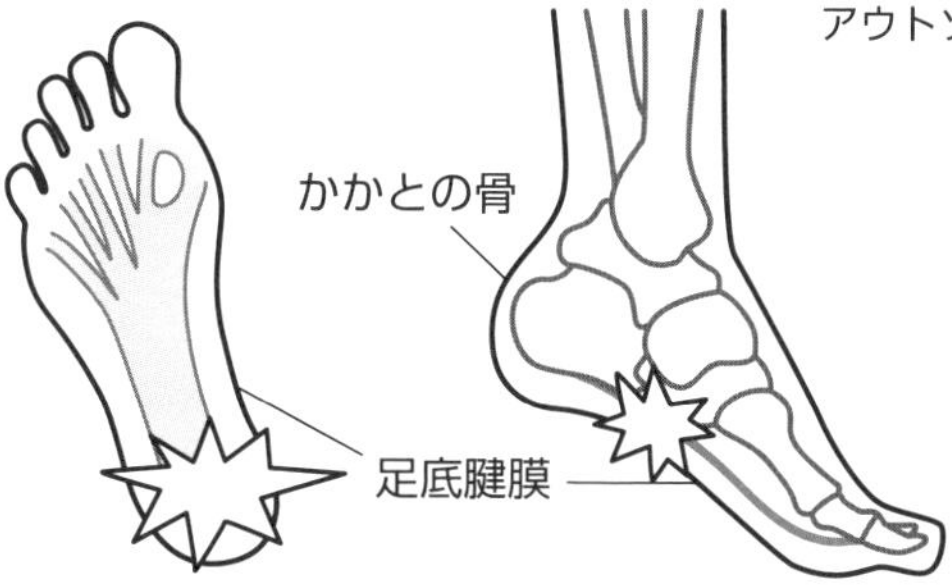

過度な負担がかかると炎症を起こす

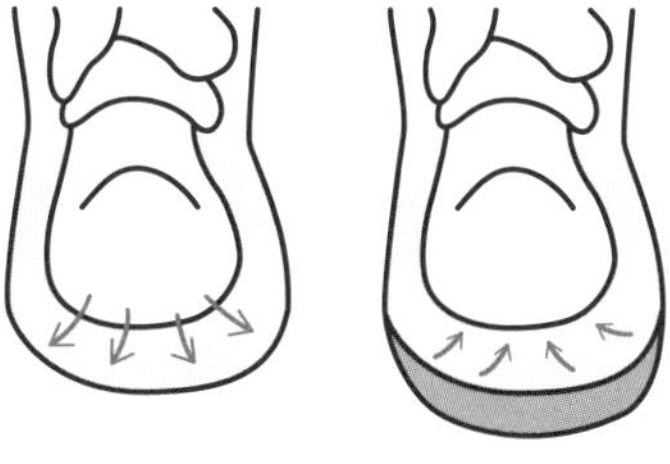

ソールがないと骨に負担がかかる

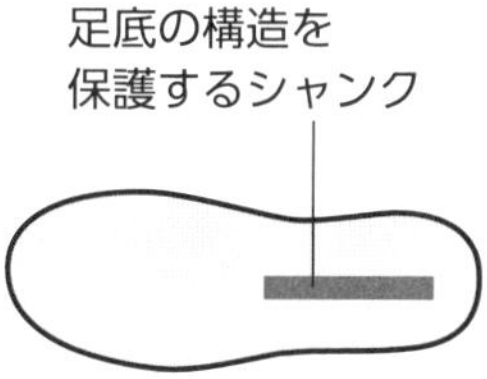

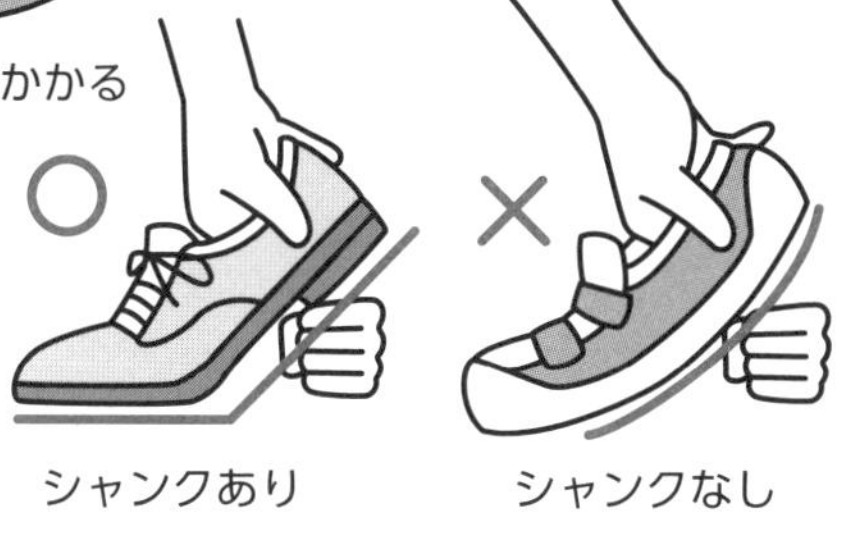

■ウォーキングとジョギングの実施のポイント

デスクワークや在宅勤務の人が陥りやすい問題のひとつに運動不足があげられます。スポーツ庁による令和元年度「スポーツの実施状況等に関する世論調査[*16]」によると、18歳から79歳の中で運動不足を感じている人の割合は約80%にも上るようです。「運動は始めたいと思っているのだけれど……」という人も多いのではないでしょうか？

そんな人におすすめなのが、気軽に始められるウォーキング（歩行）やジョギング（走行）などの有酸素運動です。歩行はウォーキングのことですが、走行にあたるジョギングやランニングは走る速度や目的によって使い分けられています。ウォーキングの延長でゆっくり走るのがジョギング、さらに息を弾ませながら早く走るのがランニングといえるでしょう。

ここでは、健康づくりのための有酸素運動として広く知られているウォーキングとジョギングについて、そのメリットとデメリットを踏まえて説明していきます。

◆ウォーキングとジョギングの最大のメリットはその気軽さ

多くの人がご存じのウォーキングとジョギングですが、最大のメリットはその気軽さです。特にウォーキングは関節や筋への負担が少なく、優れた運動能力を必要としないため「最初の一歩」

に適しています。運動不足解消を含む健康づくりを目的としたウォーキングやジョギングに共通した効能を左の表にまとめました。

ウォーキング・ジョギングの効能
● 持久力の向上
● 高血圧予防効果
● 総コレステロールの改善
● 血糖コントロール効果
● 運動機能の低下予防
● 免疫機能の改善
● 認知症の予防
● 骨粗しょう症の予防
● リラックス／リフレッシュ効果

これらのメリットを活かすために忘れてはならない重要なポイントは「強度」です。162頁でも触れましたが、笑顔で会話できるくらいのペース（通称：ニコニコペース）で実施してみましょう。ニコニコペースでの有酸素運動は、血圧や血糖を下げるなど生活習慣病の予防と改善に非常に効果的であることが証明されています。そして、このような適度な有酸素運動を行うことにより免疫機能が上がり、さらには、血流が増加することで脳の老化防止にもつながります。

また、ウォーキングやジョギングを通して適度な日光を浴びることは、体内のセロトニンというホルモンの分泌を高め、心身をリラックス・リフレッシュすることにも効果的ですし、日光浴とともに骨への刺激が加わることで骨粗しょう症予防にもつながります。

気軽に行えるエクササイズですが、こんなにたくさんのメリットがあるのです。持久力を向上させる目的で行う場合は、「ややきつい」と思うくらいの強度が目安になります。詳しくは持久力向上の項（239頁）をご覧ください。

もうひとつ、忘れてはならないポイントは「フォーム」です。特にウォーキングを行う際には「フォーム」を意識することがとても重要です。歩幅を少し広げるだけで活動量が増えトレーニング効果がアップします。「強度」と「フォーム」を意識することで日常の「歩く」という動作がウォーキングというエクササイズになるのです！　ジョギングの場合は、正しい「フォーム」を意識することがスポーツ障害の予防につながるでしょう。

ウォーキングフォームのポイント

真上から引っ張られるようなイメージで

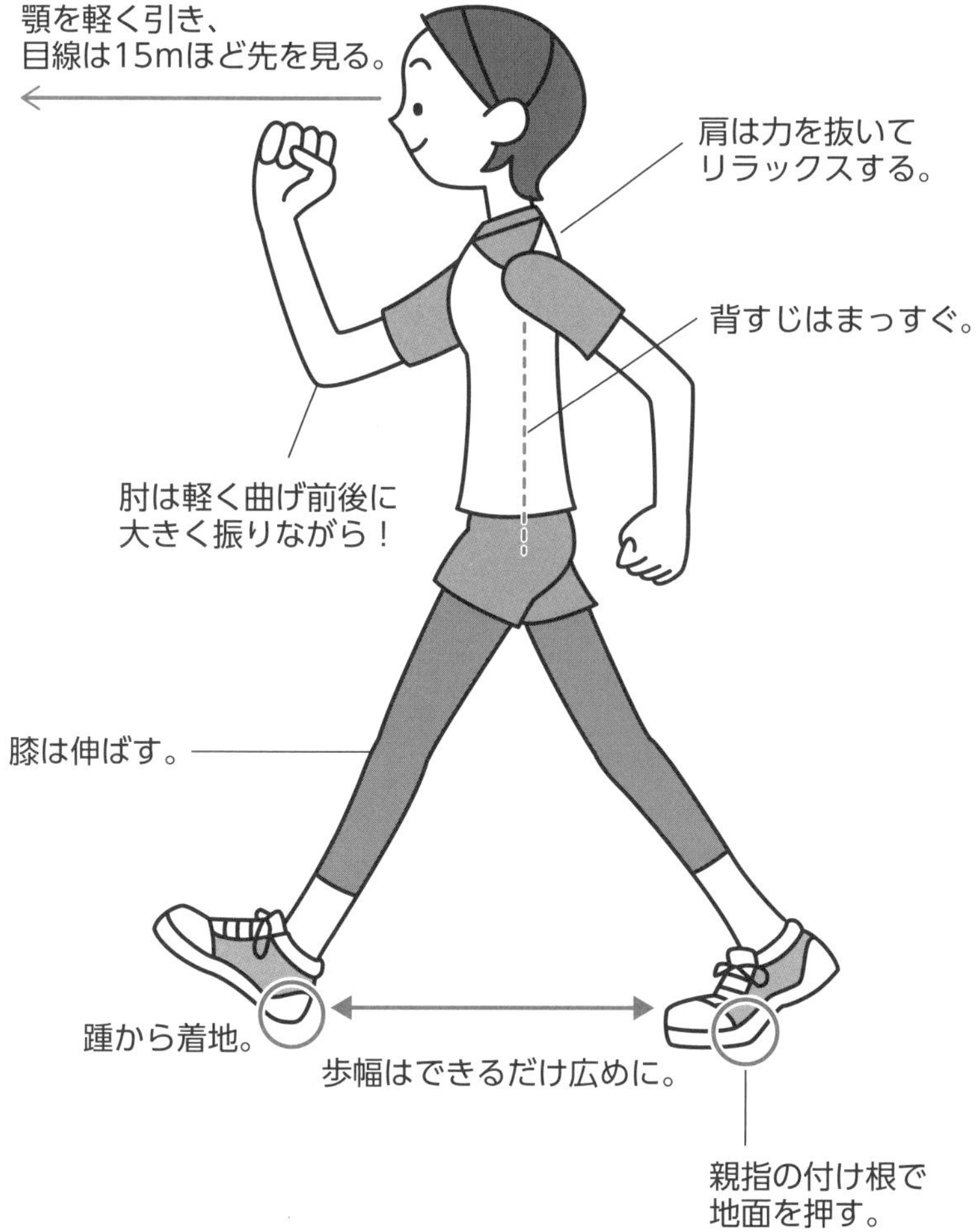
顎を軽く引き、
目線は15mほど先を見る。
肩は力を抜いて
リラックスする。
背すじはまっすぐ。
肘は軽く曲げ前後に
大きく振りながら！
膝は伸ばす。
踵から着地。
歩幅はできるだけ広めに。
親指の付け根で
地面を押す。

ジョギングフォームのポイント

顎を軽く引き5～10m
先を見るように。
口と鼻の
両方で呼吸。
肩は力を抜いて
リラックスする。
肘は軽く曲げて
L字型に。
背すじは伸ばしつつ
やや前傾。
重心の真下での
着地を意識。
歩幅は無理せず自然に！

◆まずは自分の脚力を把握してから取り組もう

それでは、逆にデメリットは何でしょうか？ウォーキングとジョギングのデメリットは下の表のとおりとなります。

ジョギングはウォーキングに比べて運動強度が高い分、使われる筋肉の量も多くなります。その結果、関節や筋肉・腱にかかる負荷も大きくなってしまい、膝や腰などの整形外科的なケガの発生リスクが高まります。実際、ジョギングの場合は関節に体重の約3〜4倍の負担がかかると言われています。ただし、ウォーキングでも体重の1.5〜2倍の負荷はかかってきますので、リスクはゼロではありません。まずは自分の脚力を把握することが重要です。「自分の脚力を知る方法」（112頁）を参考にご自身の脚力を確認してみましょう。必要に応じて筋力トレーニングを併せて実施することで、よりウォーキングや

ウォーキング	ジョギング
①エネルギー消費量は多くない。 ↓ ある程度の時間、継続する必要がある。（30分以上が目標）	①関節や筋肉・腱への負荷がウォーキングよりも大きい。 ②ウォーキングよりも運動強度が高い分、長時間行うのがキツい。

ジョギングが楽しめると思います。

運動にあまり慣れていない人やこれから運動を始めていこうという人は、ウォーキングから開始して徐々に歩行距離や速度を上げていくことが望まれます。強度やフォームを意識することでウォーキングでも十分に３０９頁の表にあげたような効果が期待できます。ジョギングでなければ効果がないということは決してありませんので、ご自身の身体状態に適したものから始めましょう。運動不足の人がウォーキングを行う際は、まずは速く歩くことより長く歩くことから始めることをおすすめします。

ウォーキングとジョギングは気軽にできるエクササイズの代表例ですが、開始前にはストレッチなどのウォーミングアップを行い、筋肉の温度を上げてから始めることが障害予防のためには不可欠です。また、終了後もクーリングダウンをすると疲れがたまりにくくなります。詳しくは「運動の前後に行っておきたいポイント」の項と実技編ストレッチの項をご覧ください。

参考文献

＊16 スポーツ庁　令和元年度「スポーツの実施状況等に関する世論調査」（報道発表）

おわりに

皆様、本書を最後までお読みいただき、誠にありがとうございます！

当院で推奨して取り組んでいる「正しい」エクササイズについて理解を深めていただくことができましたでしょうか？

現在はエクササイズの本が書店に数多く並んでいる時代です。それだけ世界的にも運動や、健康に対する意識が高まっているのでしょう。

しかし、そんな書物の中にも、気をつけなければ正しい効果が期待できないエクササイズが注釈抜きで掲載されていたり、もっとひどい場合には健康を害する可能性すらある誤ったエクササイズが堂々と掲載されている、ということがあります。

本書はそのようなことのないよう、「スポーツ医学的に正しい」エクササイズに限って掲載させていただきました。また誤った知識を身につけたり、誤った解釈をしないように図や写真ばかりでなく、文章による解説も詳しく掲載しました。どれも安心して取り組んでいただけるエクササイズばかりですので、ぜひお手元に置いておいて、必要なときには読み直すなどしてスポーツ医学的に正しいエクササイズに常日頃から慣れ親しんでください。

さて、本書執筆のアイデアをはじめてお聞きしたのは２０２０年8月下旬でした。その後２０２０年末には構想もかたまり、執筆を開始したのですが、執筆開始後すぐにコロナ禍に突入してしまいました。我々医療関係者は、未知のウイルスによる感染に対する恐怖におびえる患者さんたちの体、そして心のケアにあたりました。ある程度ウイルスについての知識が普及して、ワクチンが開発されてからは感染予防に向けた様々な啓発活動や、ワクチン接種をはじめとした感染対策事業に駆り出されることも複数回ありました。このため、かなり長期にわたり本書の執筆が中断されてしまいました。

　感染予防対策として院外の方との会議も禁止され、出版社の方と実際お会いして打ち合わせをすることもできなくなりました。

　そんな中、我々を急かさず、常にあたたかく見守って、オンラインの会議などで励ましてくださり、それでいて我々の提出原稿をどんどん編集し、着実に出版へと進めてくださった大隅直樹様をはじめとした株式会社法研の皆様には深謝いたします。

　最後になりますが、本書を手に取られた皆様が、これからますます元気に笑顔で毎日を過ごされることを御祈念いたします。

２０２３年7月吉日　大内　洋

著者紹介

•大内 洋

亀田メディカルセンター スポーツ医学科主任部長。医学博士
日本整形外科学会専門医、日本整形外科学会認定スポーツ医、
日本スポーツ協会公認スポーツドクター

2001年東京医科歯科大学医学部卒。運動療法や関節鏡手術を専門にする全国の施設にて修行した後、スポーツ整形外科・関節鏡手術で全米有数のクリニック Taos Orthopaedic Institute に留学。帰国後は亀田メディカルセンターにスポーツ医学科を設立。2009年より現職。なでしこリーグのオルカ鴨川FCをはじめ、プロ野球、日本水泳連盟、日本オリンピック委員会など多くのスポーツ関連団体でドクターとしても活動している。

•大澤 有美子

亀田メディカルセンター スポーツ医科学センター主任。スポーツ医科学修士
健康運動指導士、アスレティックトレーナー（BOC-ATC）、IOC-Diploma

日本体育大学卒業後、2002年州立オレゴン大学大学院 Exercise & Movement Science 課程を修了し、準医療資格の一つであるアスレティックトレーナーの国家資格を取得。州立ニューハンプシャー大学において、常勤アスレティックトレーナーとして、バレーボールや陸上競技、サッカー、バスケットボールなどの競技サポートに携わる。帰国後は亀田スポーツ医科学センターにて、主に実業団から学生アスリートのアスレティックリハビリテーション（リコンディショニング）を担当し、同時に一般の方の健康増進および転倒予防サポートに従事している。

•宮本 瑠美

亀田メディカルセンター スポーツ医科学センター副主任。スポーツ医科学修士
健康運動指導士、心臓リハビリテーション指導士、アスレティックトレーナー（JSPO-AT）、ストレングス＆コンディショニングスペシャリスト（NSCA-CSCS）

2010年国際武道大学大学院武道・スポーツ研究科修了後、亀田スポーツ医科学センターにて、主に糖尿病の運動療法や一般の方の健康増進および転倒予防サポートを担当し、同時にスポーツ障害のアスレティックリハビリテーション（リコンディショニング）に従事している。また、トレーナー活動として、セーリングの競技サポートにも携わる。2016年早稲田大学大学院スポーツ科学研究科博士後期過程単位取得後満期退学後は、エビデンスに基づいた運動療法およびトレーニングの提供を心掛け、現場と研究をつなぐ橋渡し研究に力を入れている。

【装丁・本文デザイン】　株式会社イオック
【図解・イラスト】　コミックスパイラる
【編集協力】　アーバンサンタクリエイティブ
出島 妙季

亀田メディカルセンターが実践している

スポーツ医学的に正しい エクサイズがわかる本

令和5年9月30日　第1刷発行

著　　者　大内 洋　大澤 有美子　宮本 瑠美
発 行 者　東島 俊一
発 行 所　株式会社 法 研
〒104-8104 東京都中央区銀座1-10-1
https://www.sociohealth.co.jp
印刷・製本　研友社印刷株式会社

0103

ISBN 978-4-86513-823-8 C0077　定価はカバーに表示してあります。